HHafenbilder
von Moritz Vahlenkamp

JUNIUS

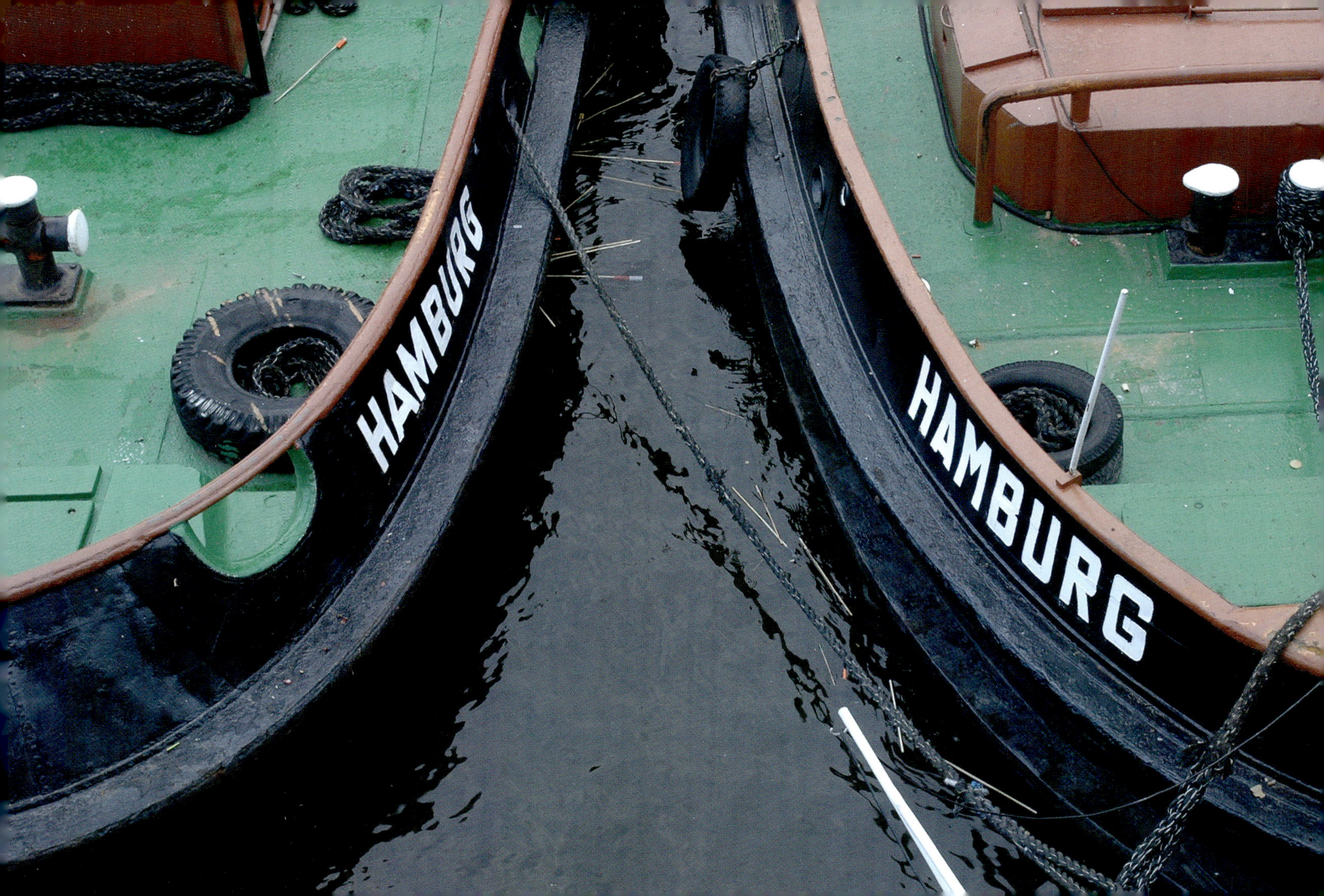
HAMBURG
HAMBURG

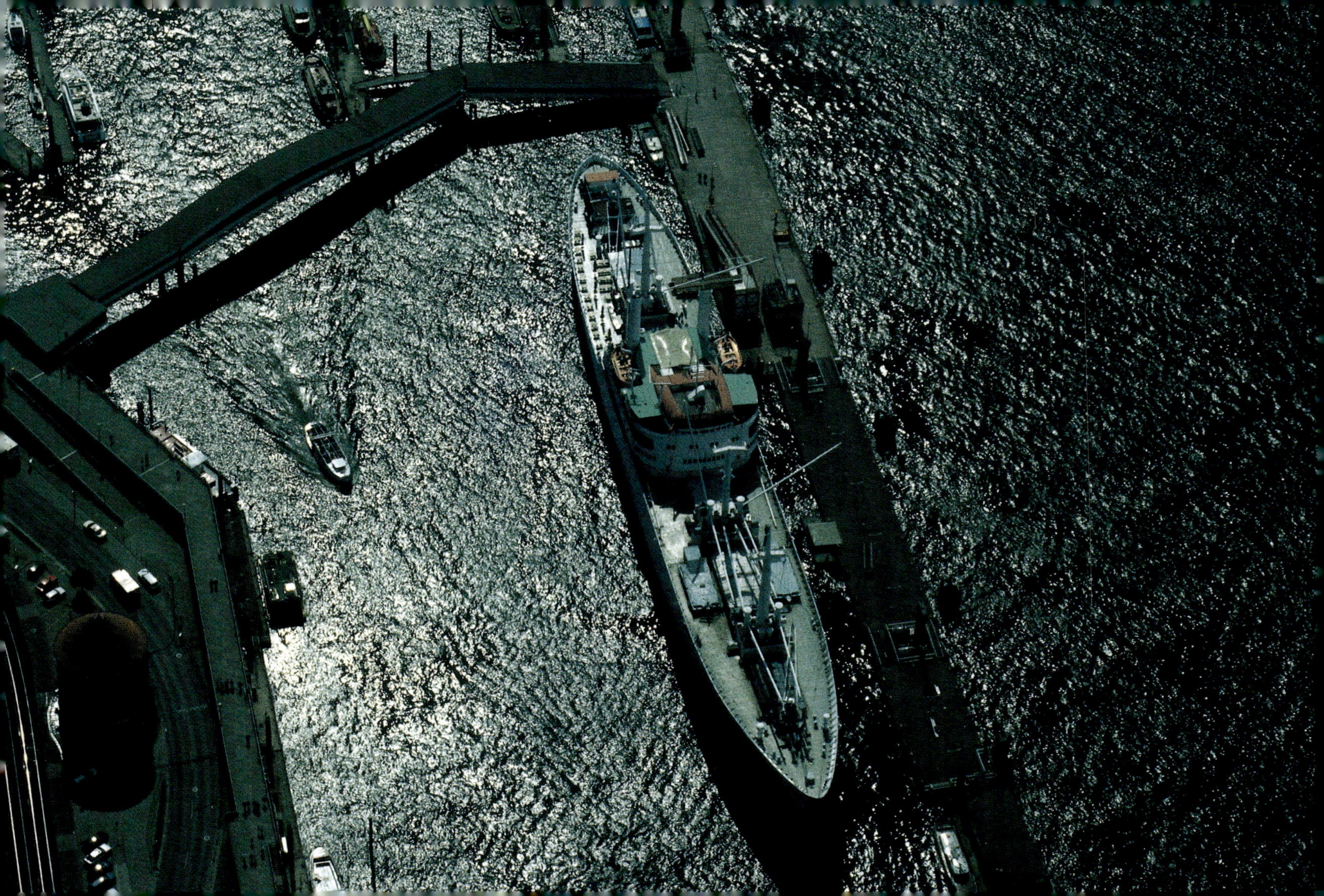

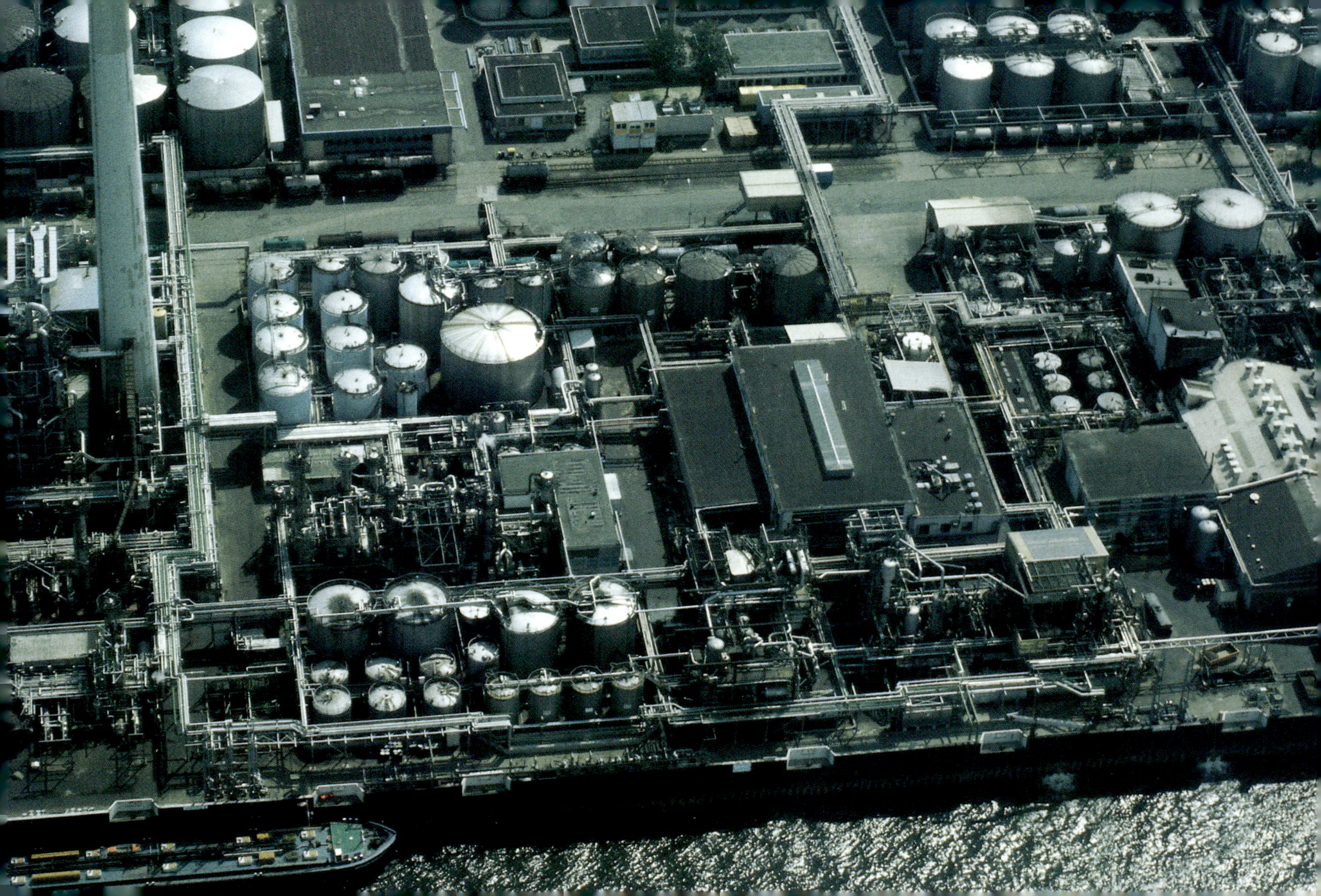

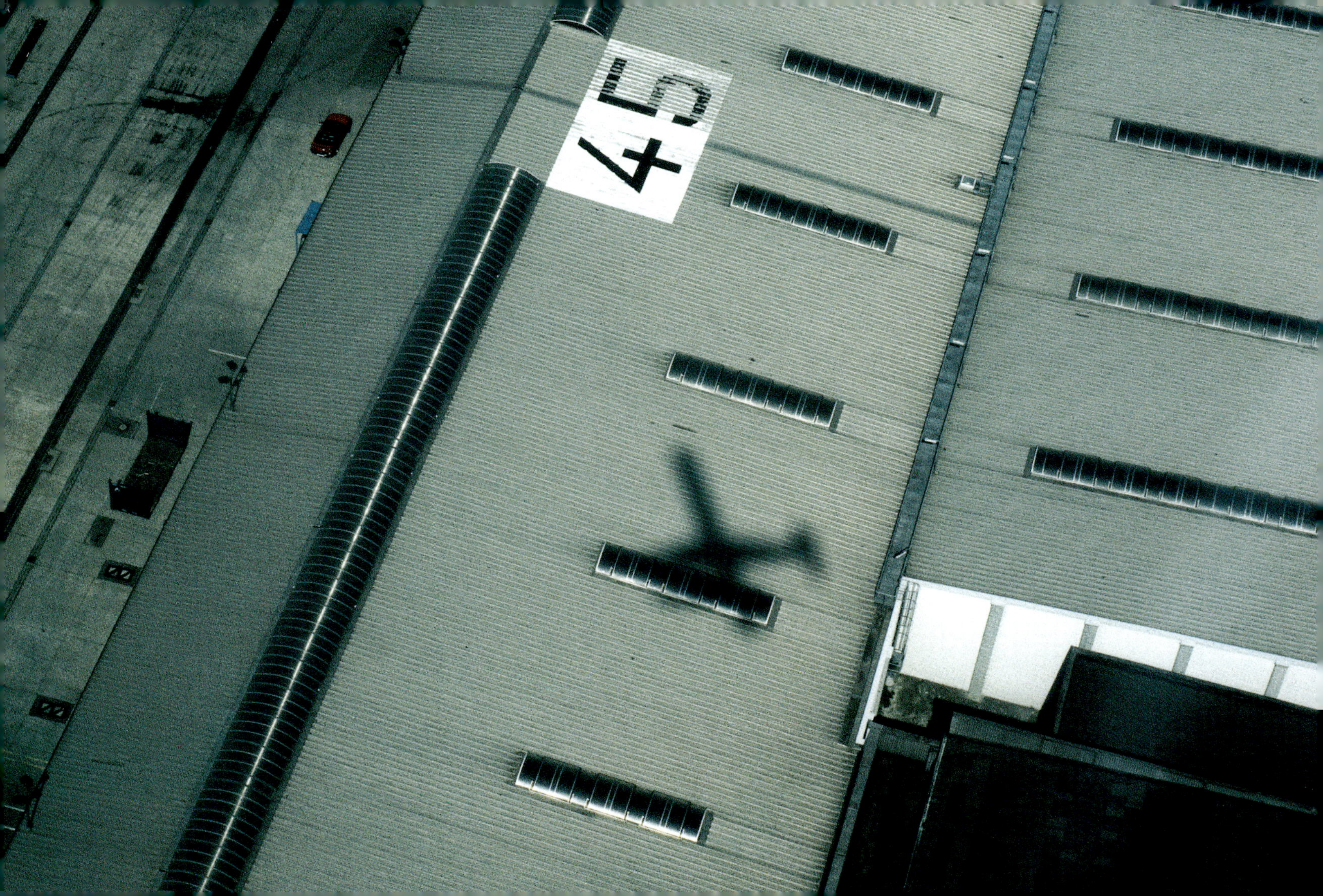
45

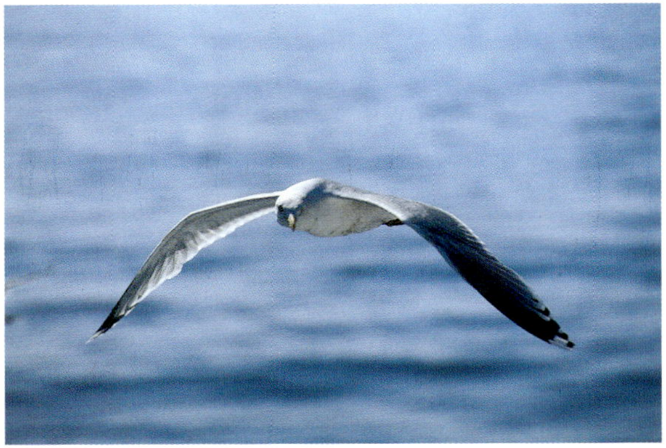

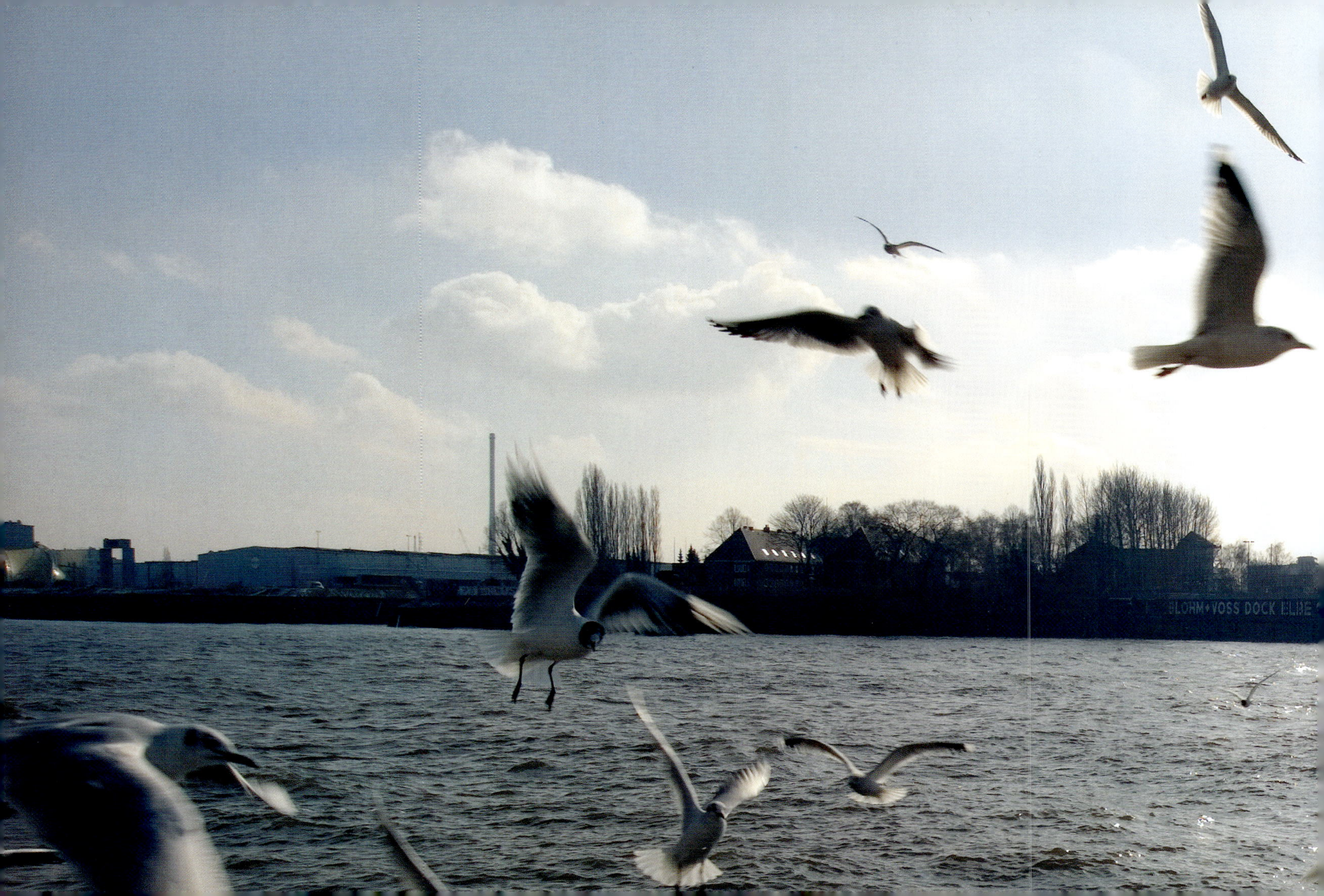
BLOHM+VOSS DOCK ELBE

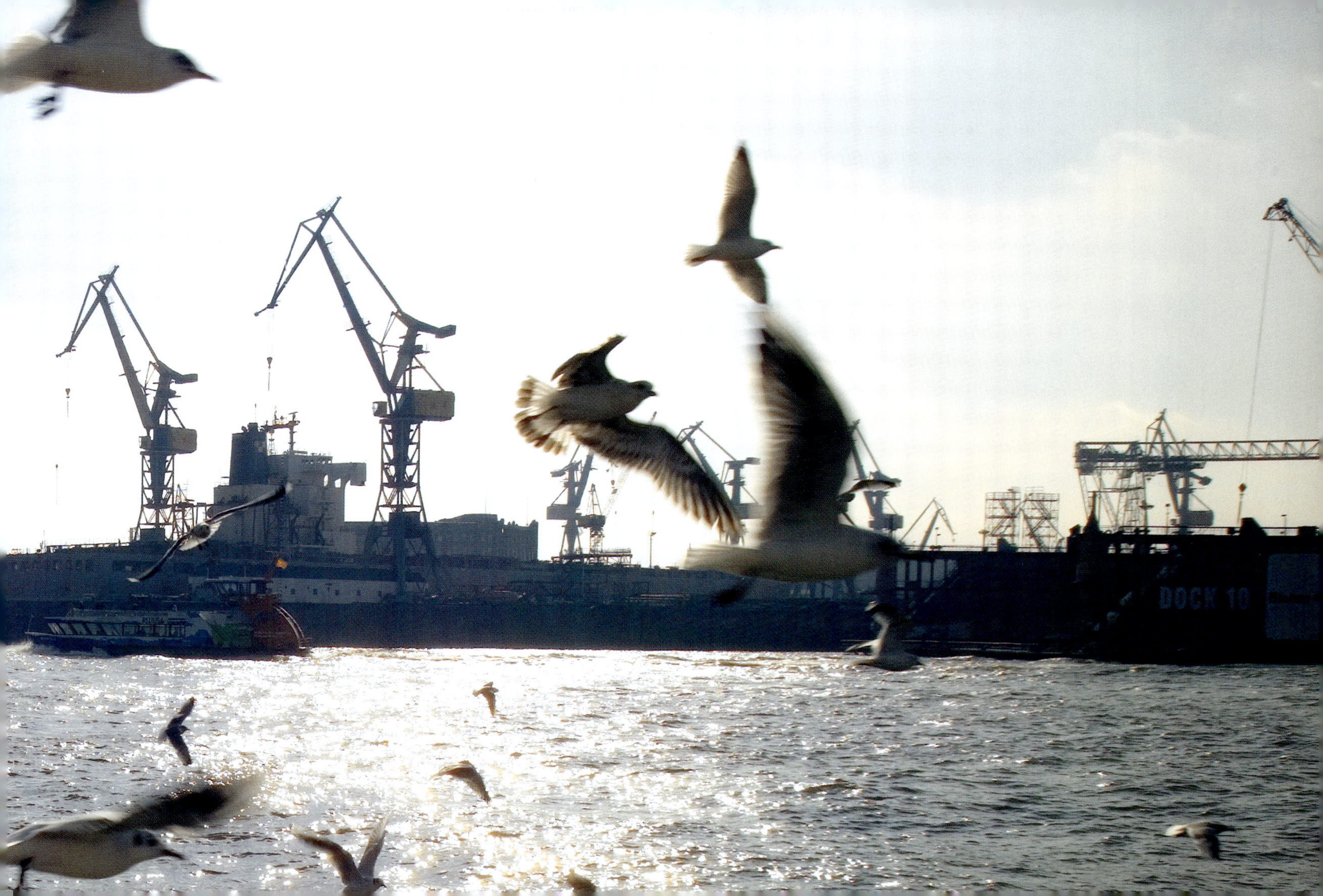
DOCK 10

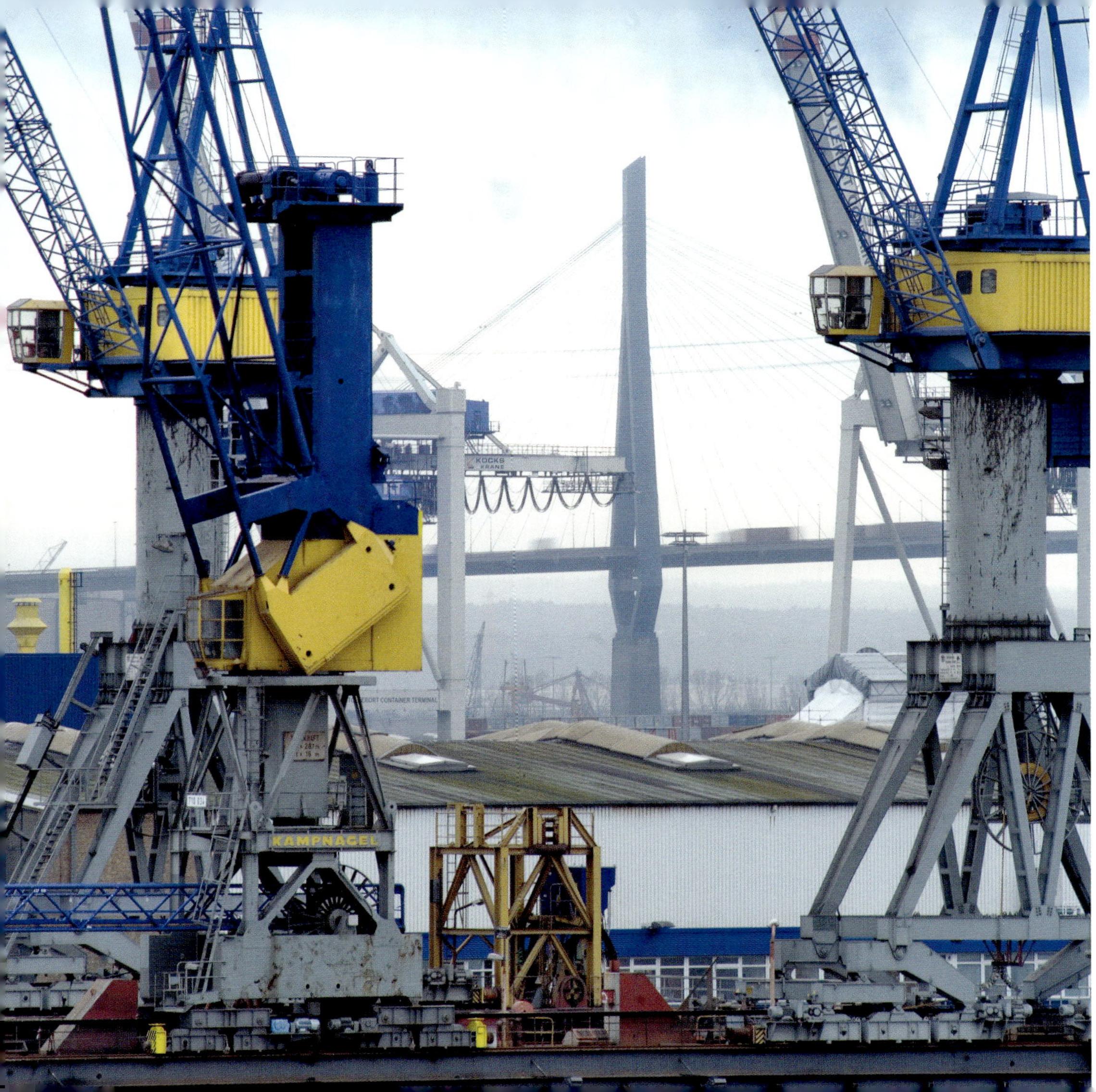
KAMPNAGEL

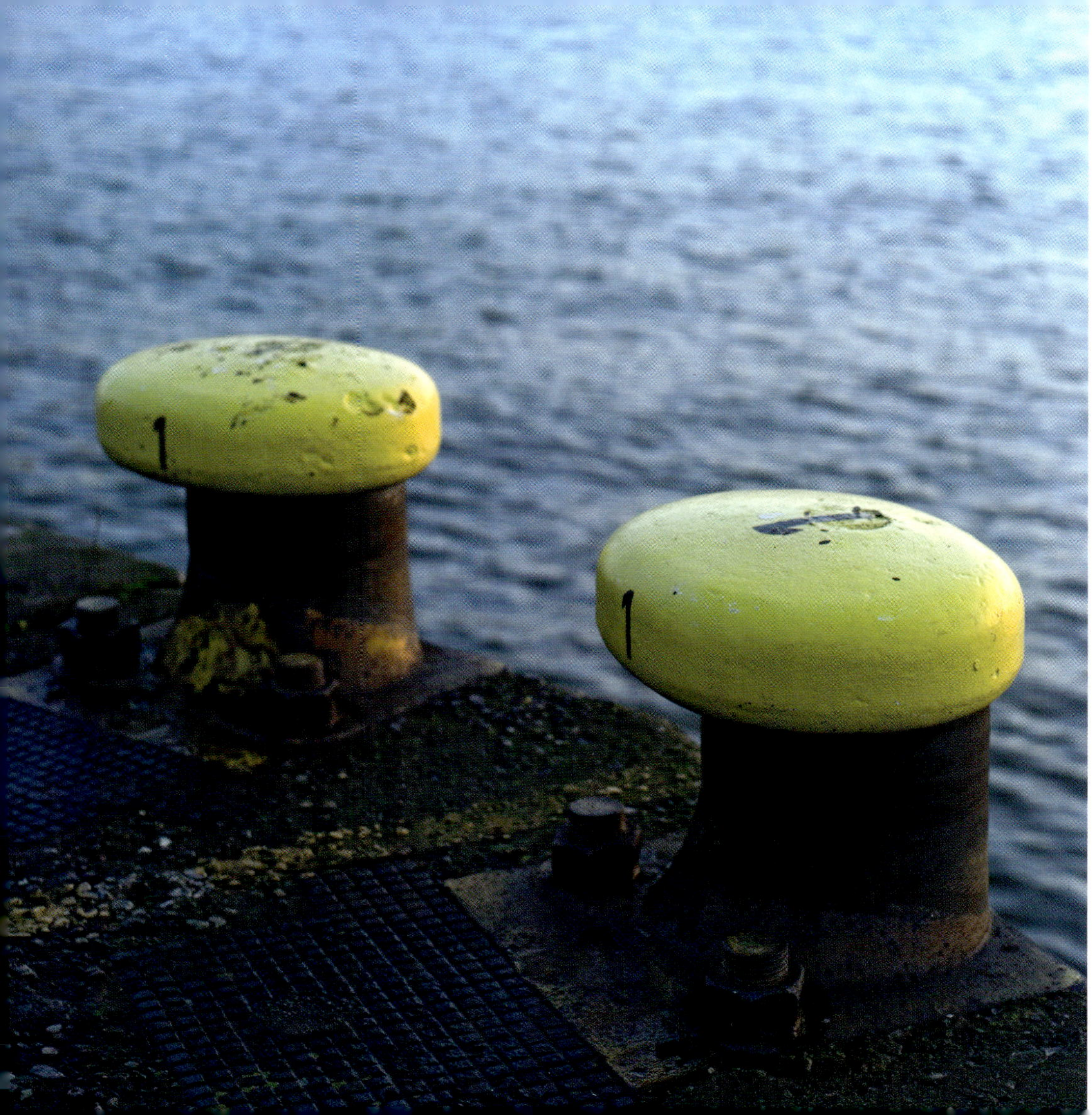
1
1

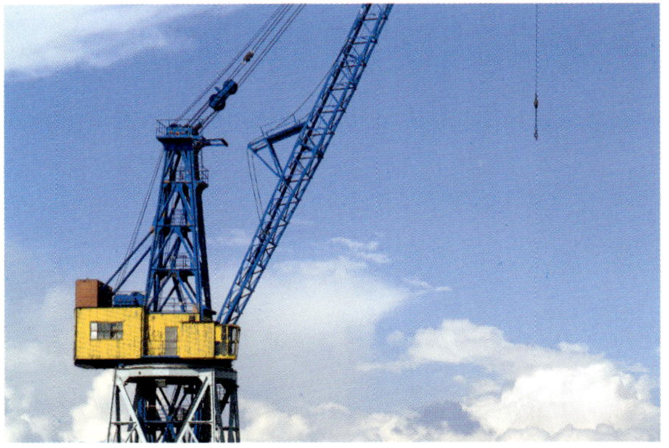

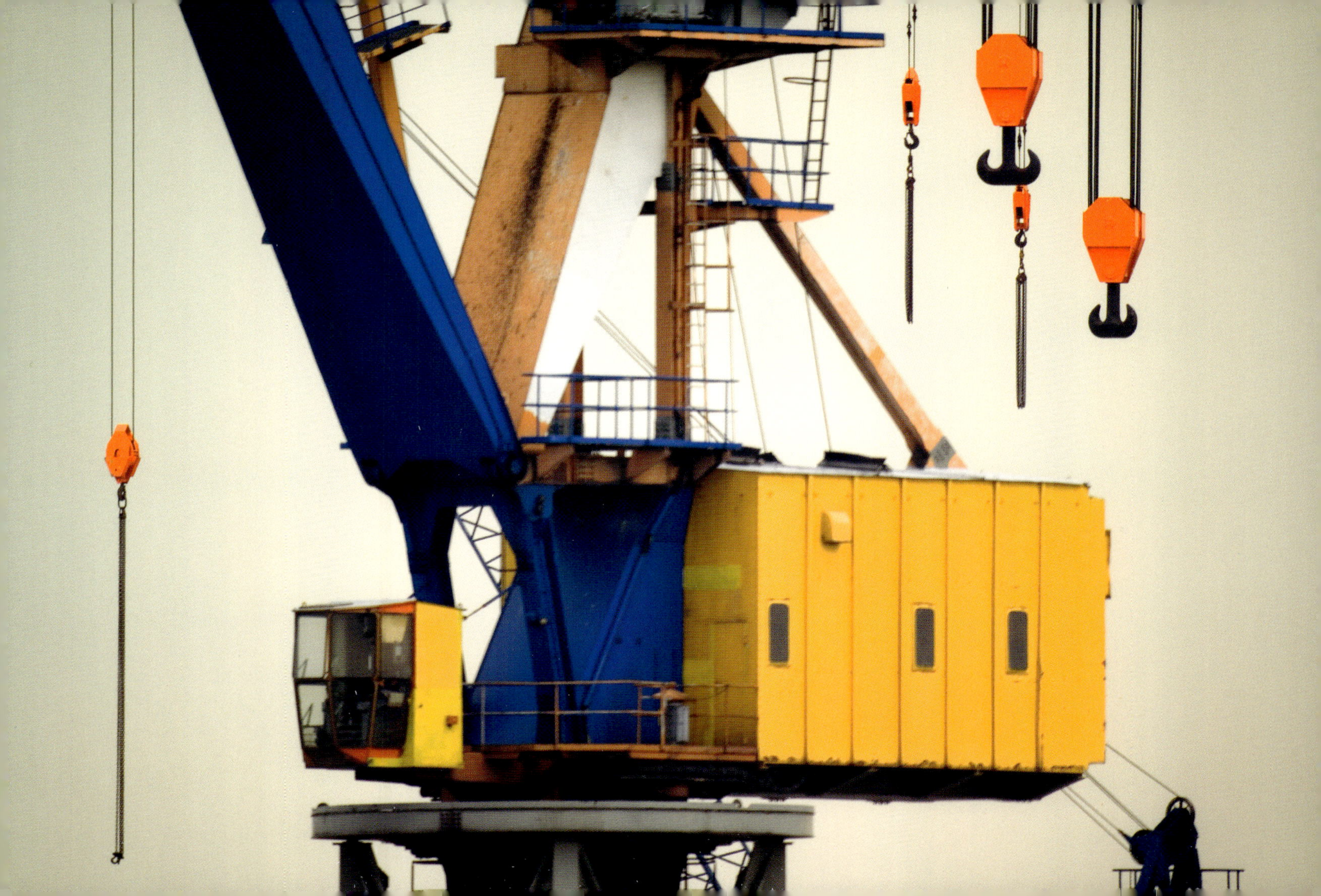

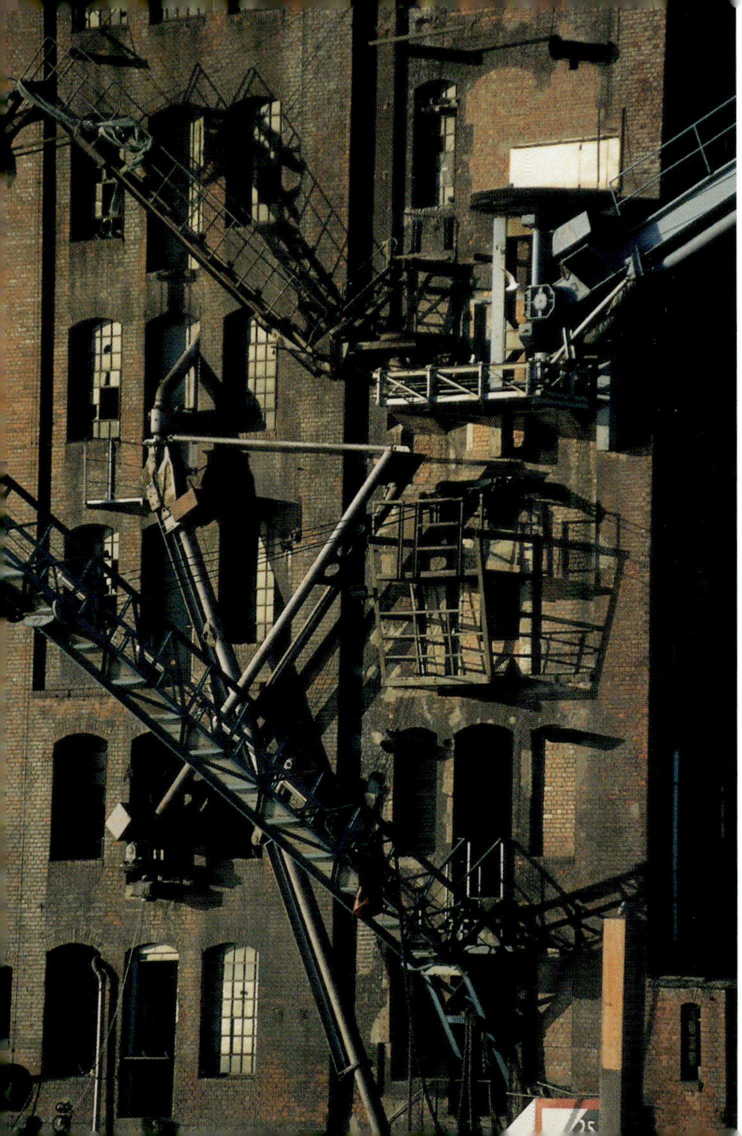

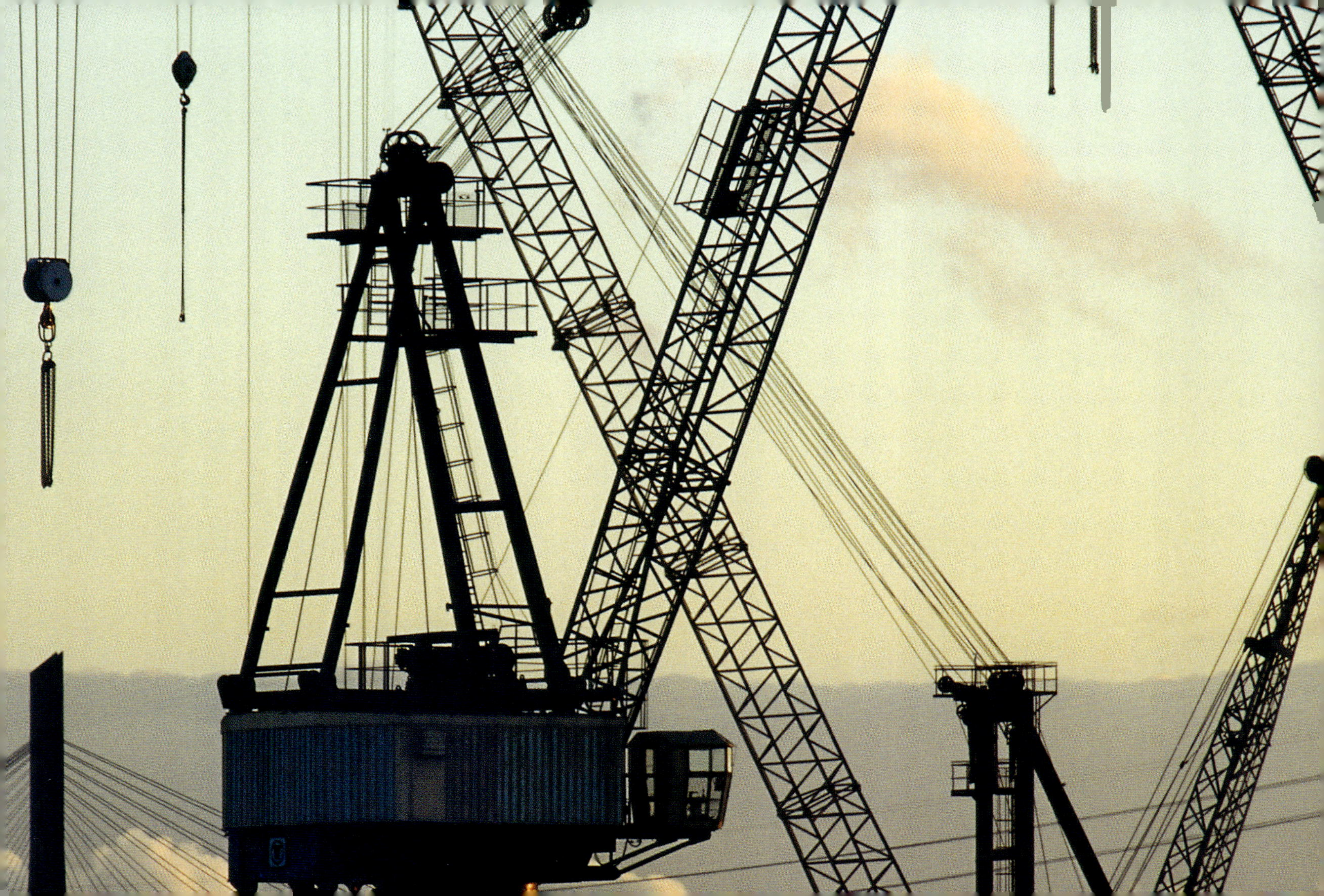

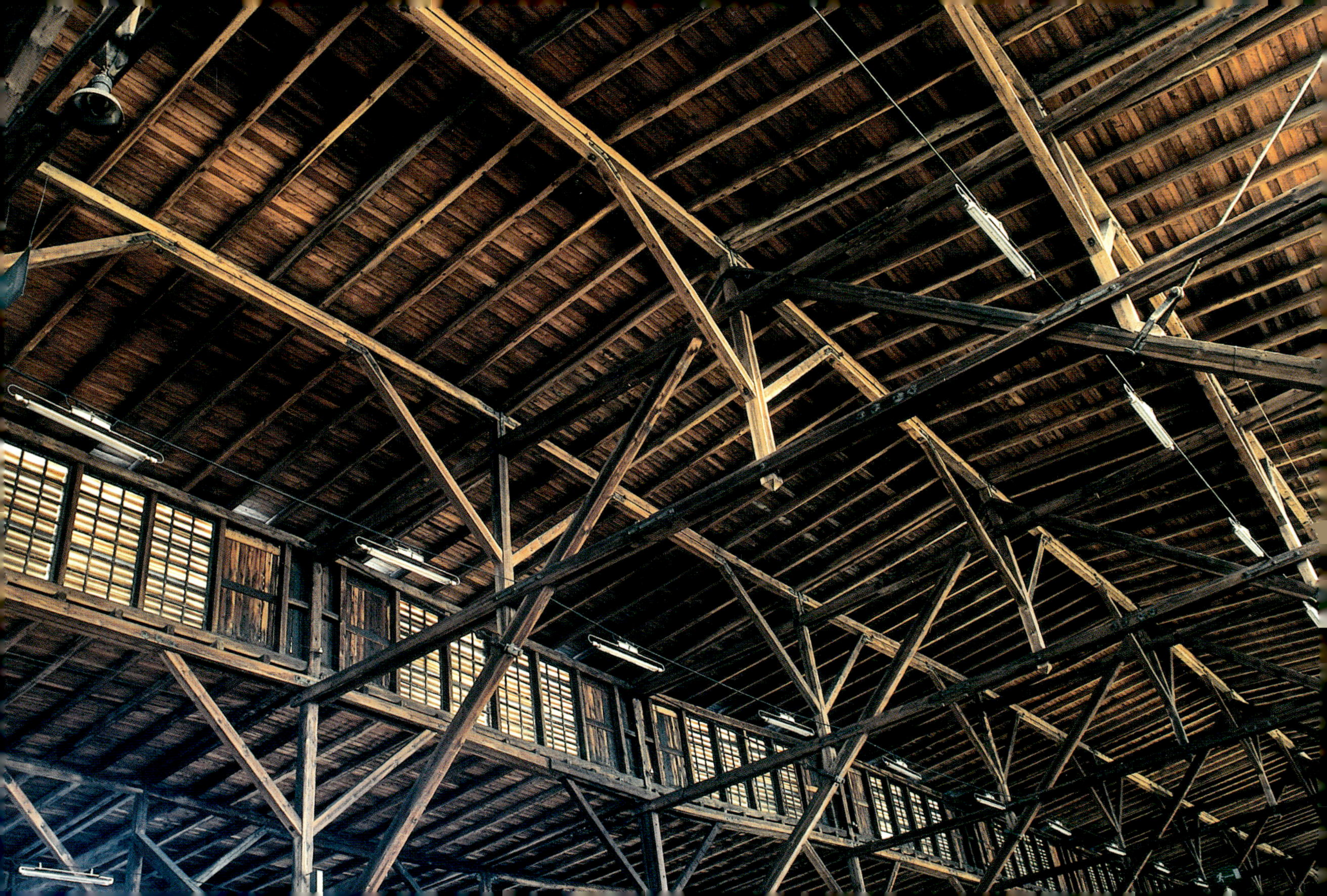

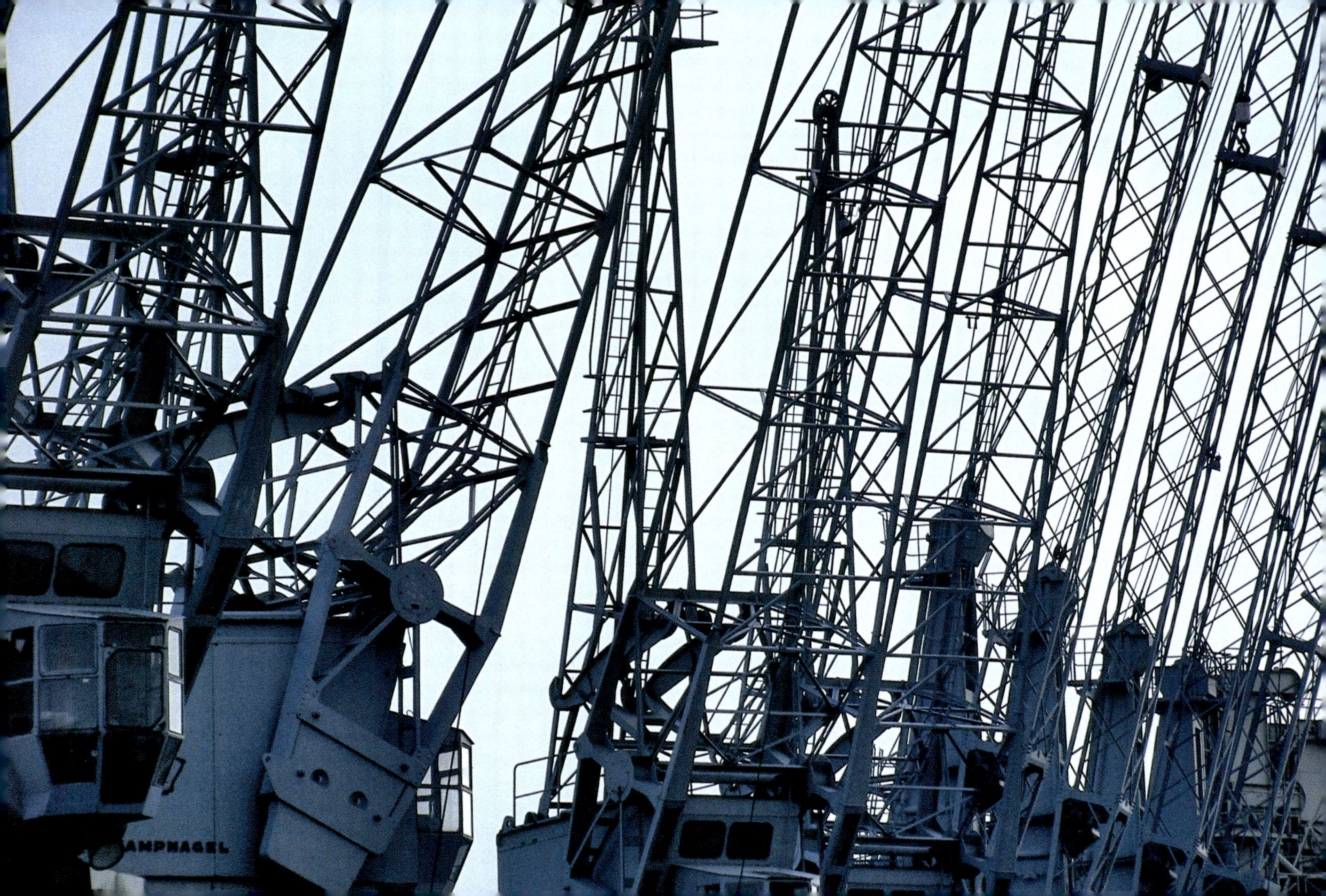
AMPNAGEL

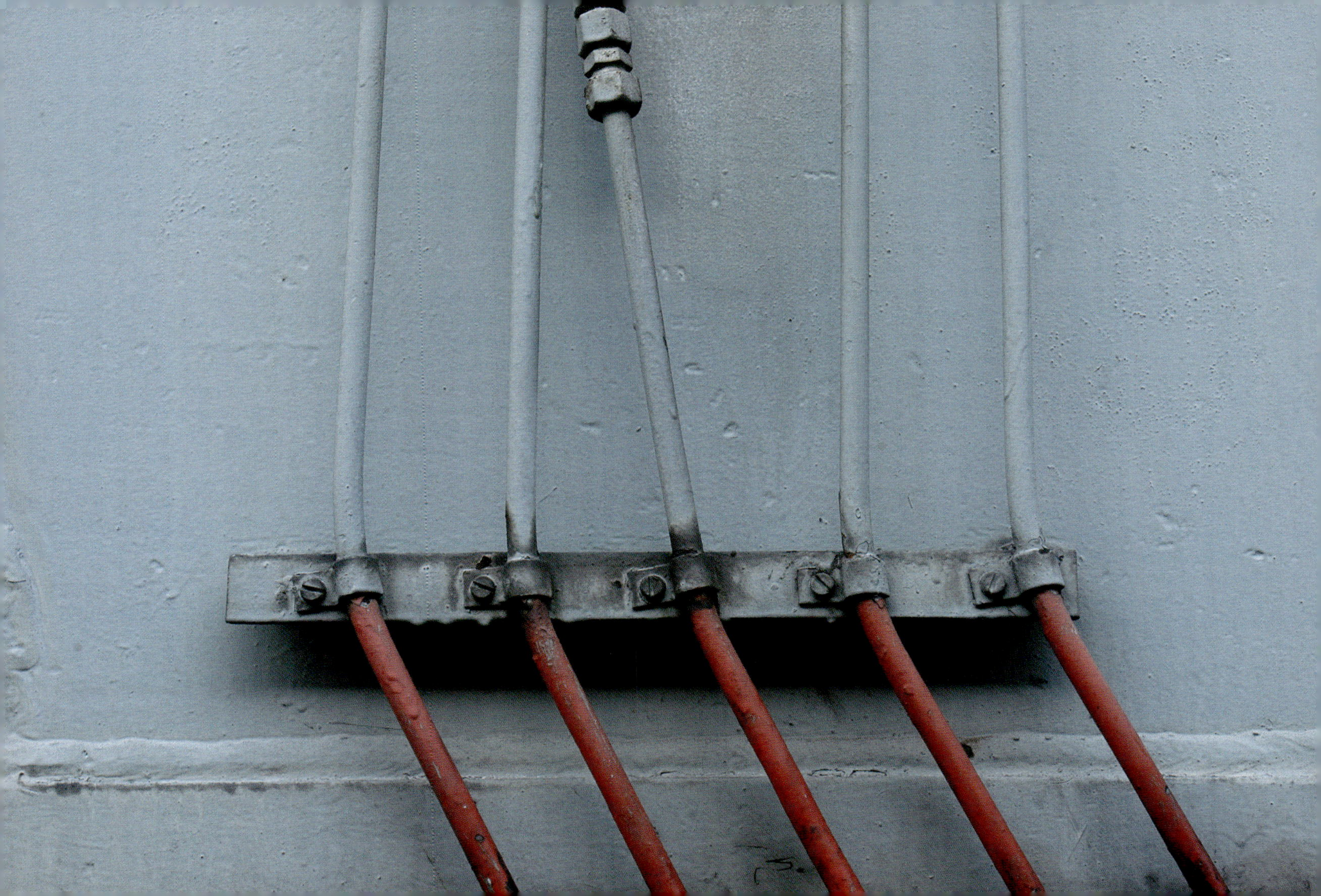

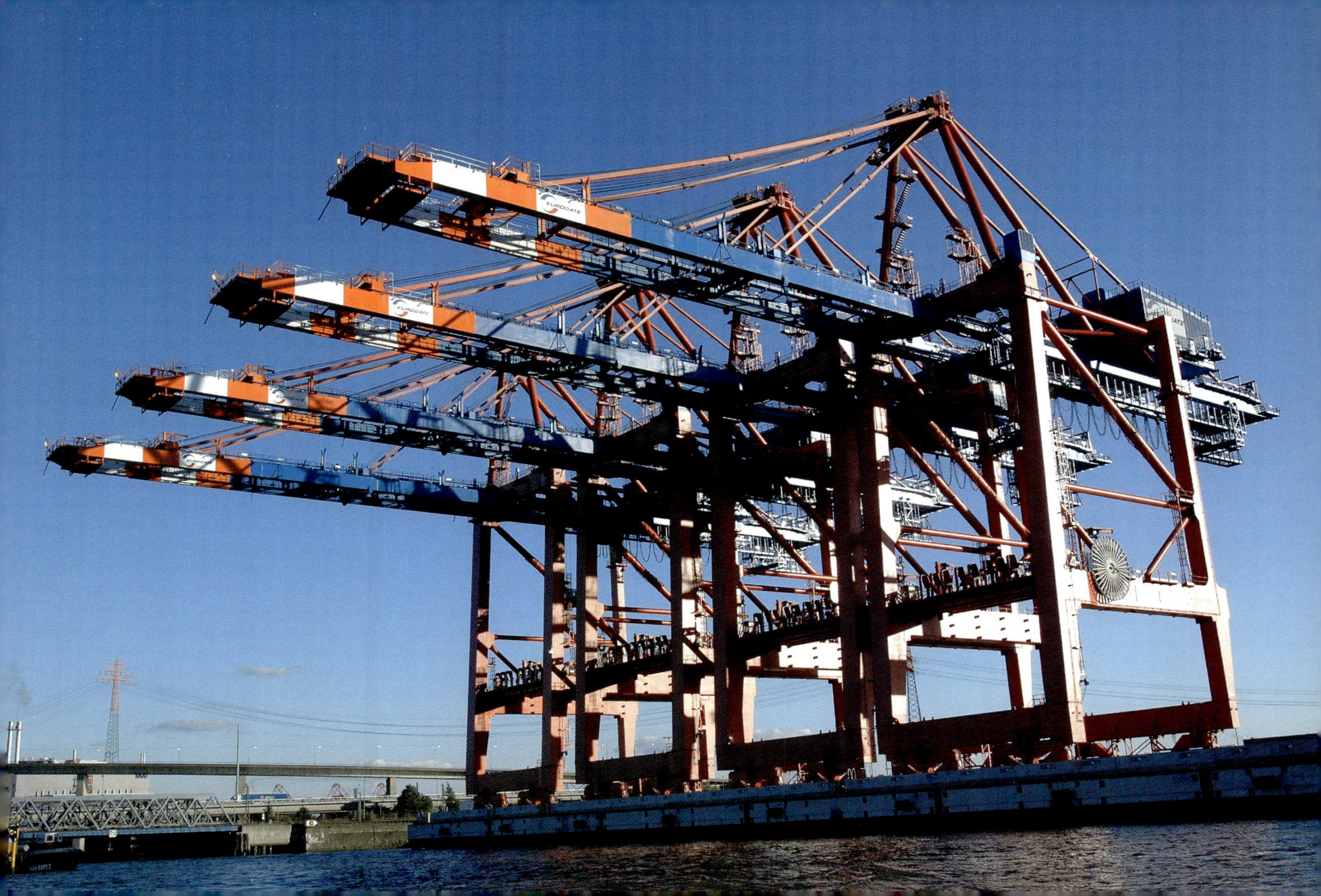
EUROGATE

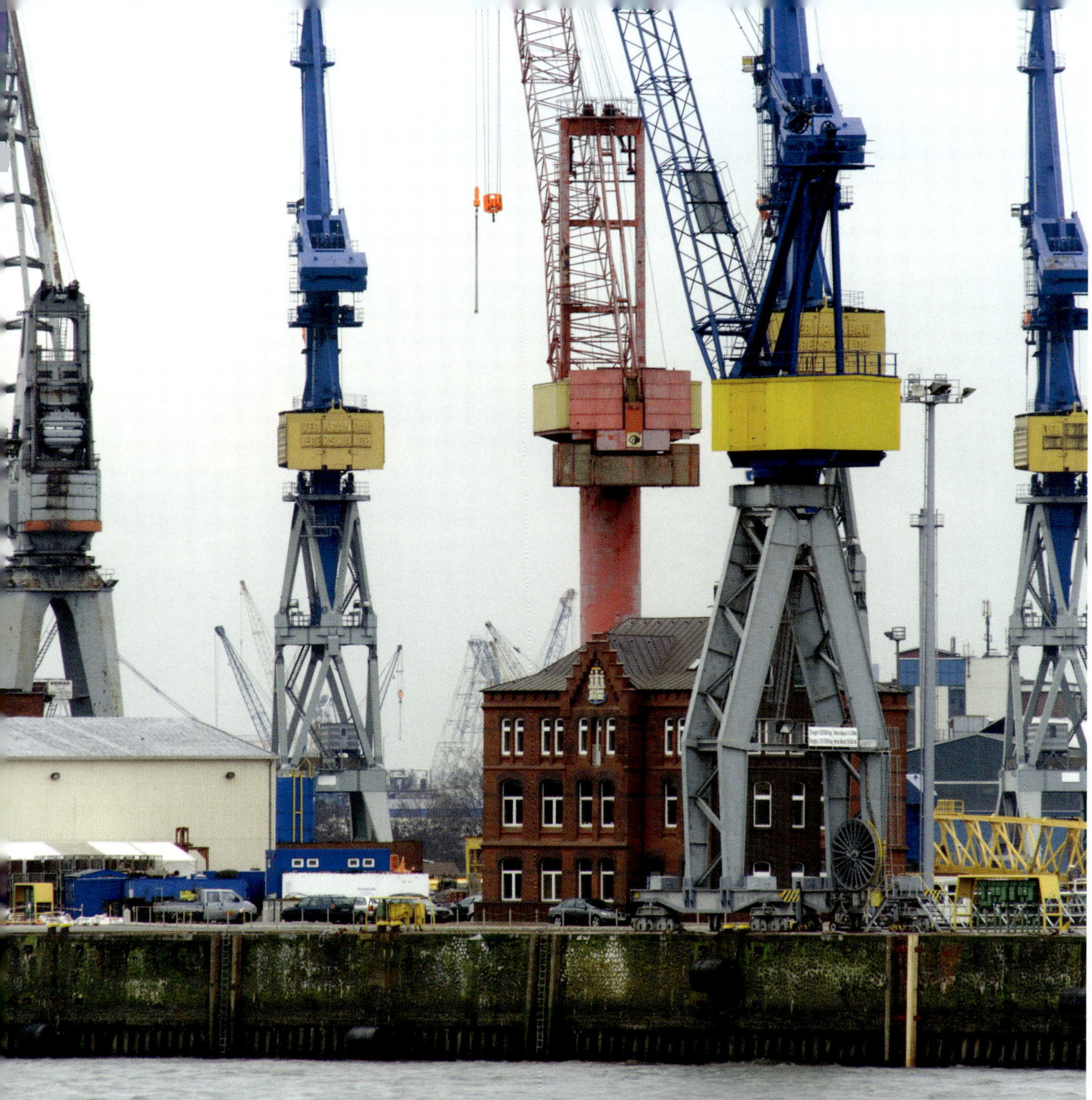

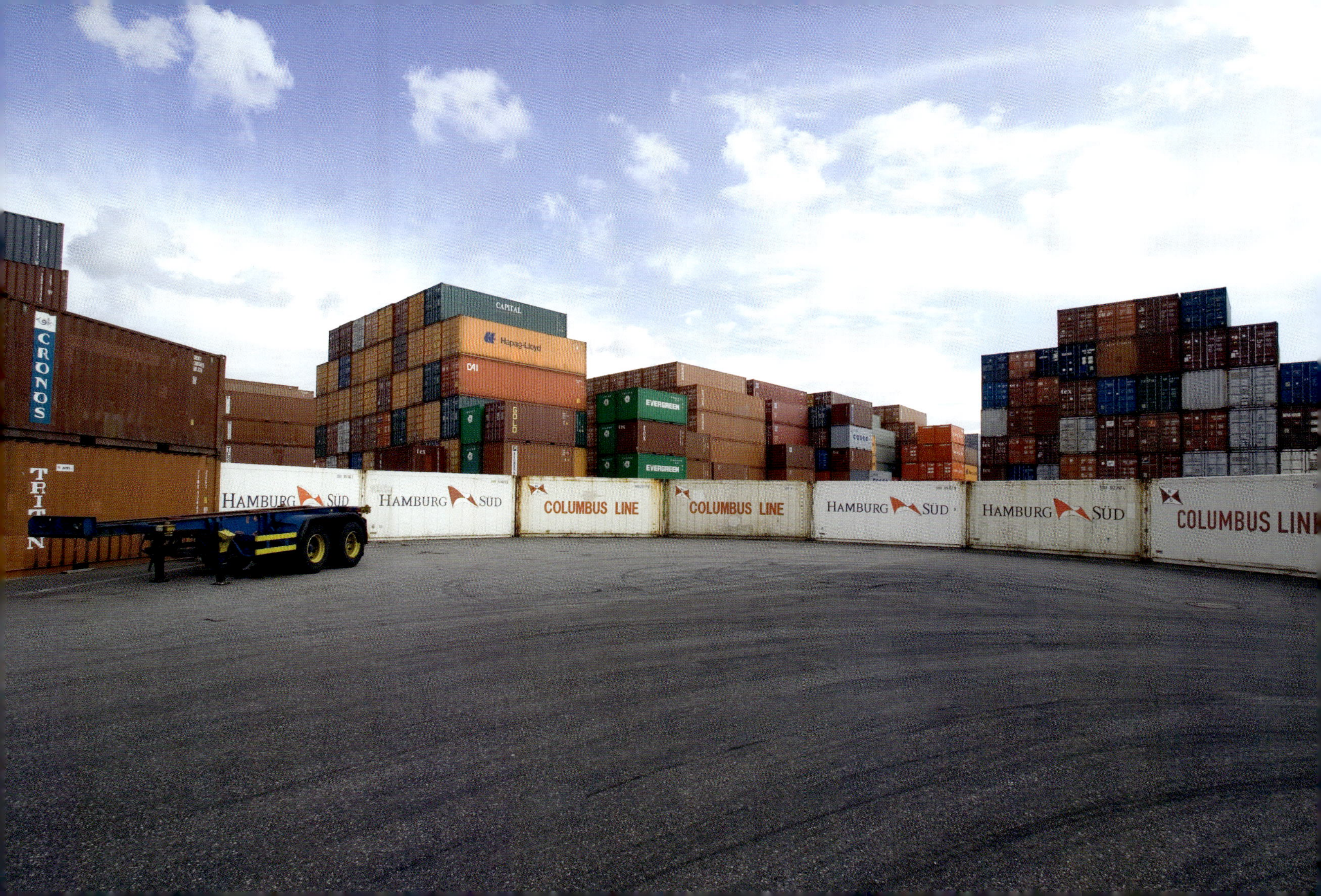
CAPITAL
Hapag-Lloyd
CAI
CRONOS
TRITON
EVERGREEN
EVERGREEN
HAMBURG SÜD
HAMBURG SÜD
COLUMBUS LINE
COLUMBUS LINE
HAMBURG SÜD
HAMBURG SÜD
COLUMBUS LINE

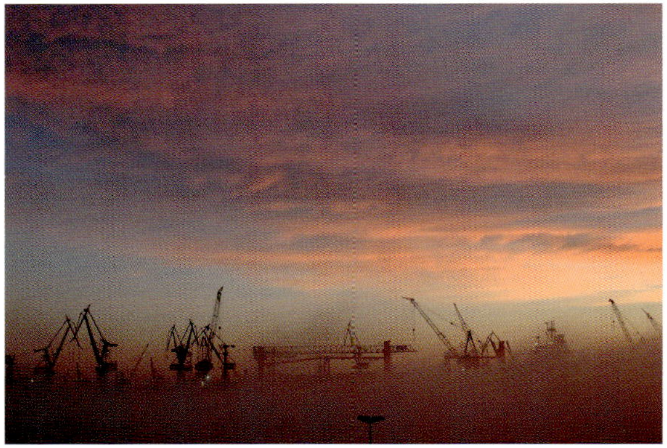

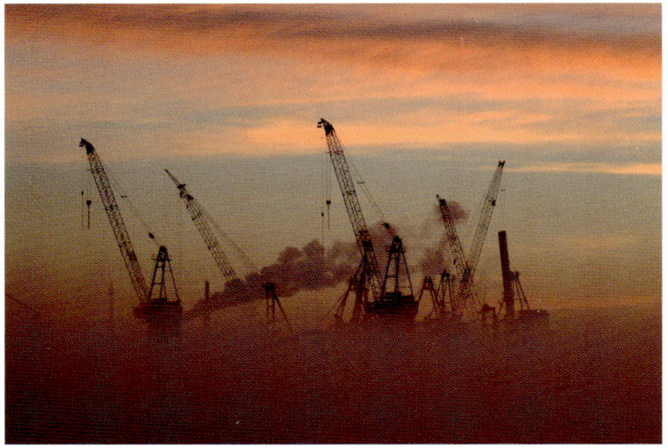

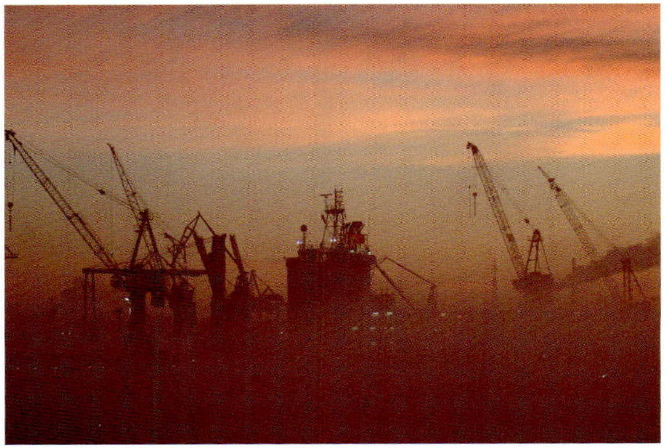

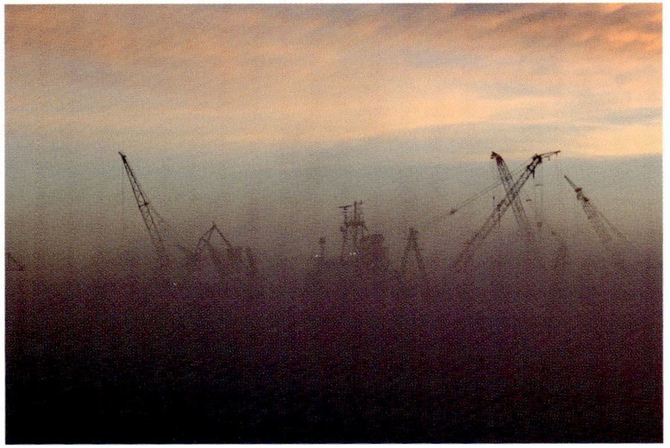

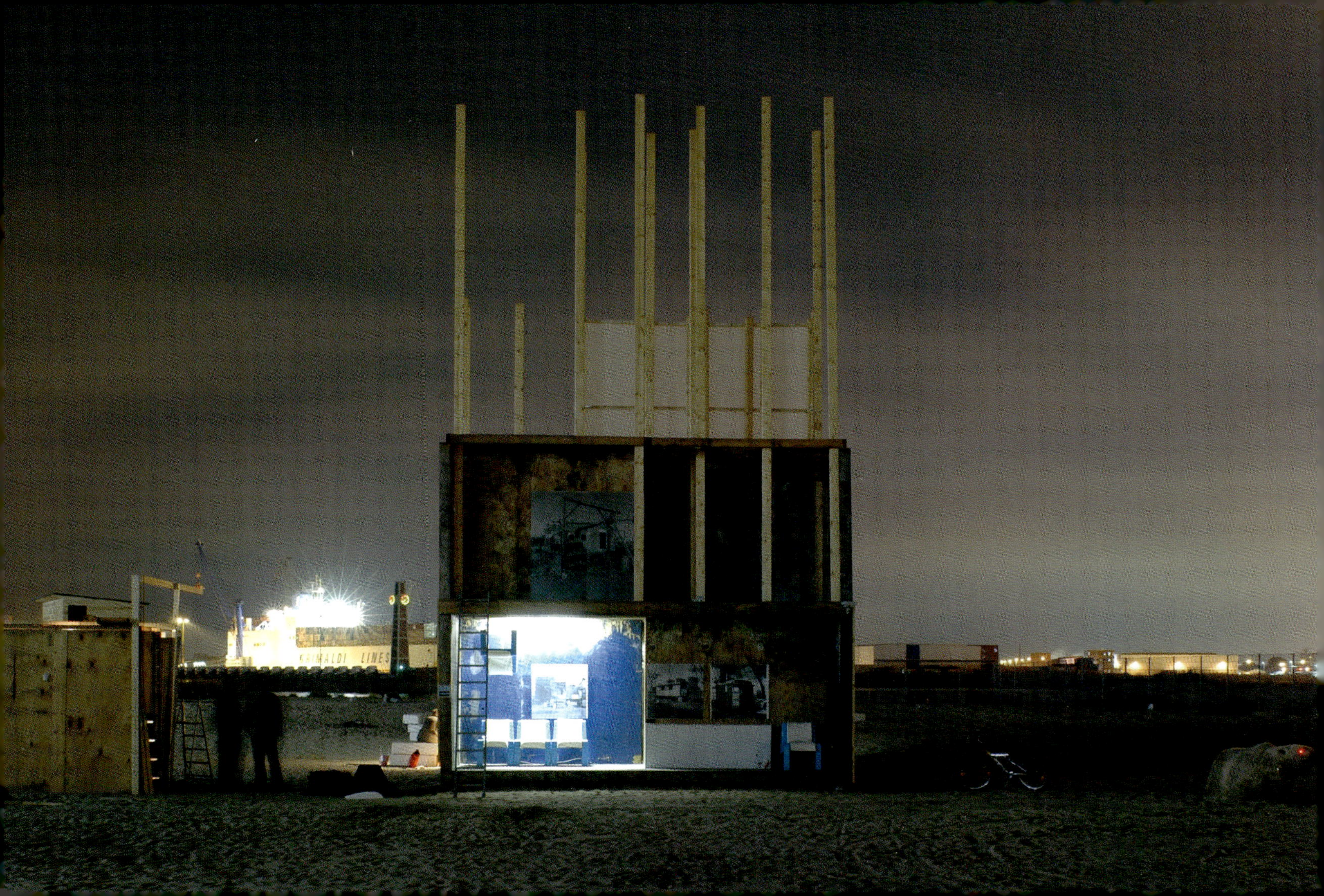
GRIMALDI LINES

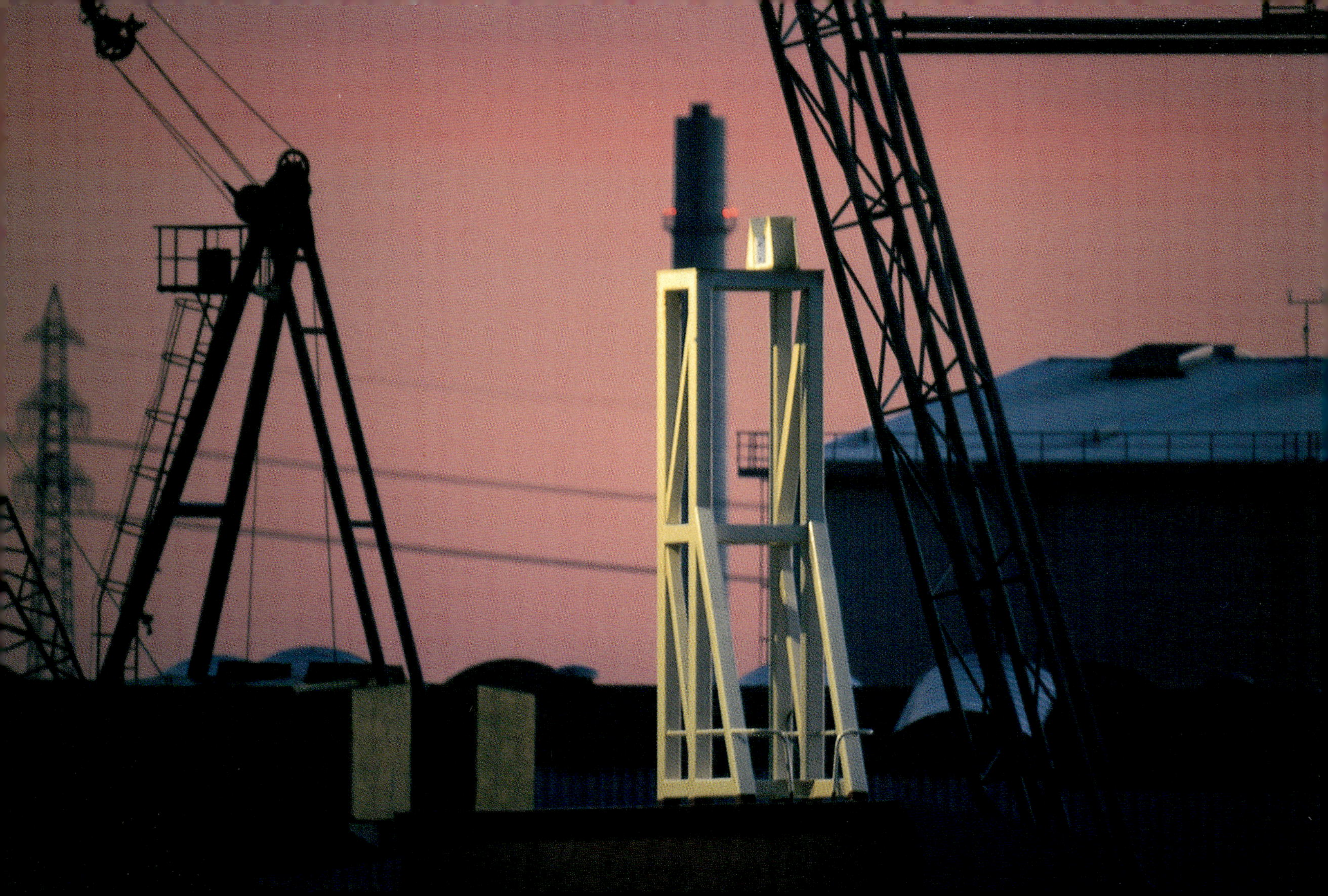

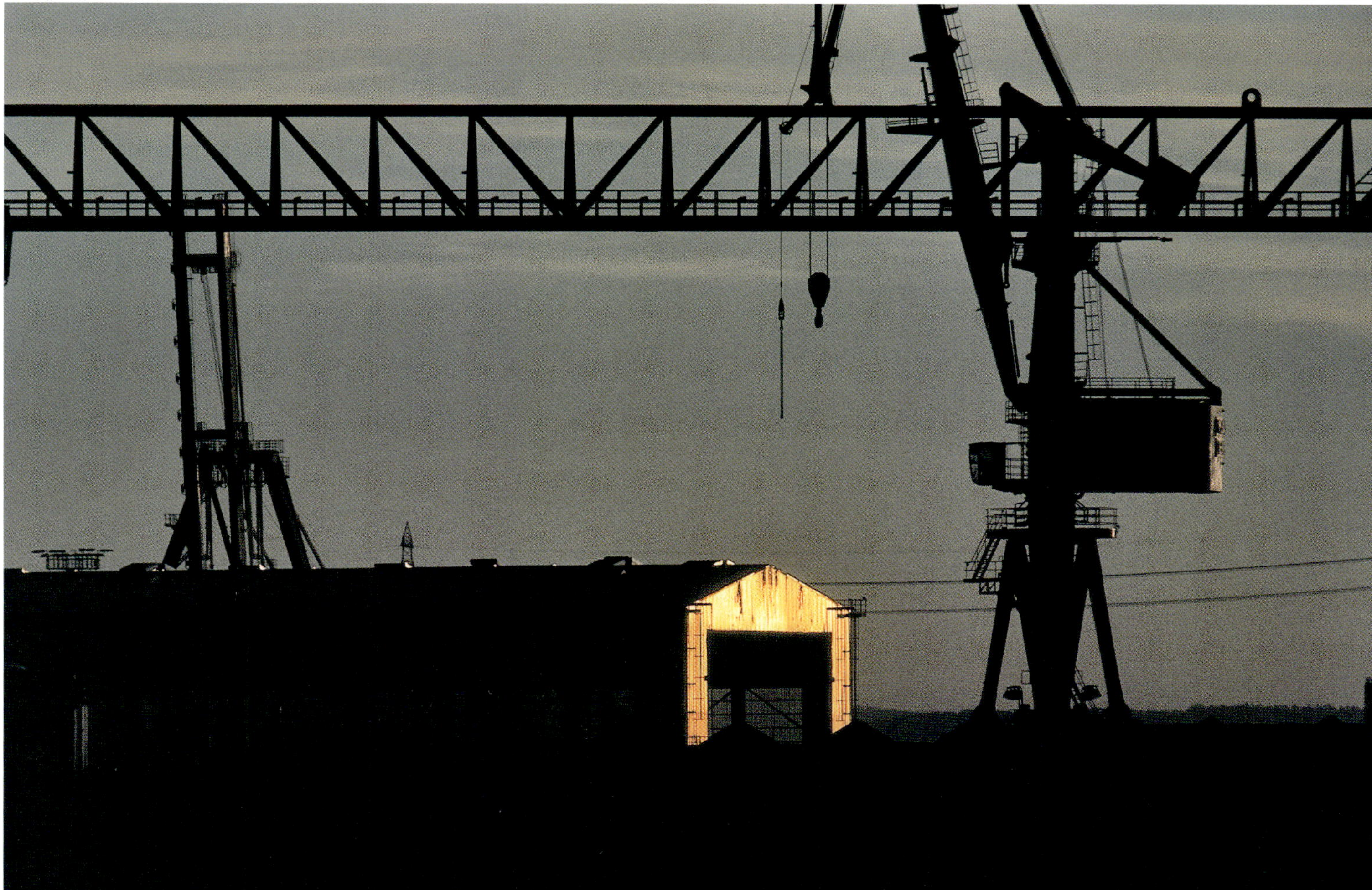

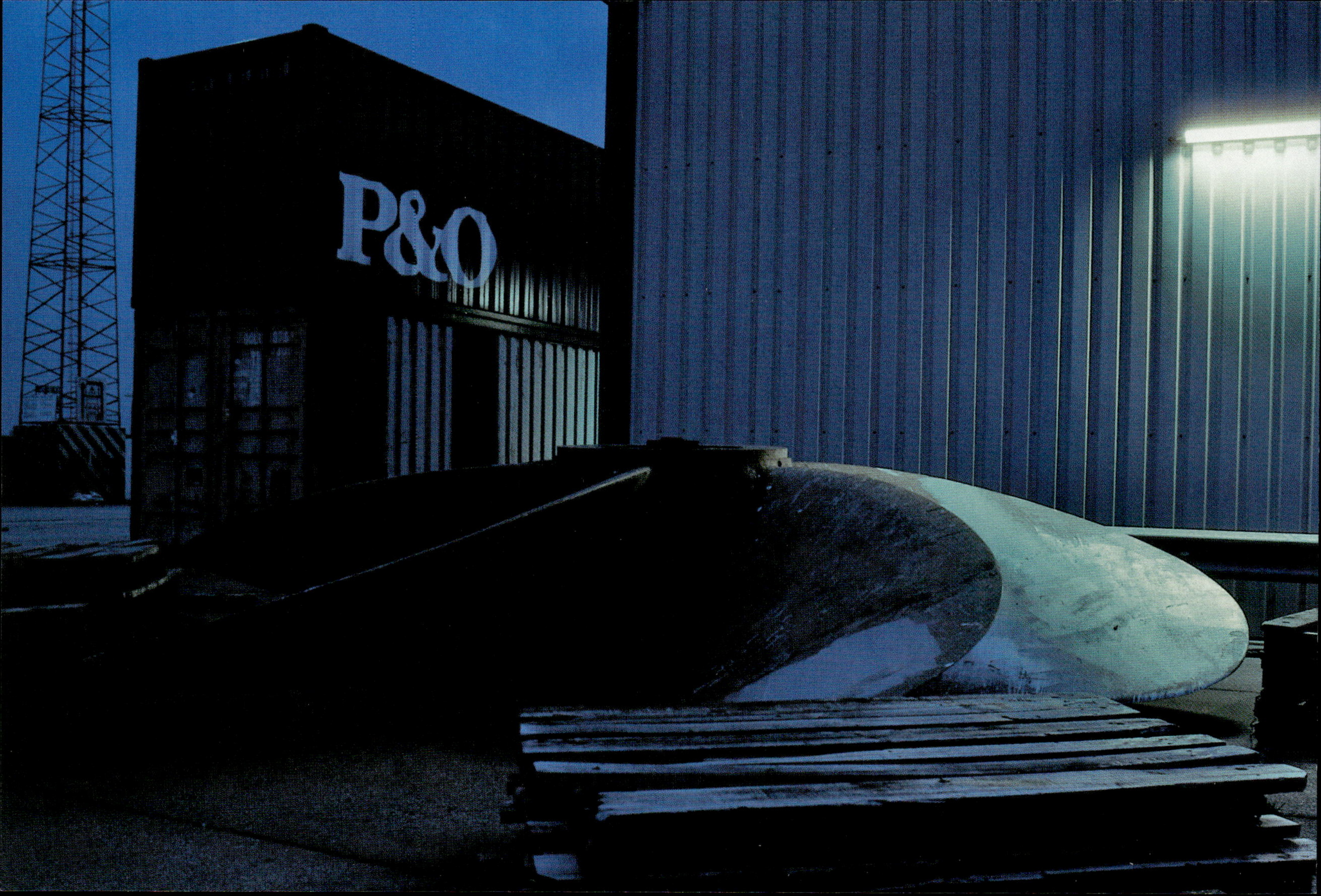
P&O

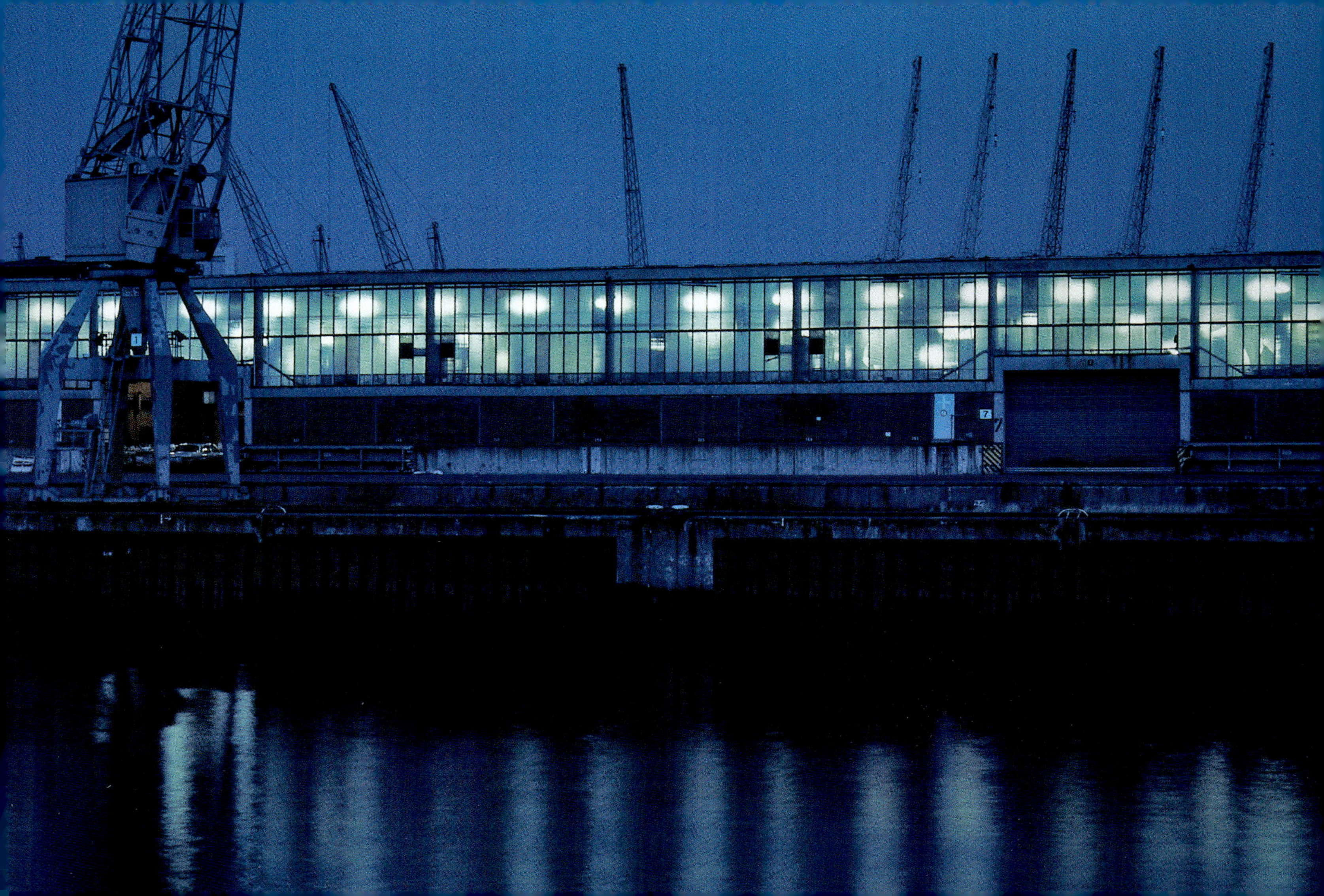

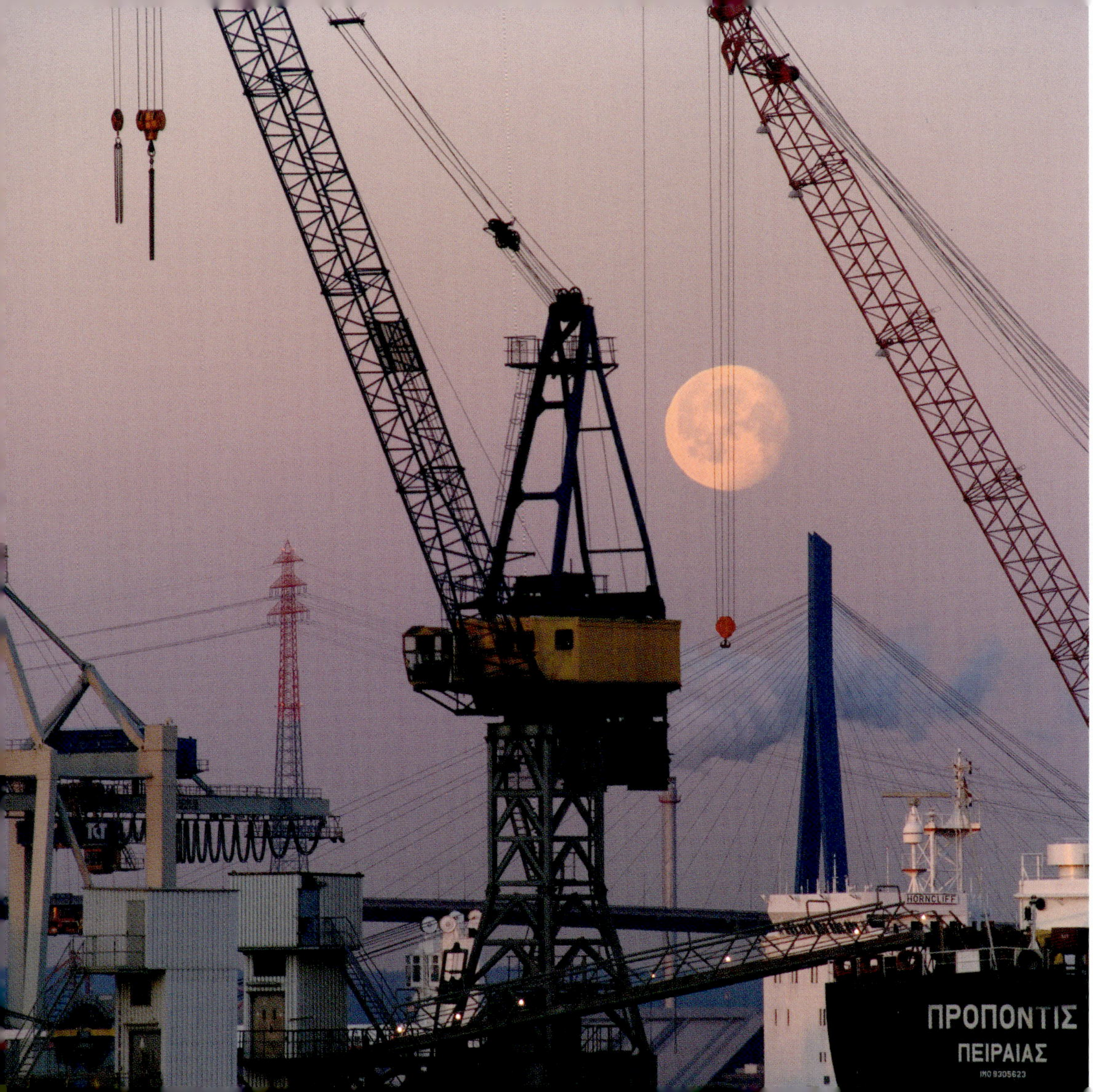
HORNCLIFF
ΠΡΟΠΟΝΤΙΣ
ΠΕΙΡΑΙΑΣ

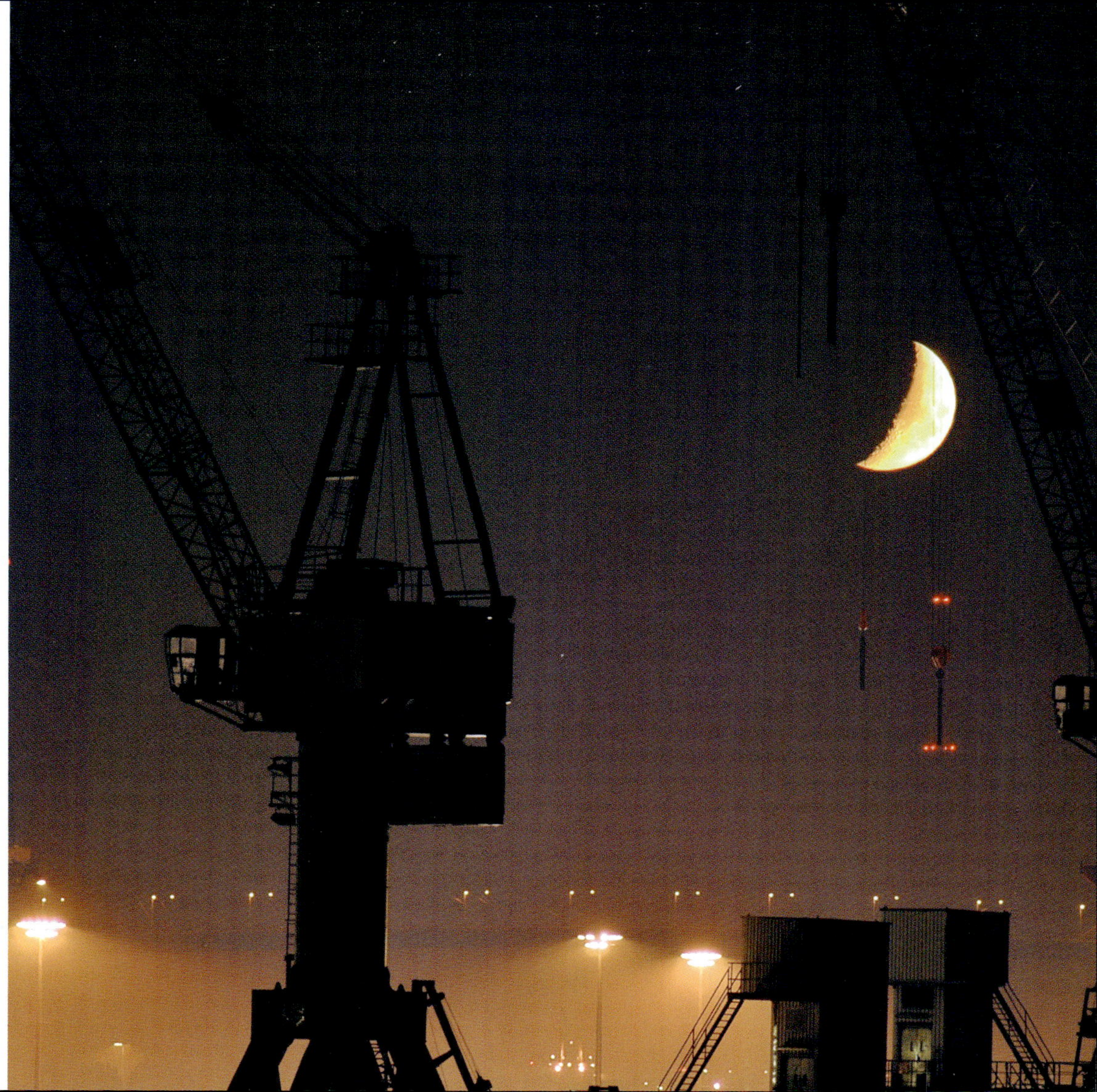

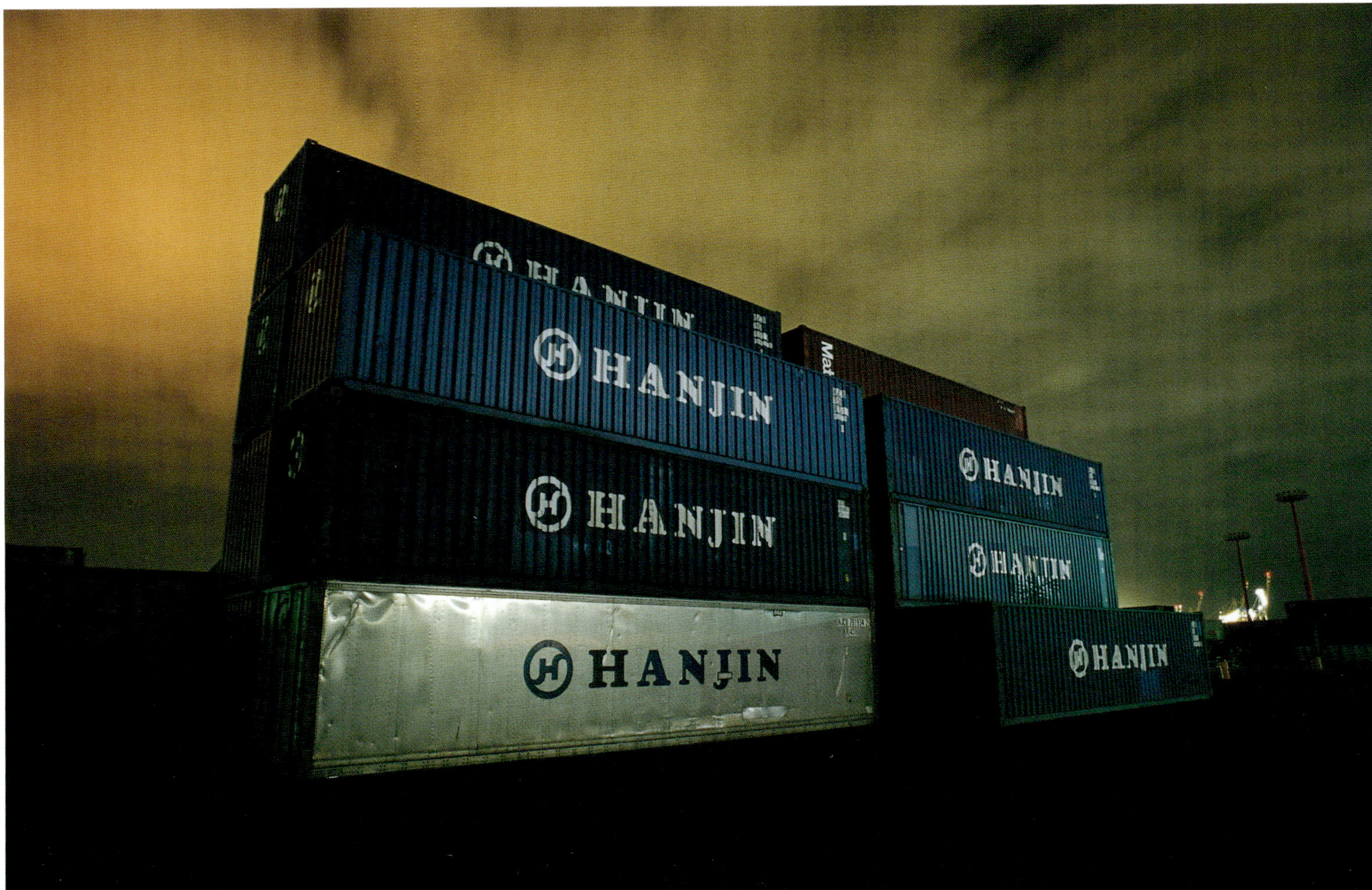
HANJIN
HANJIN
HANJIN
HANJIN
HANJIN
HANJIN
HANJIN

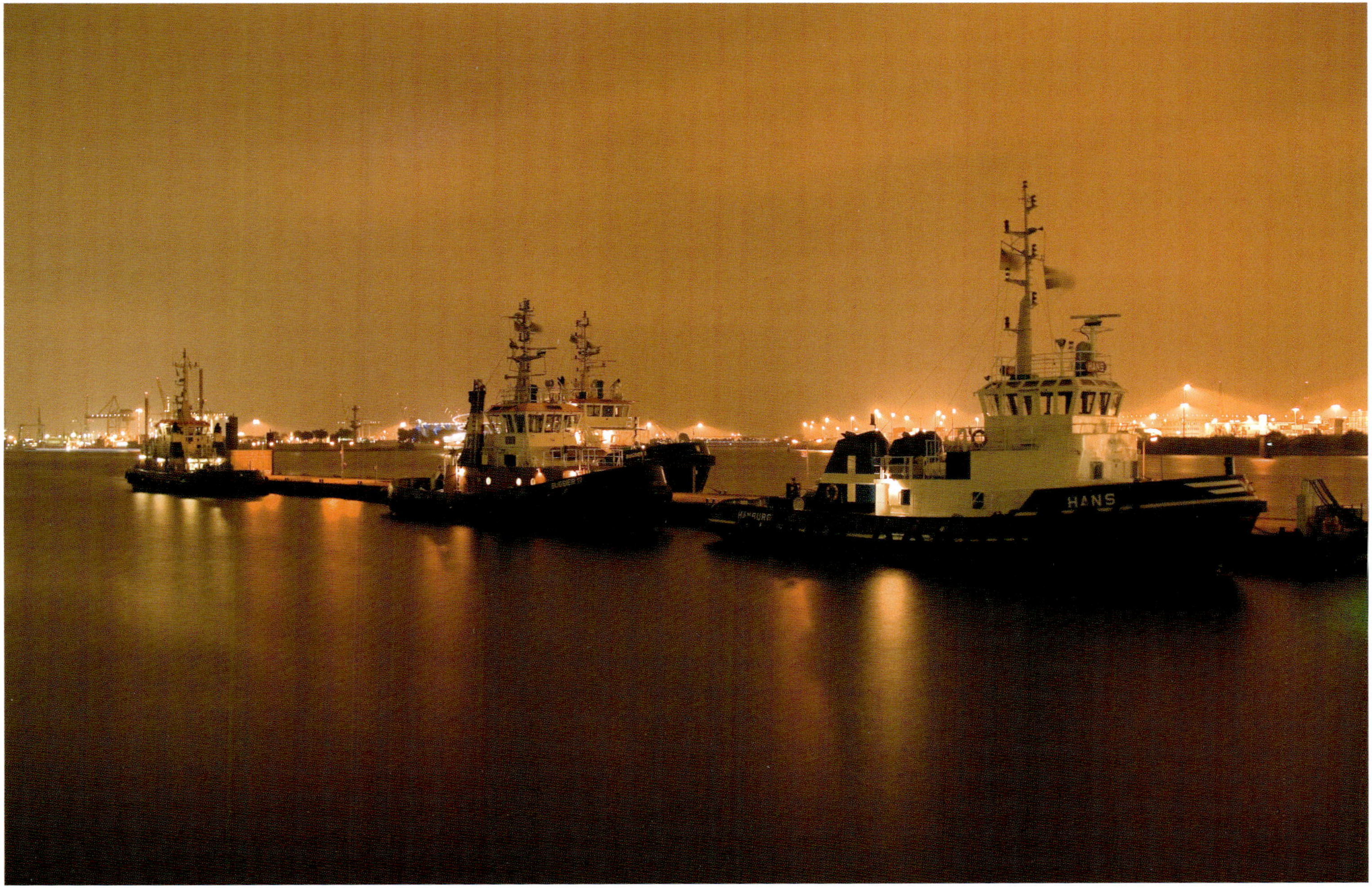
HANS
HAMBURG

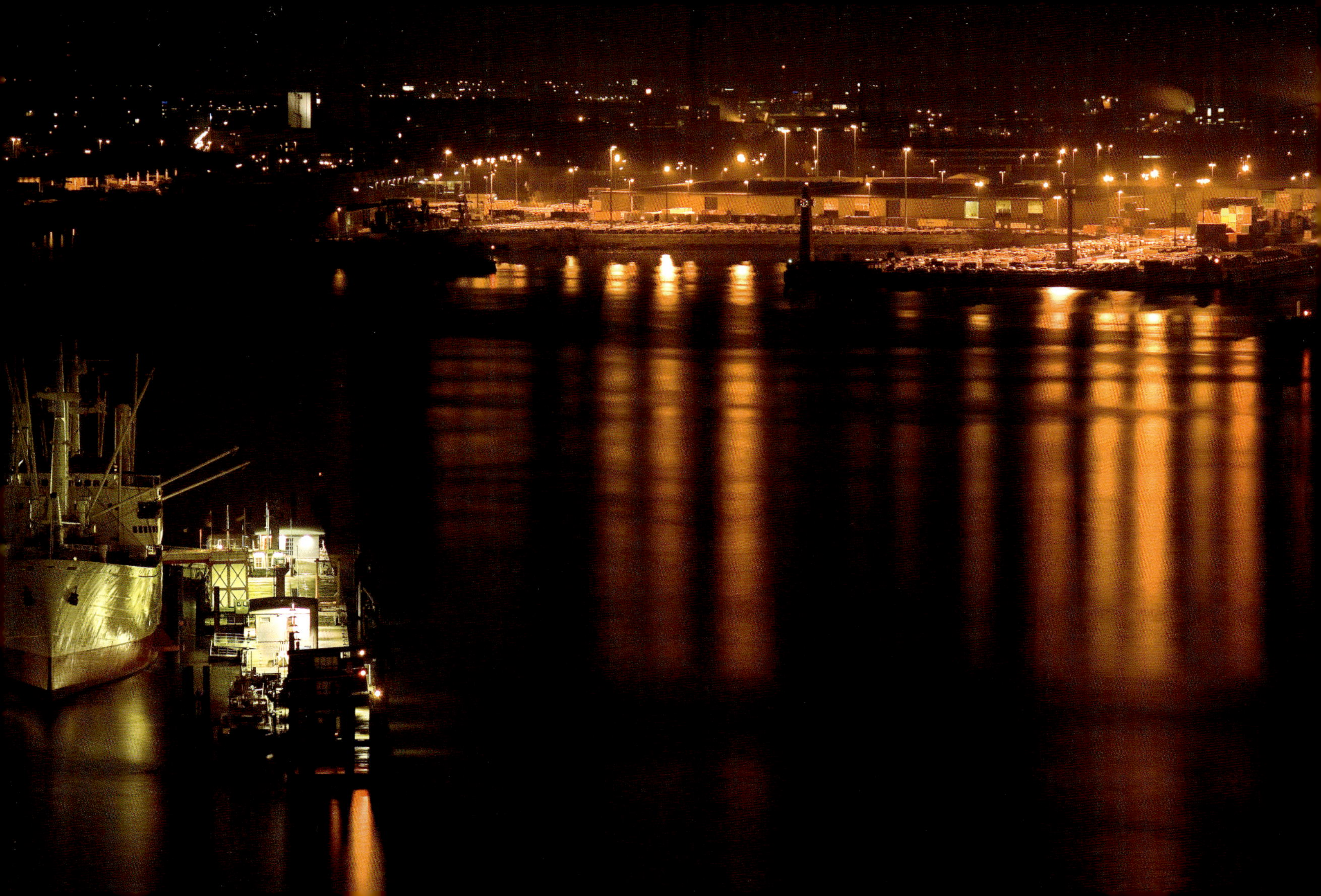

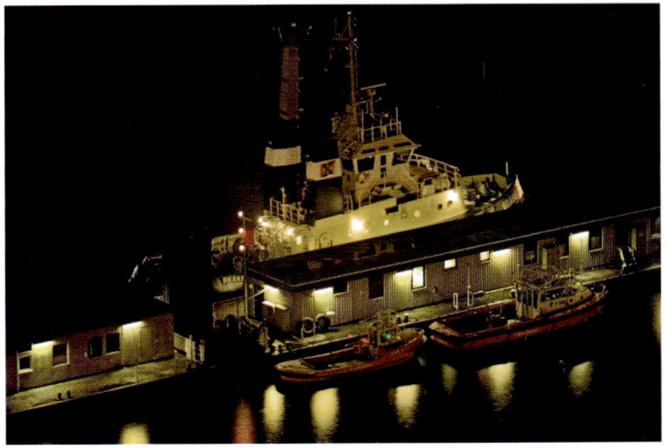

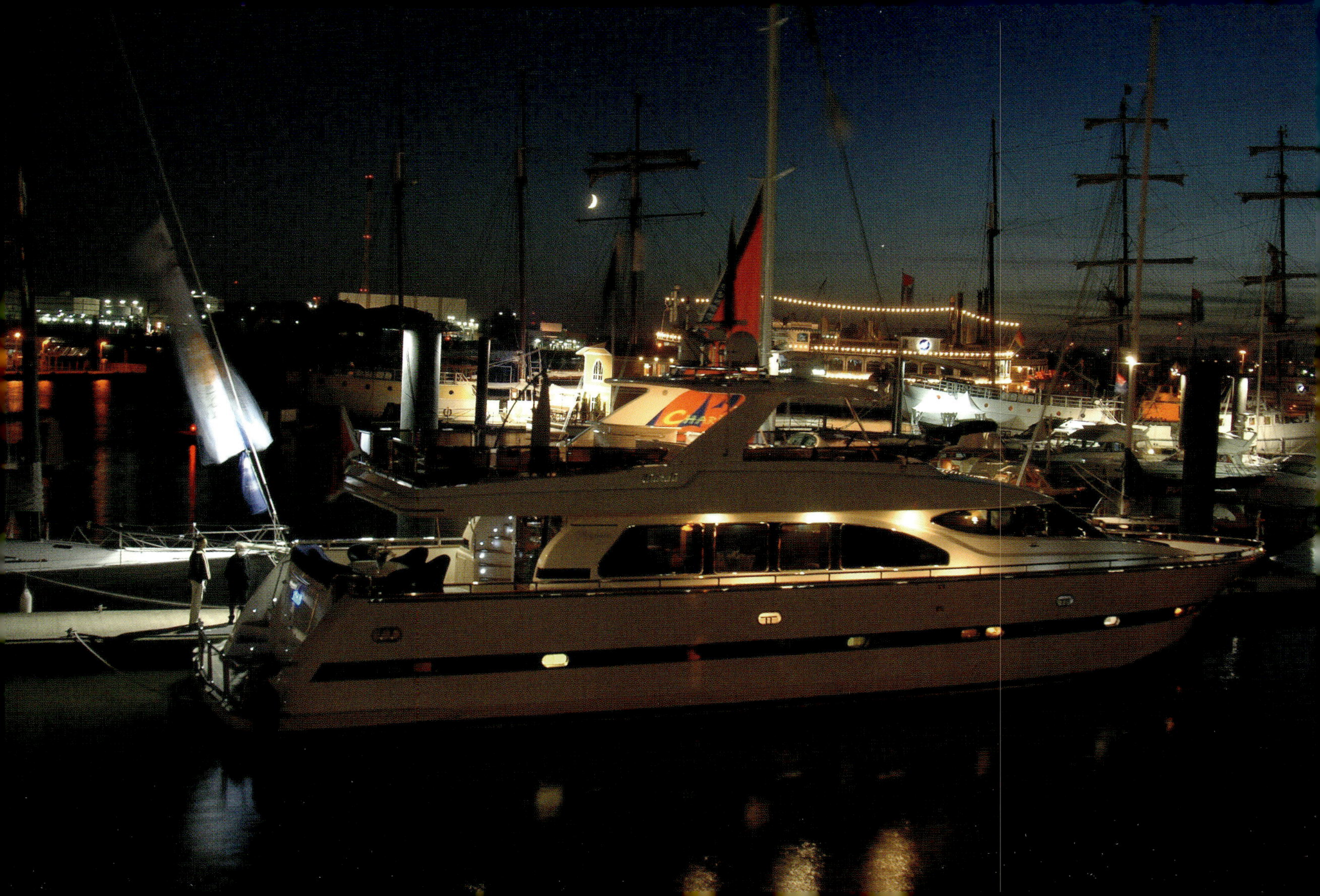

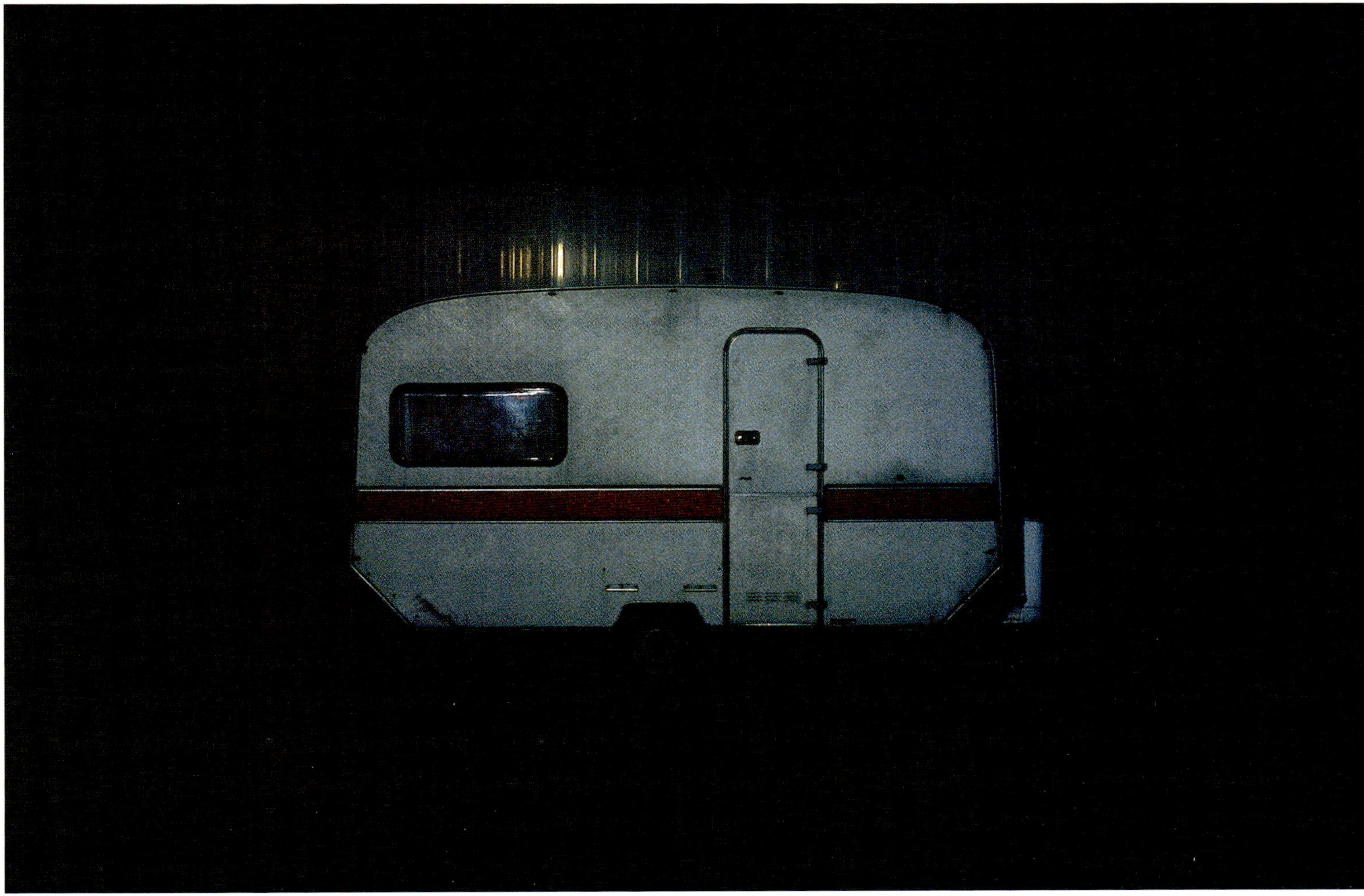

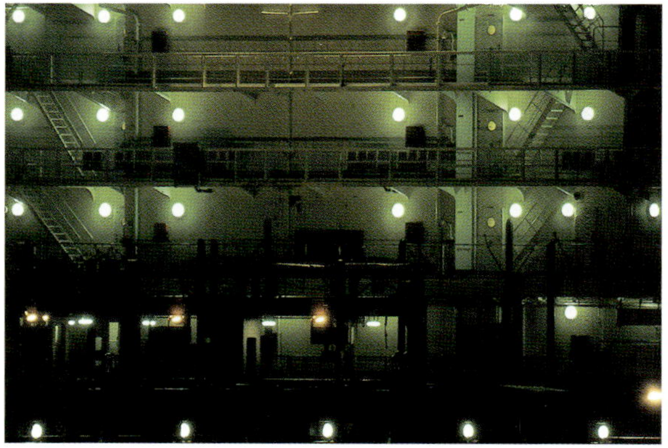

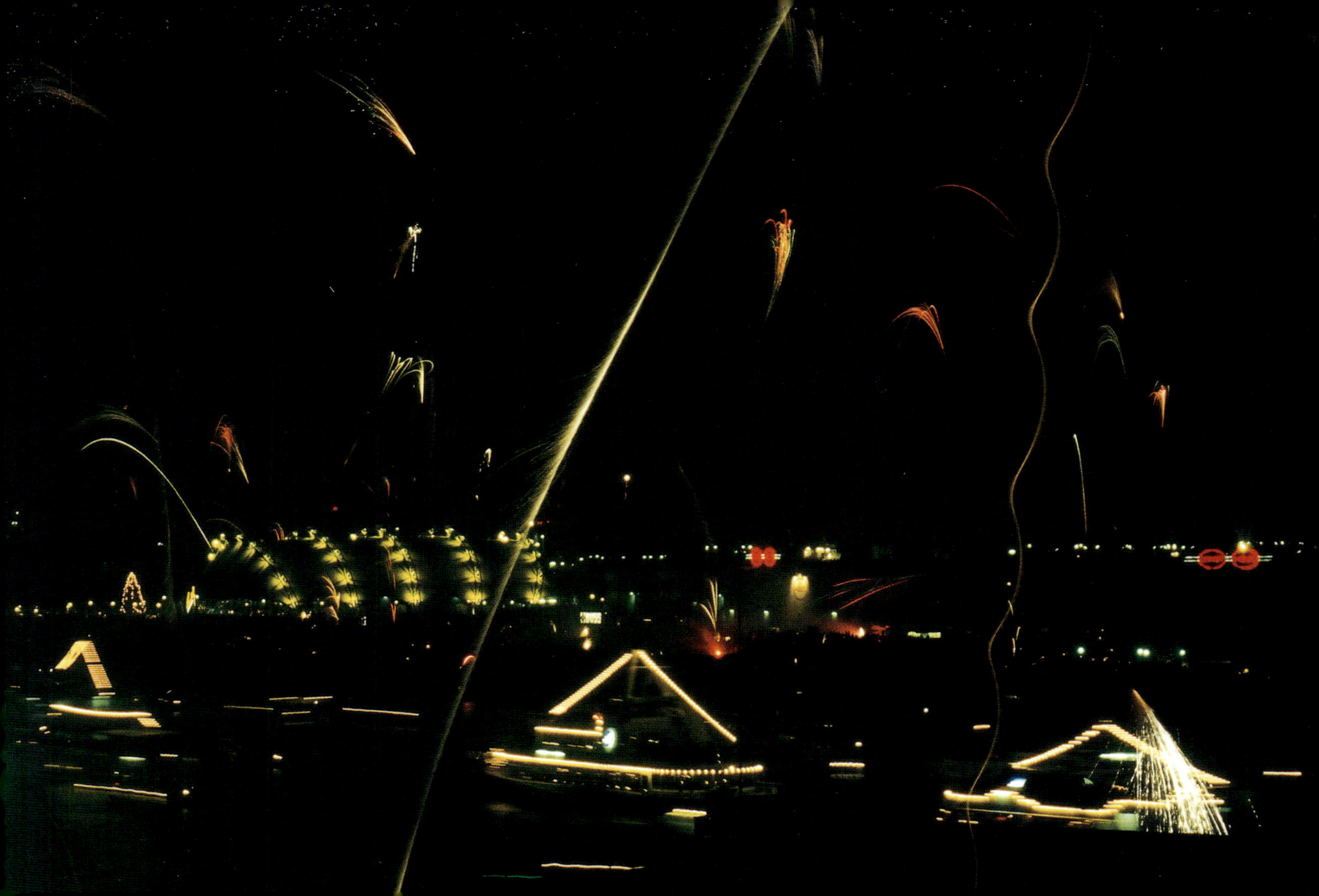

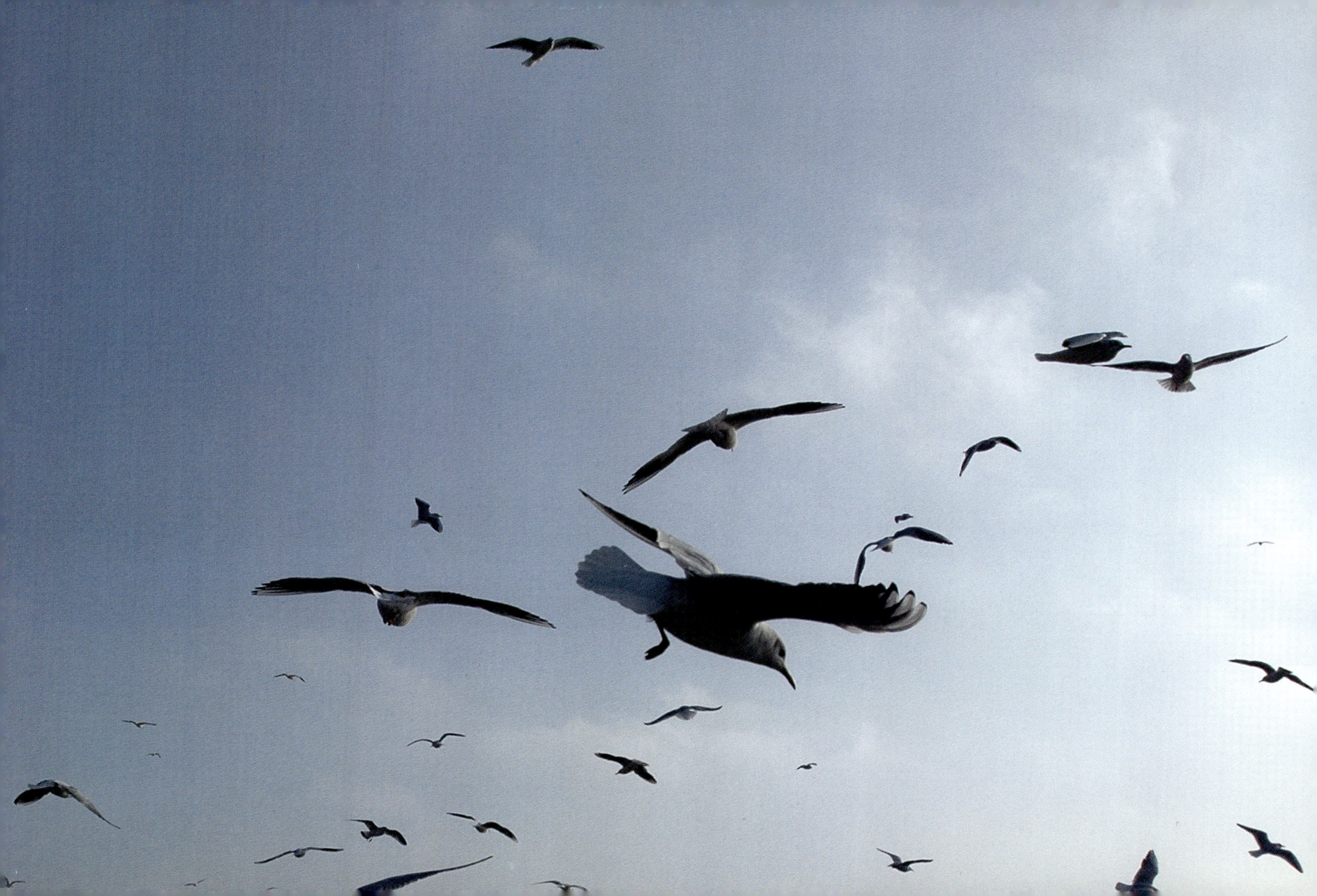

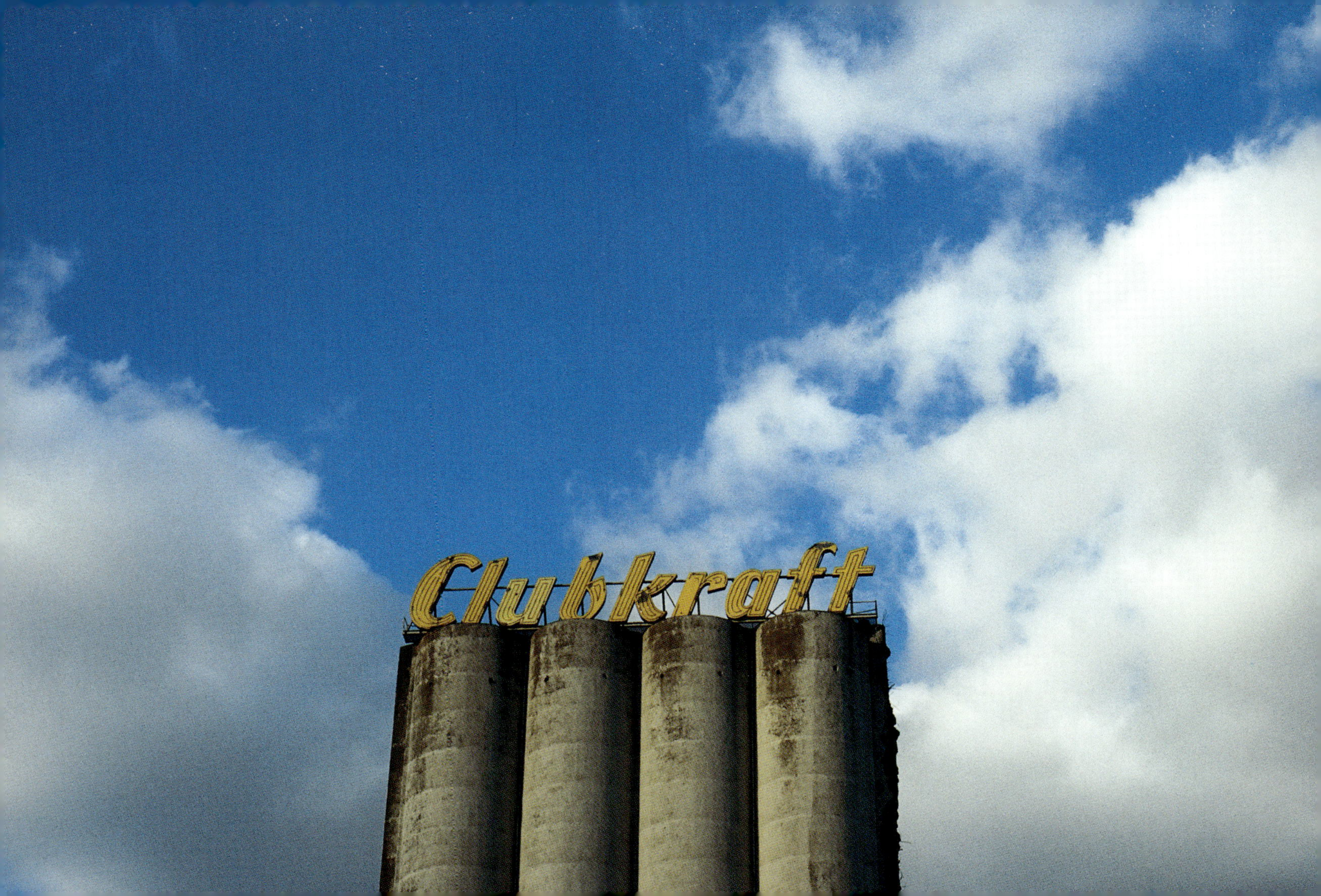
Clubkraft

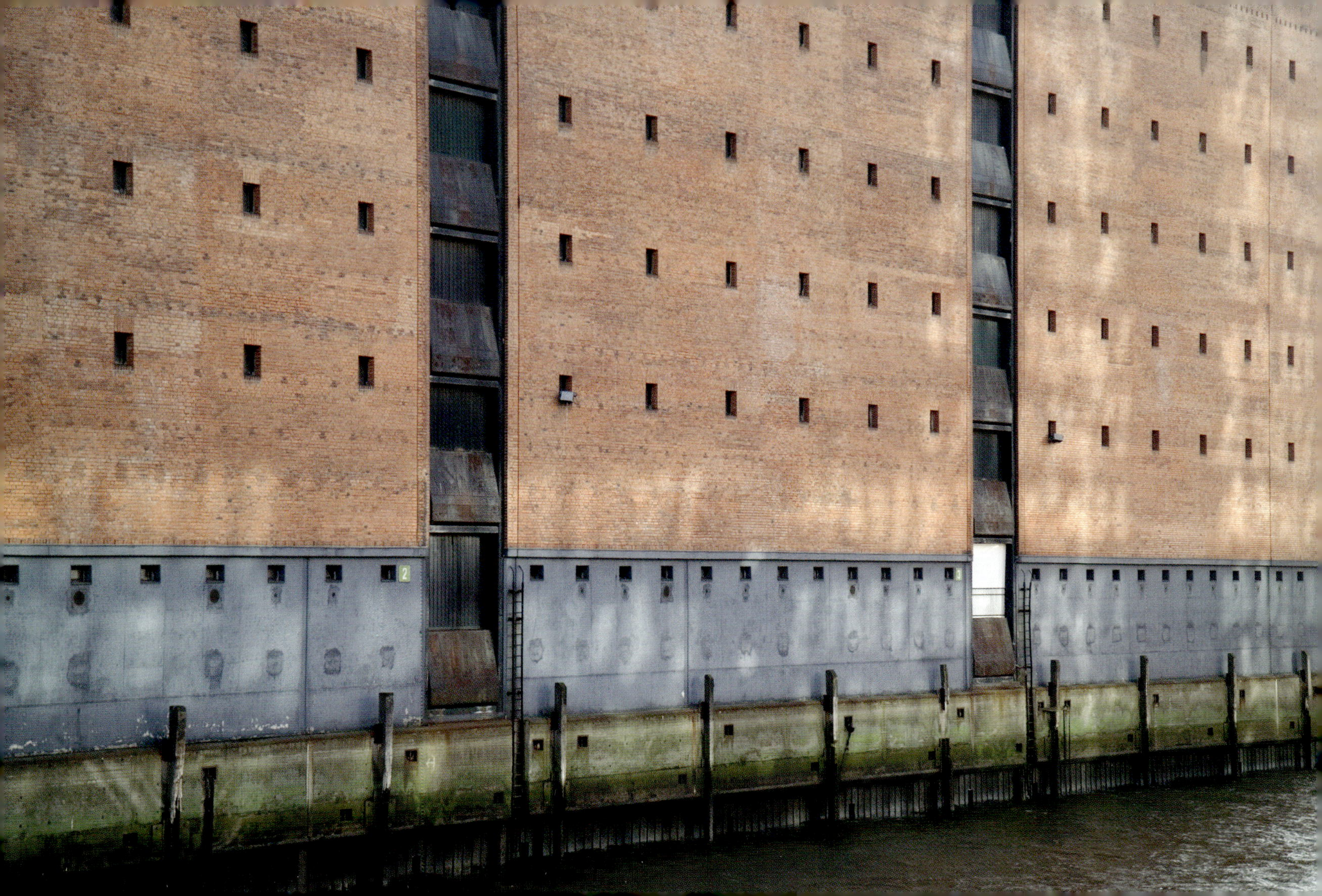

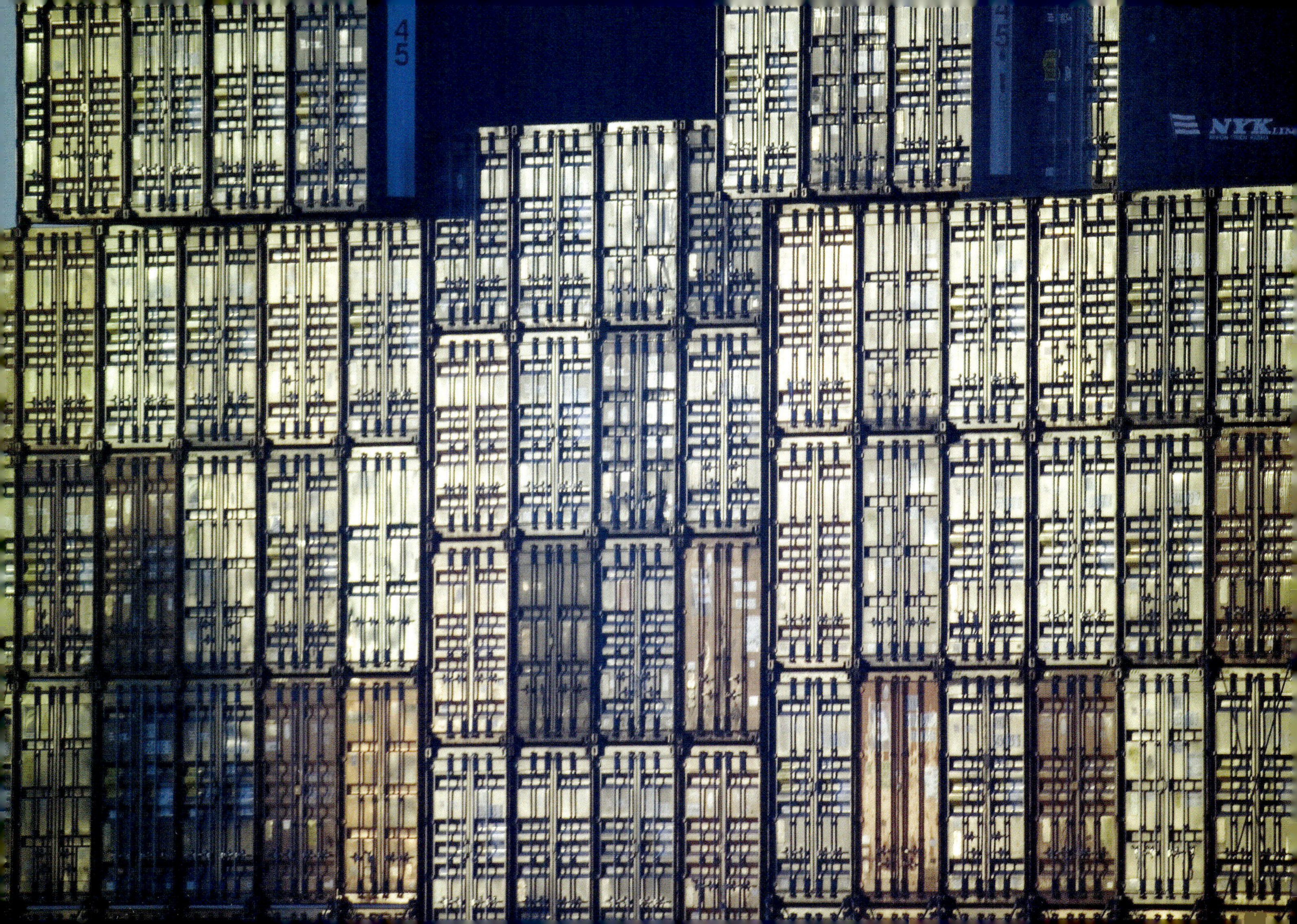
45
45
NYK

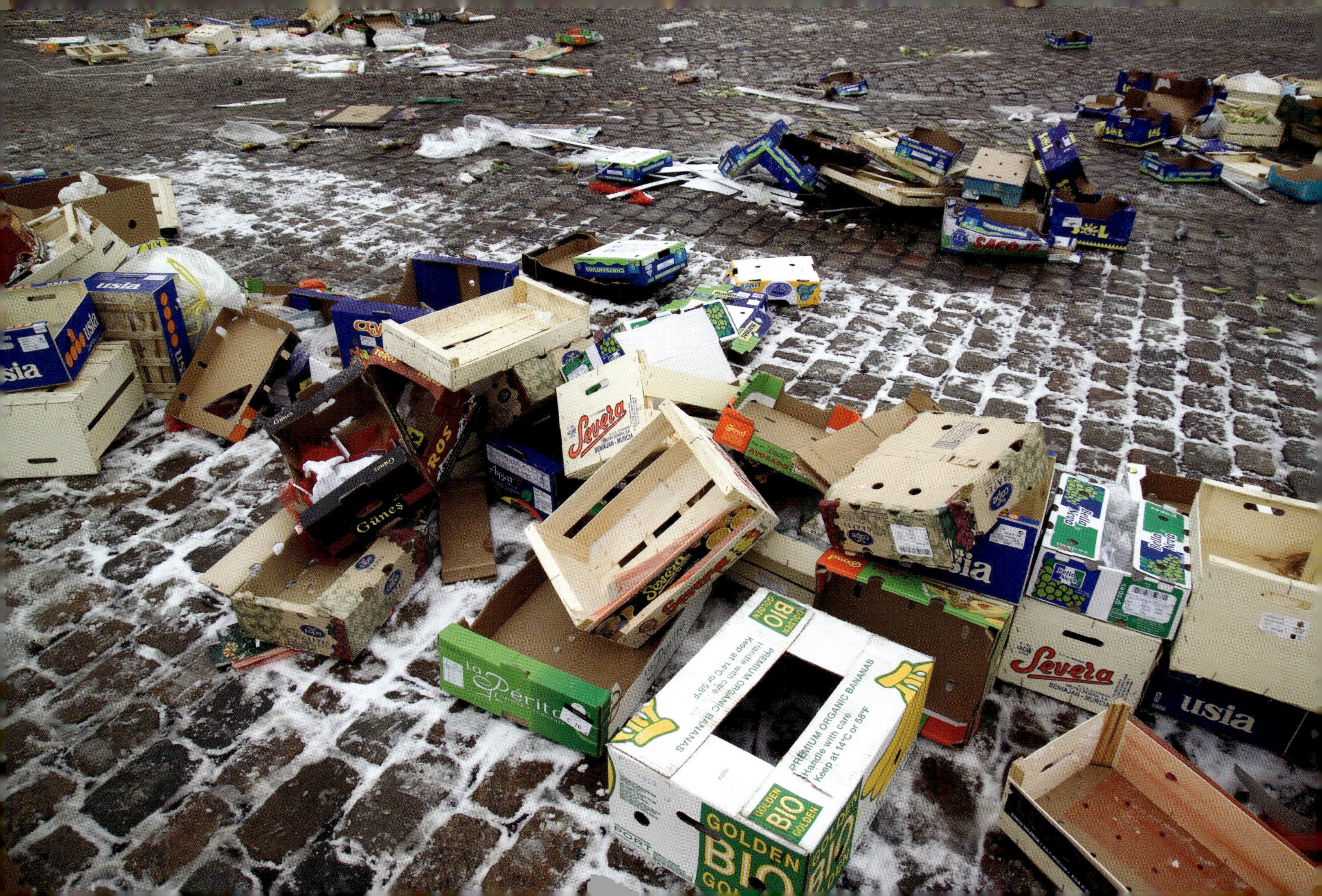
usia
usia
Severa
BENIAJAN - MURCIA
Günes
Severa
Severa
BENIAJAN - MURCIA
usia
GOLDEN BIO
PREMIUM ORGANIC BANANAS
Handle with care
Keep at 14°C or 58°F
BIO GOLDEN
GOLDEN BIO
Bello Nova

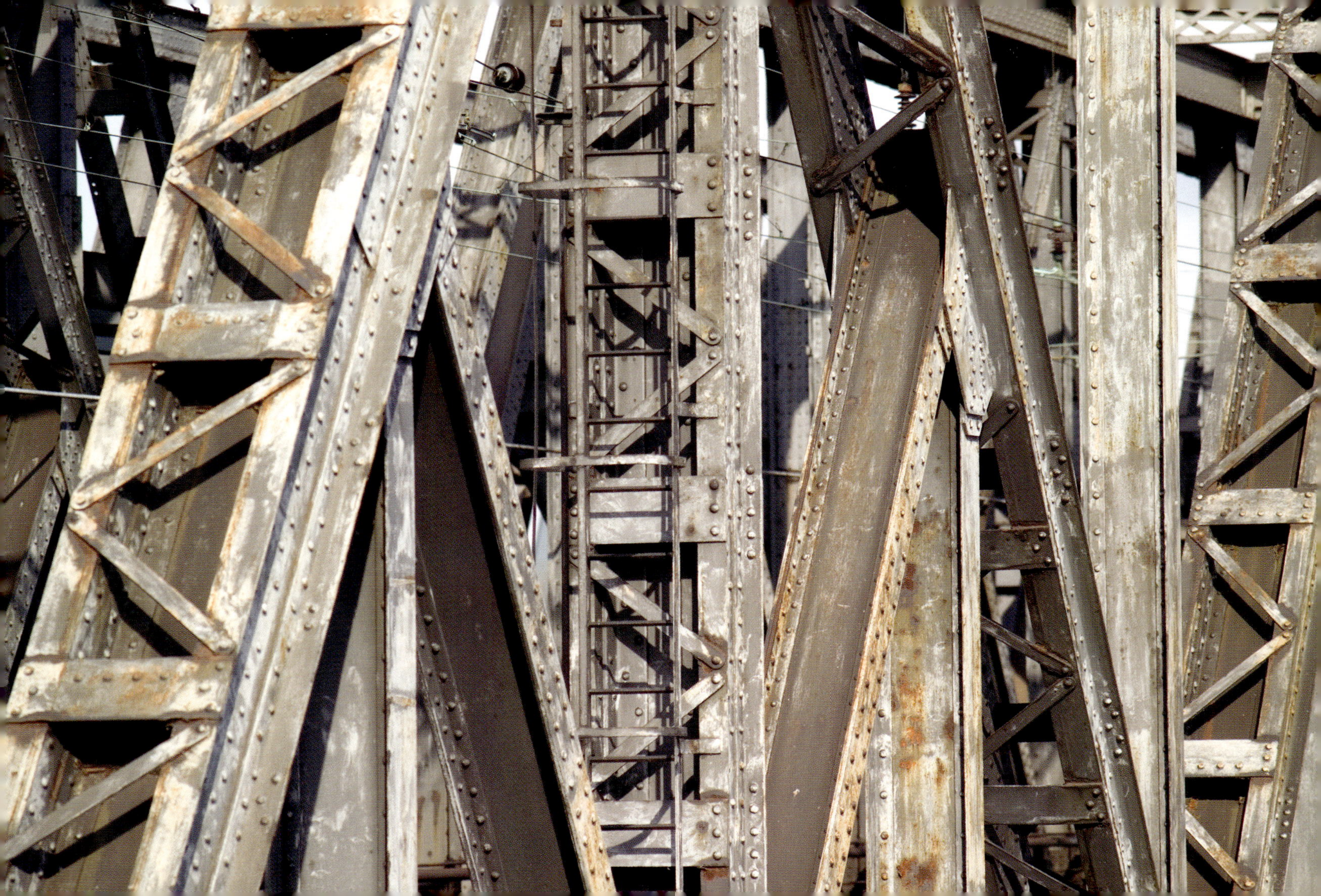

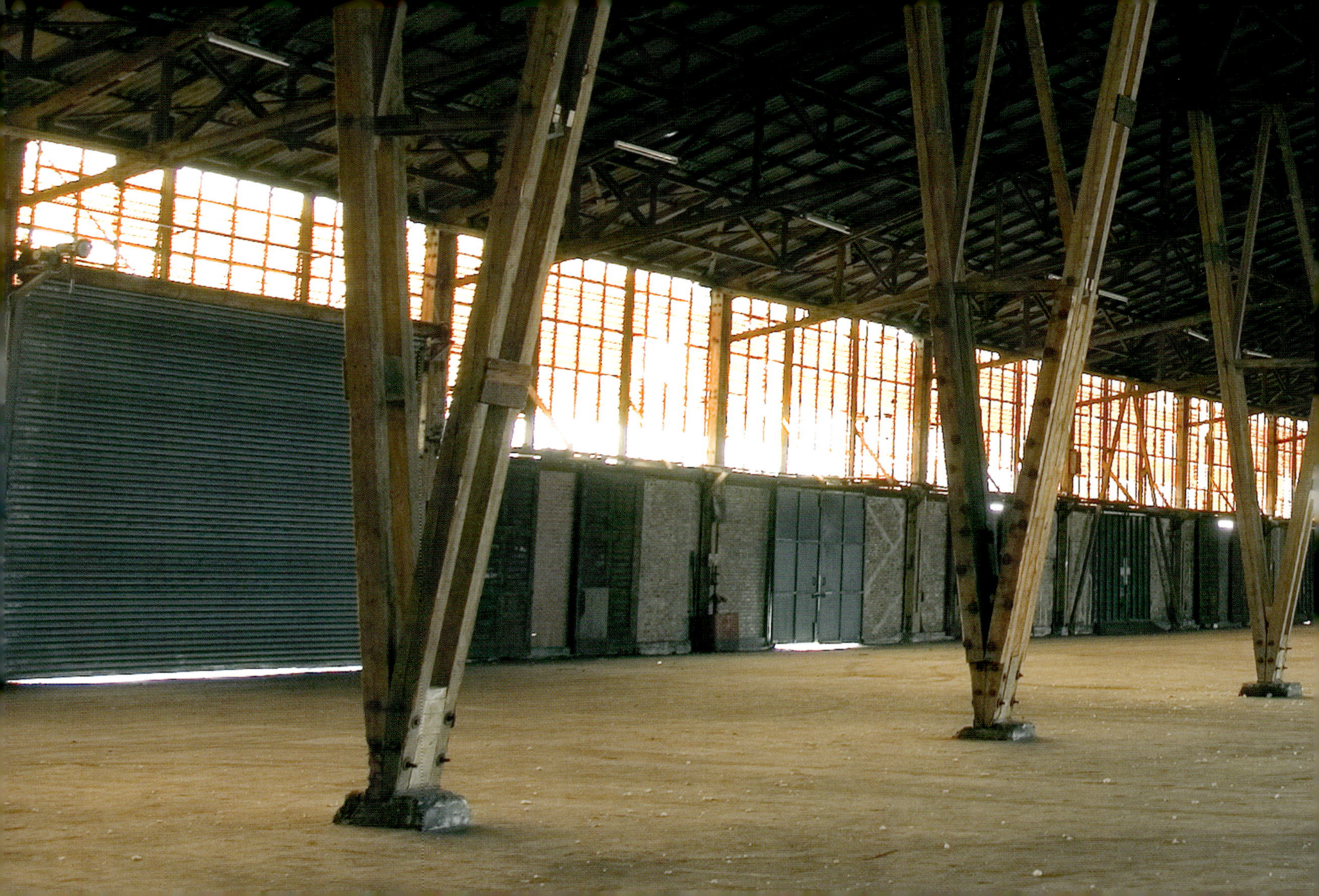

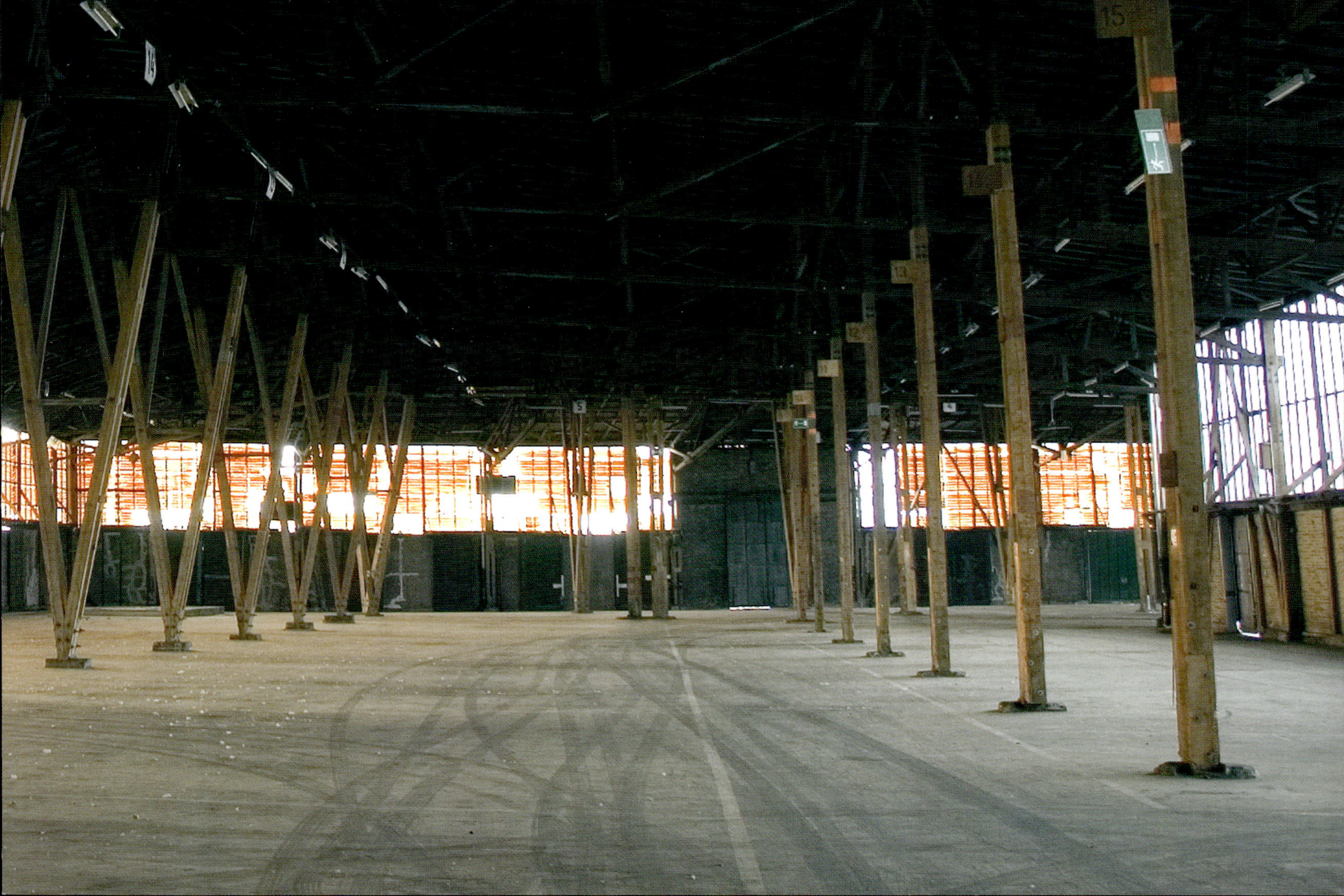

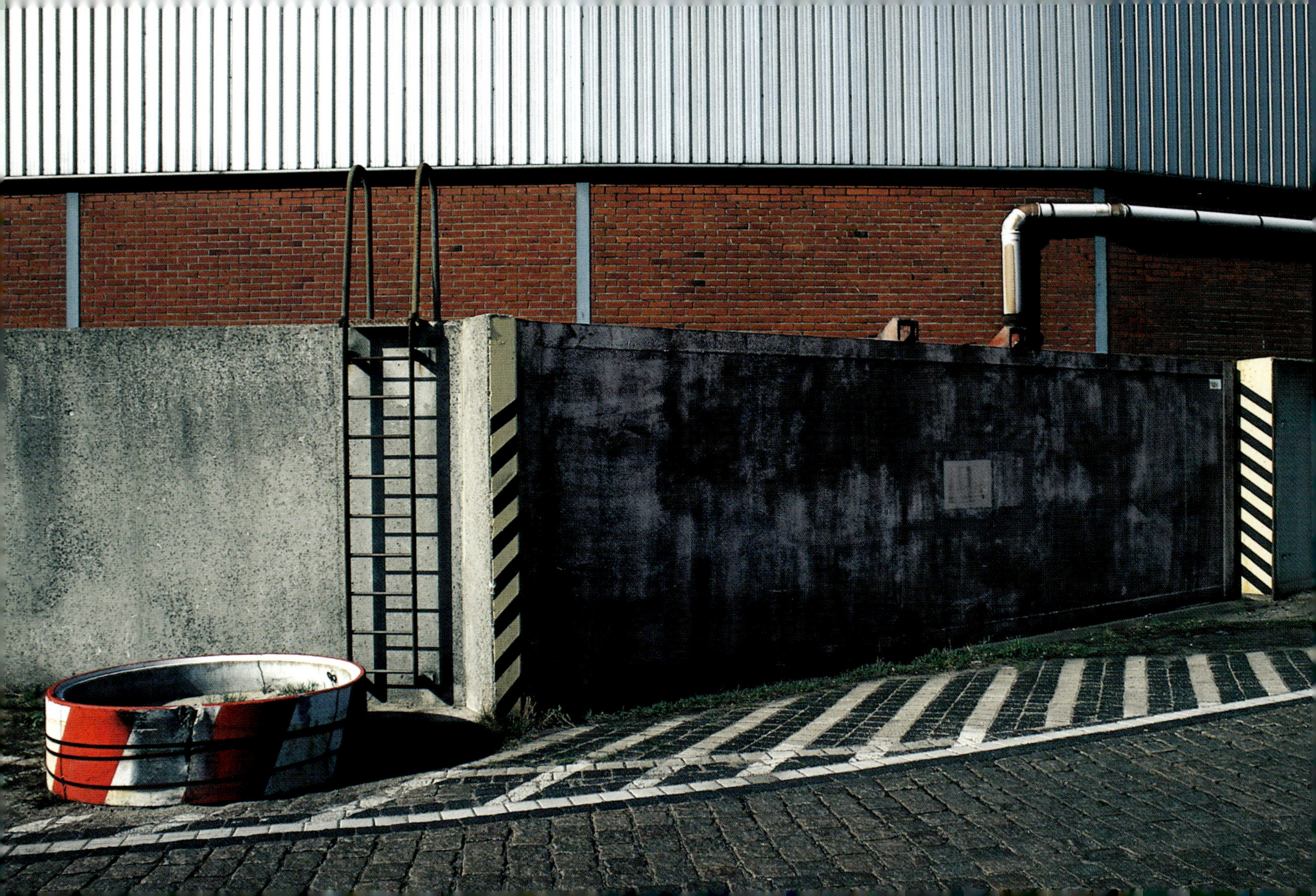

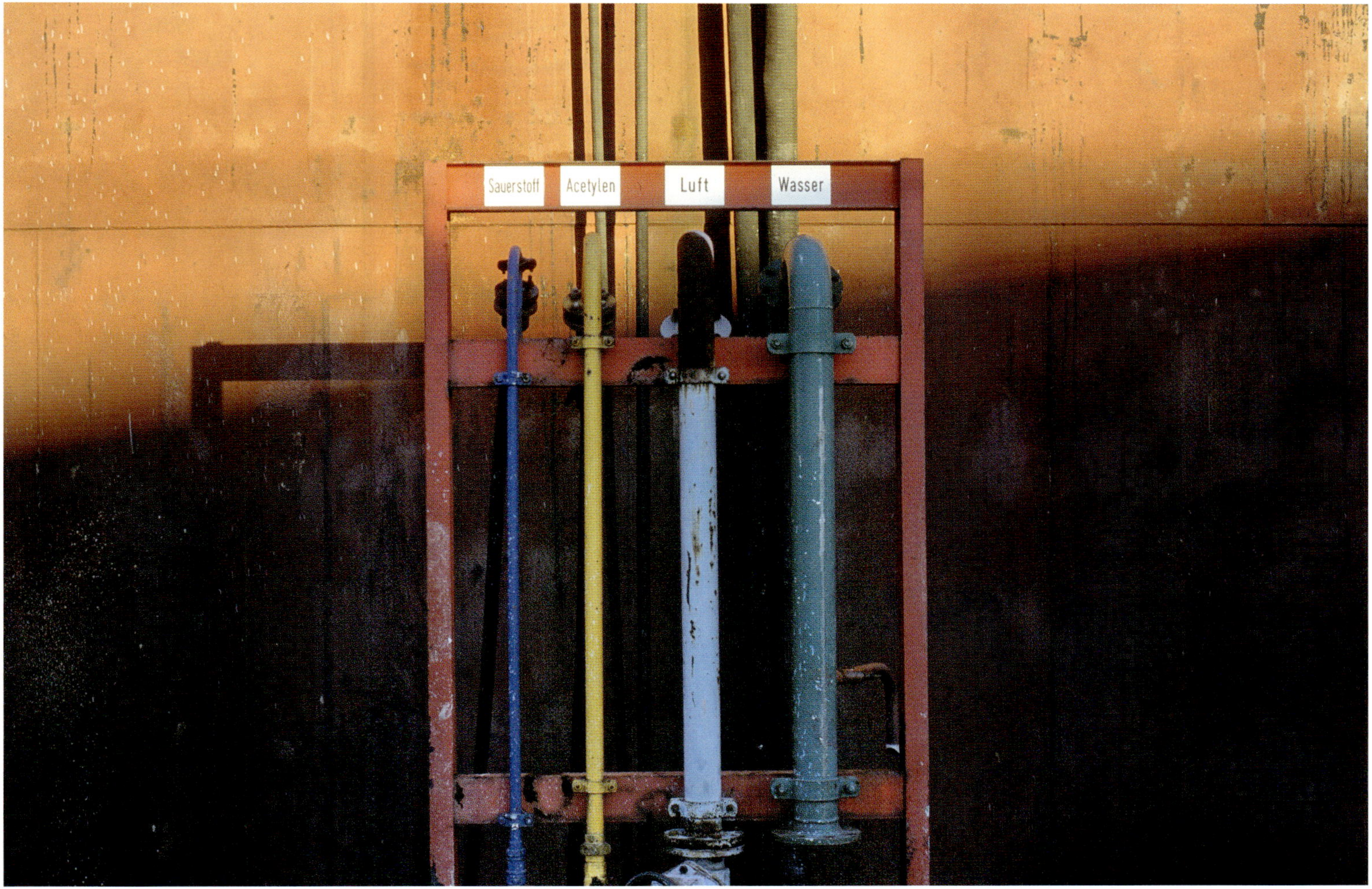
Sauerstoff
Acetylen
Luft
Wasser

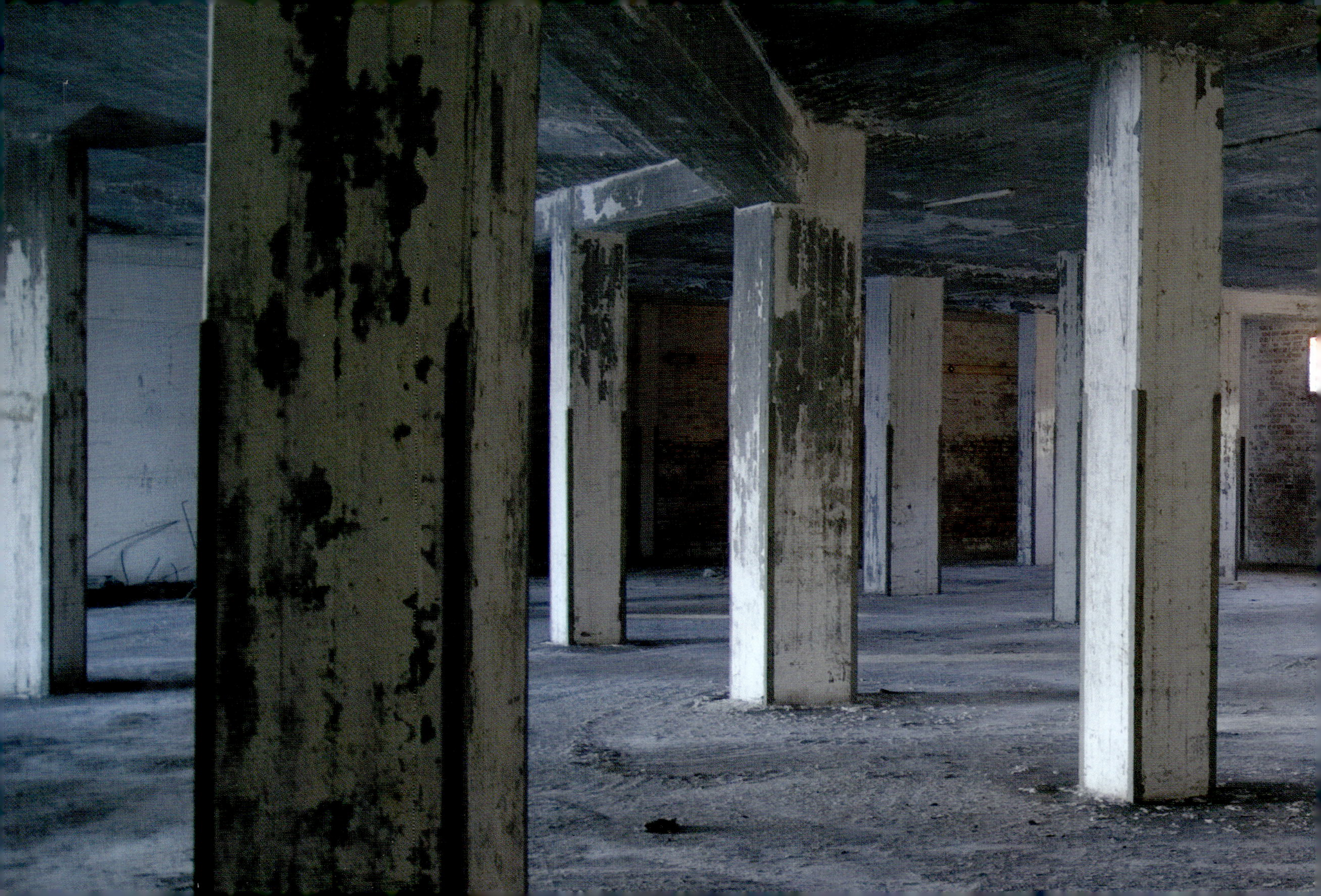

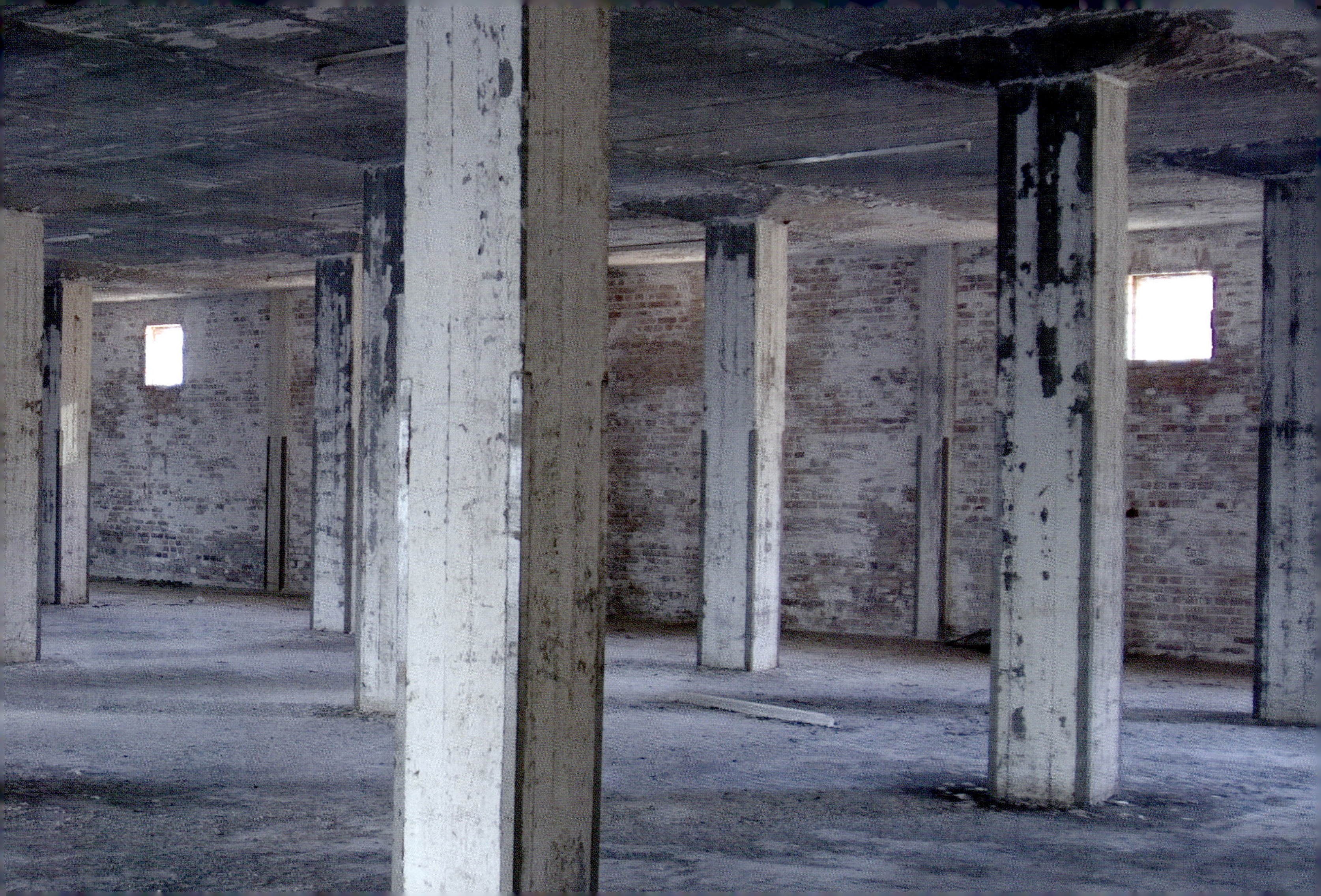

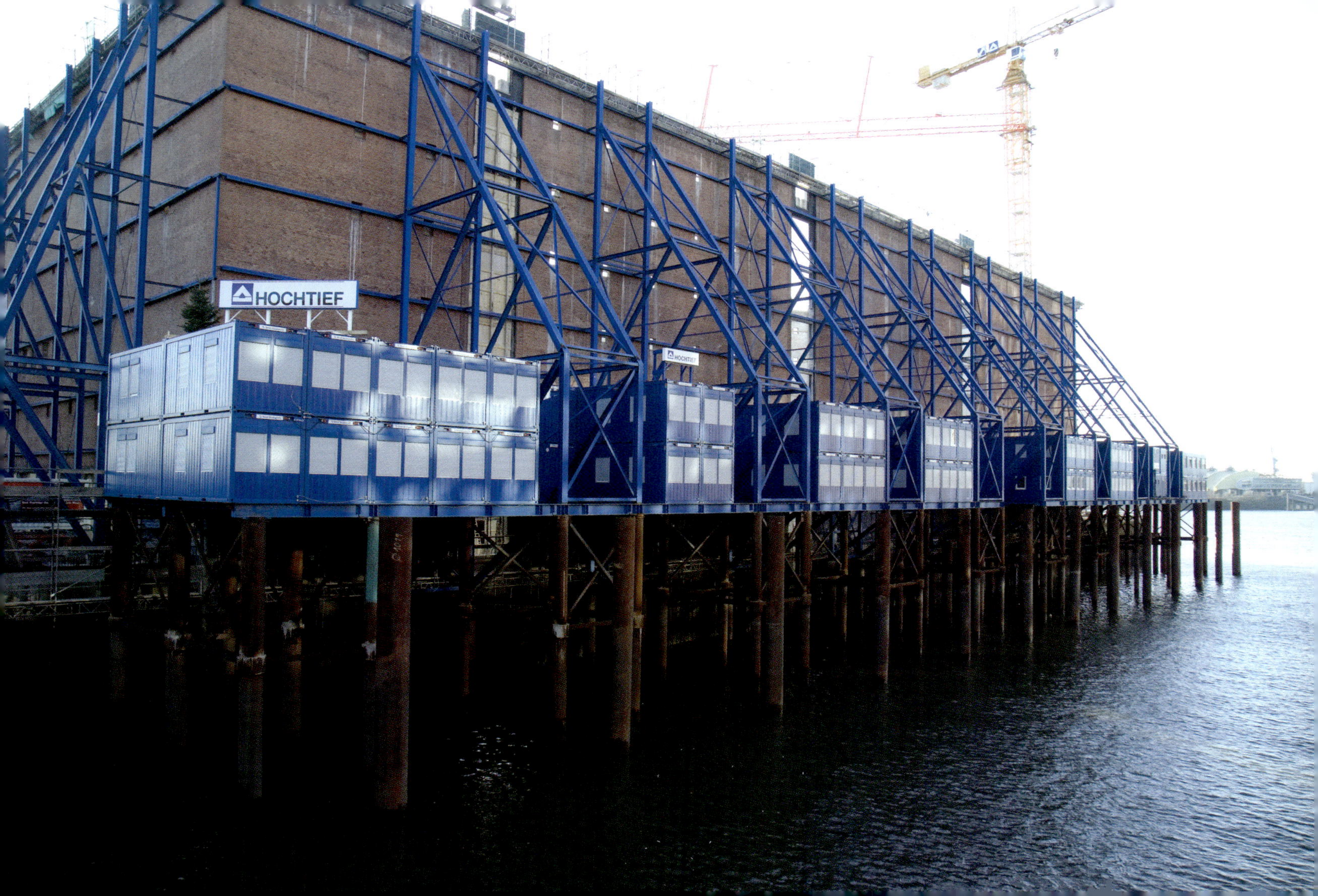
HOCHTIEF

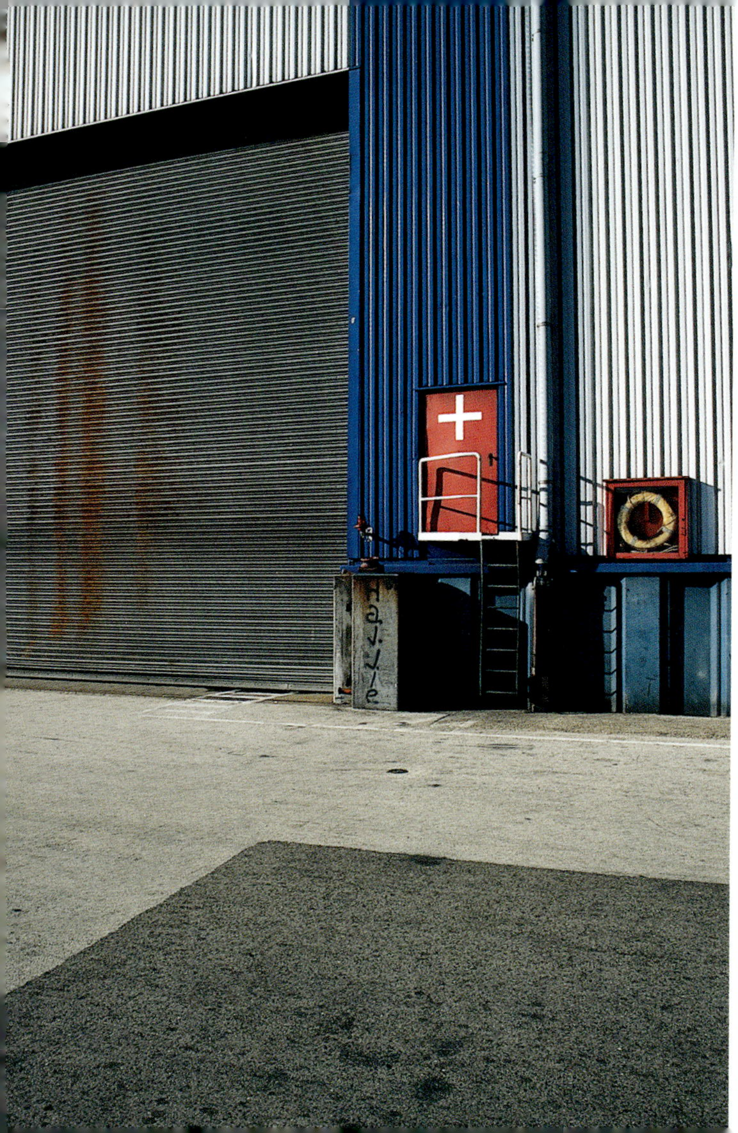

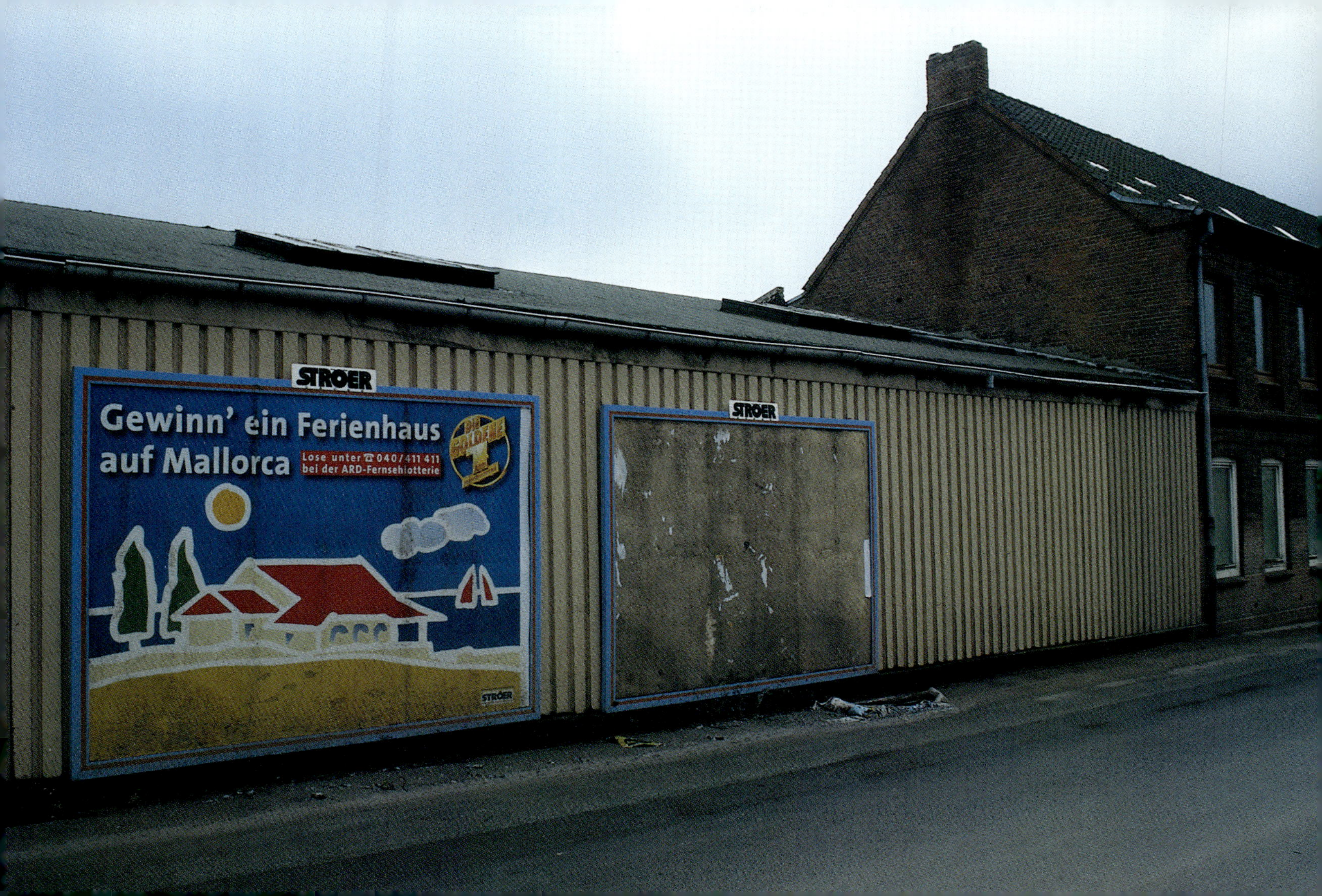
STRÖER
Gewinn' ein Ferienhaus
auf Mallorca
Lose unter ☎ 040/411 411
bei der ARD-Fernsehlotterie
STRÖER
STRÖER

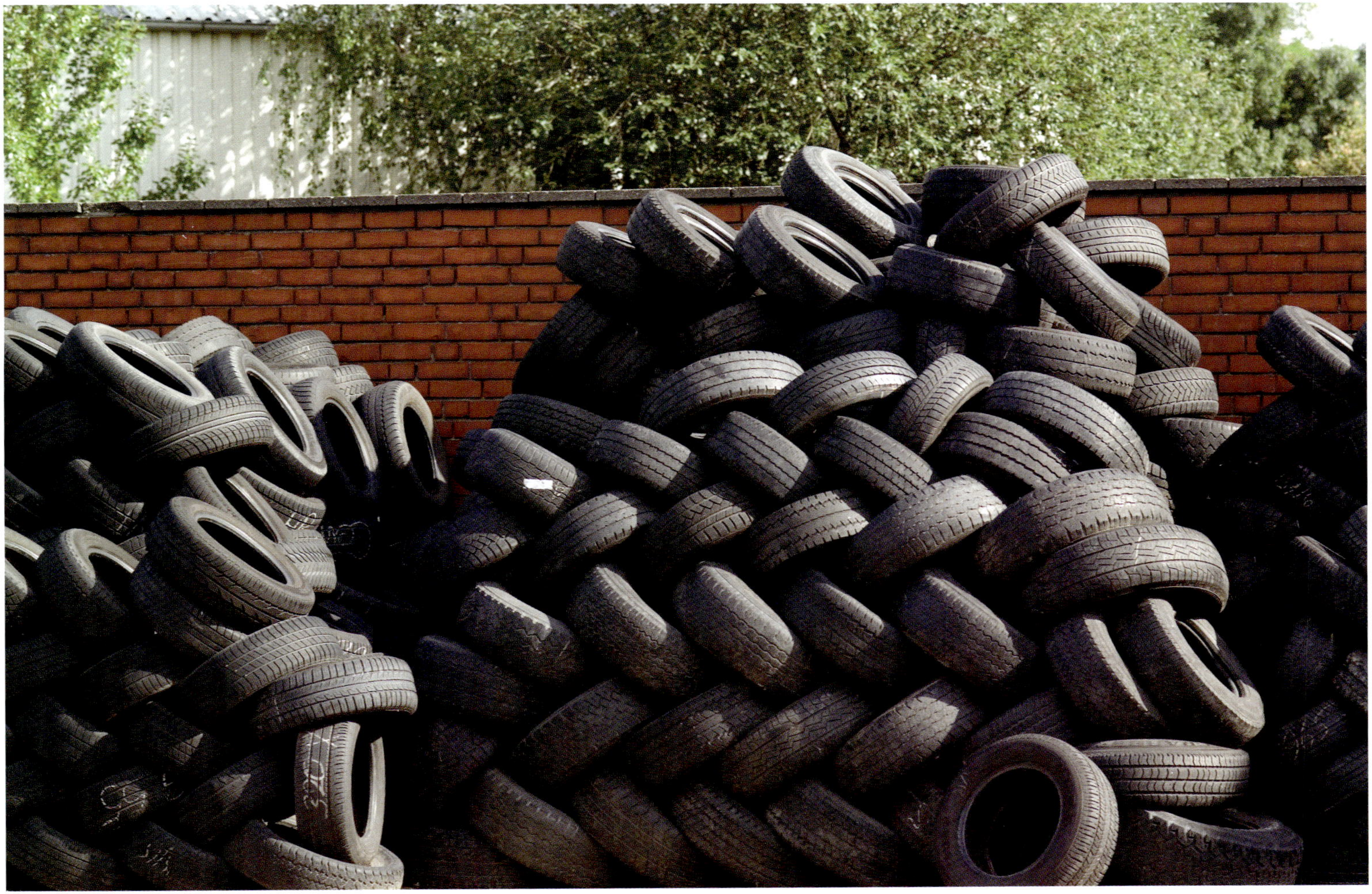

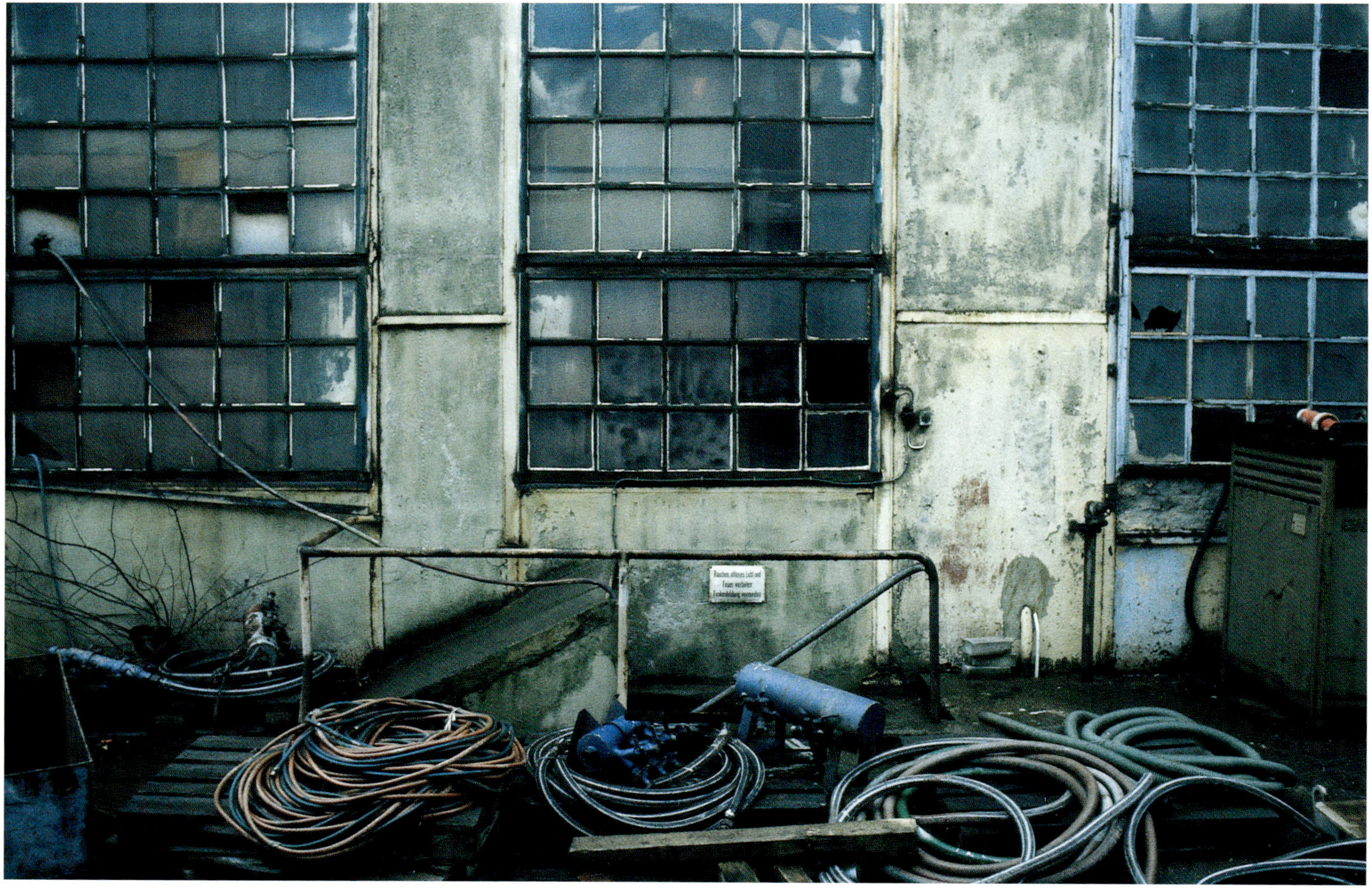

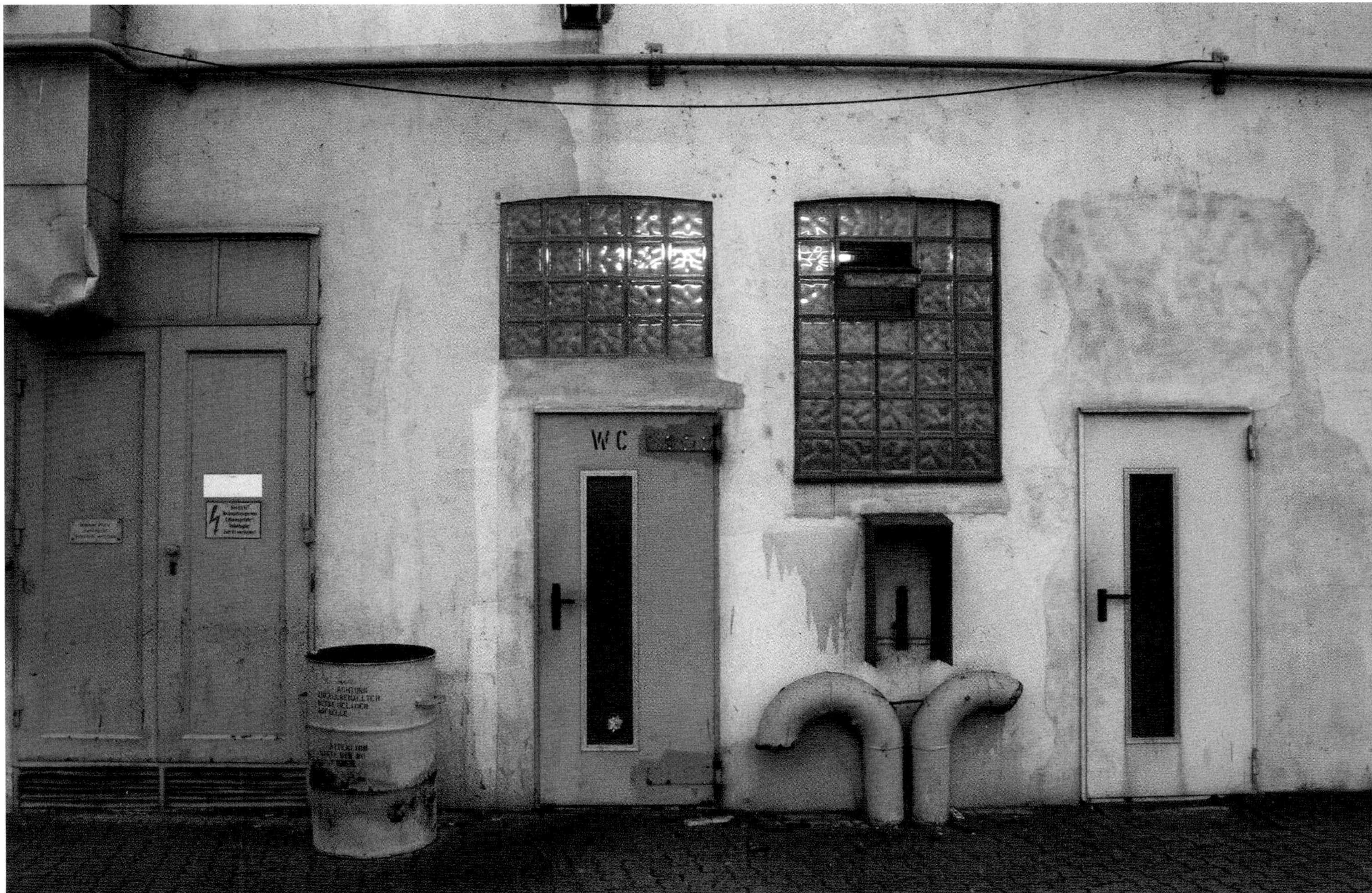
WC

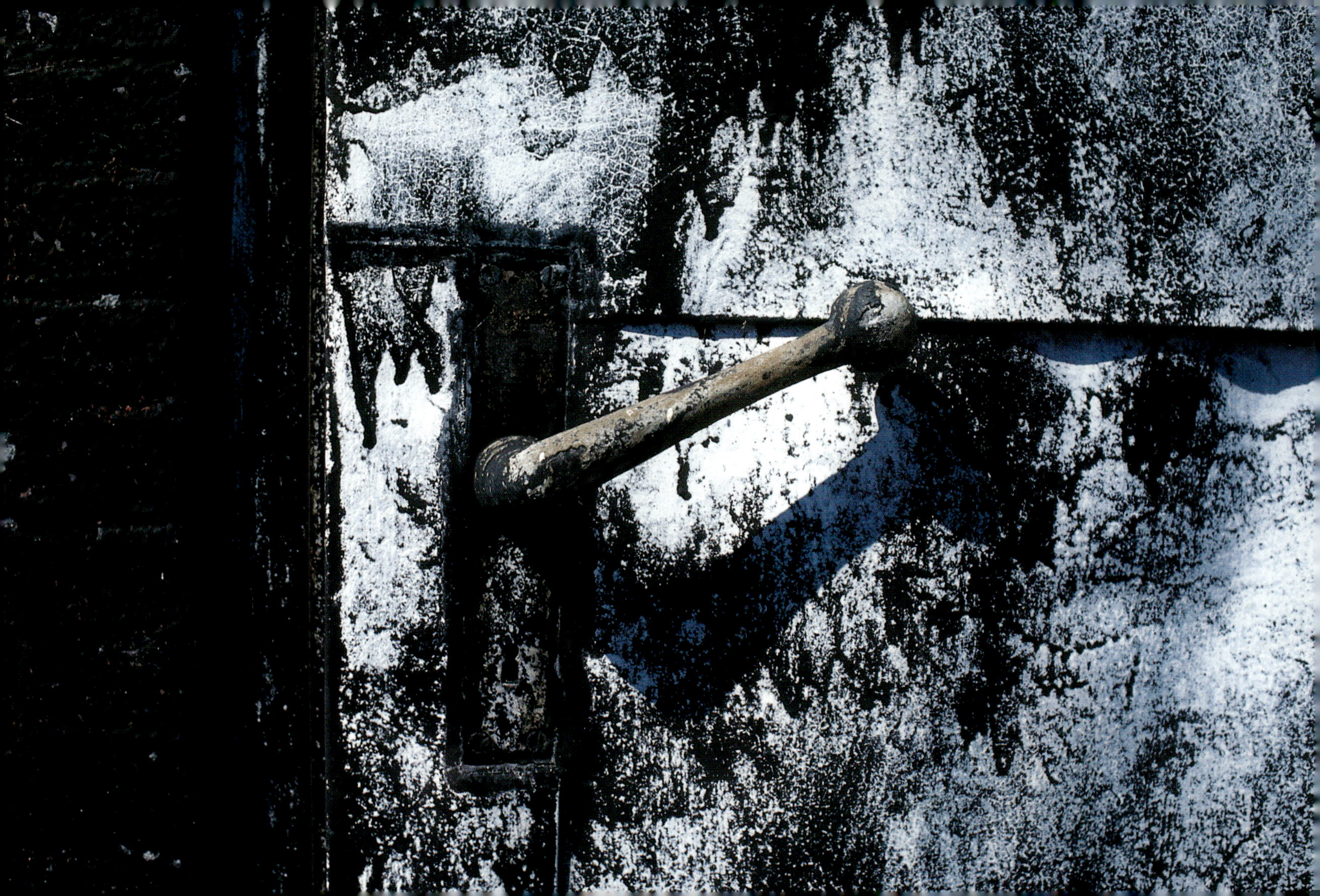

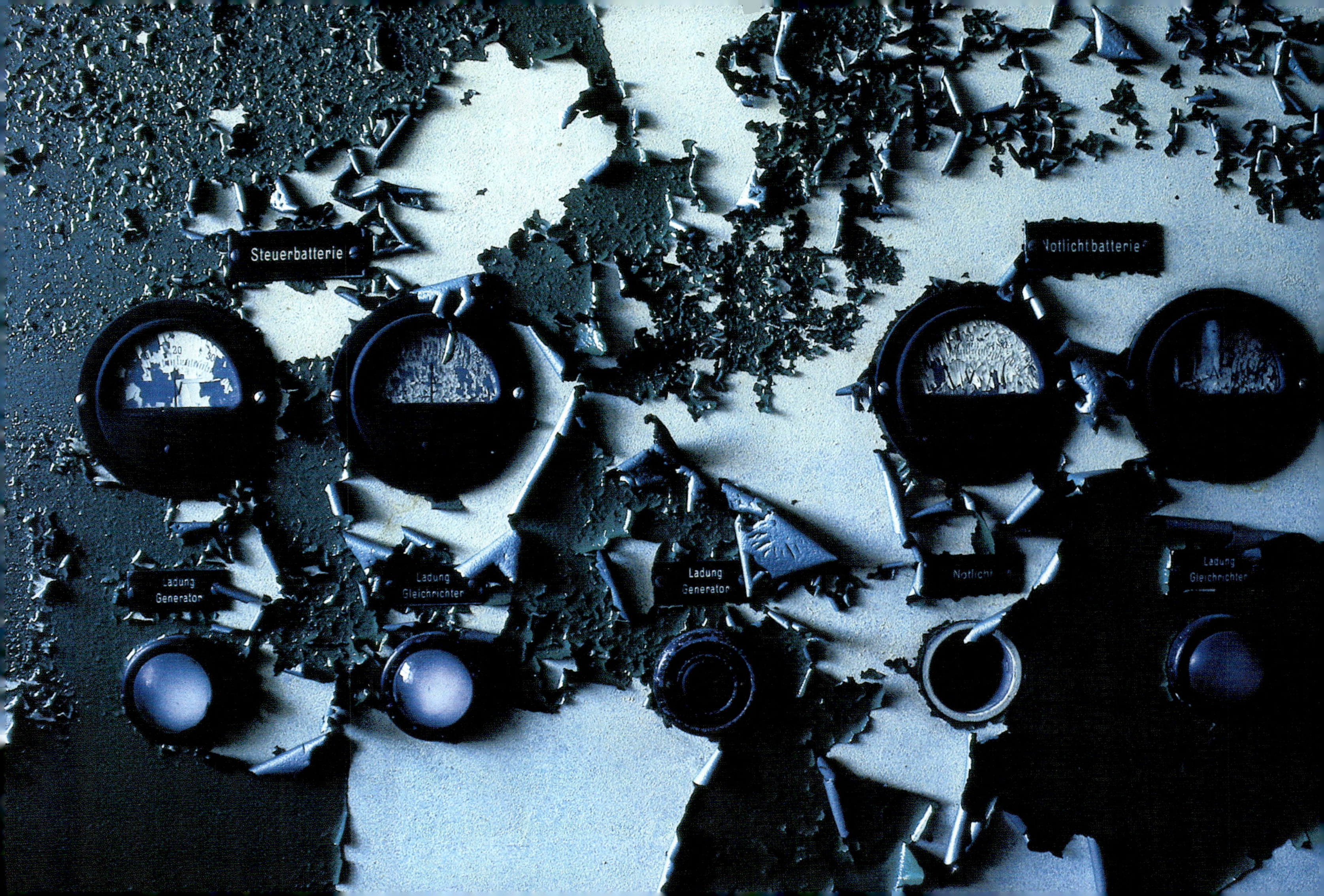
Steuerbatterie
Notlichtbatterie
Ladung
Generator
Ladung
Gleichrichter
Ladung
Generator
Notlicht
Ladung
Gleichrichter

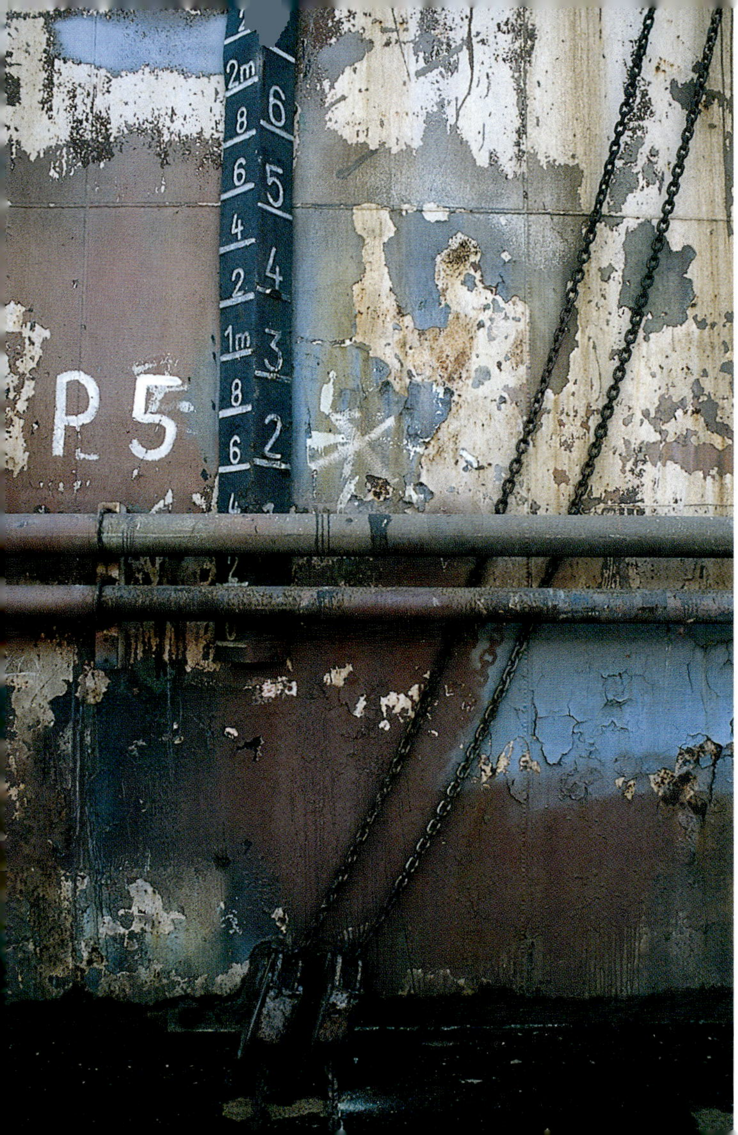
P5
2m
8
6
4
2
1m
8
6
6
5
4
3
2

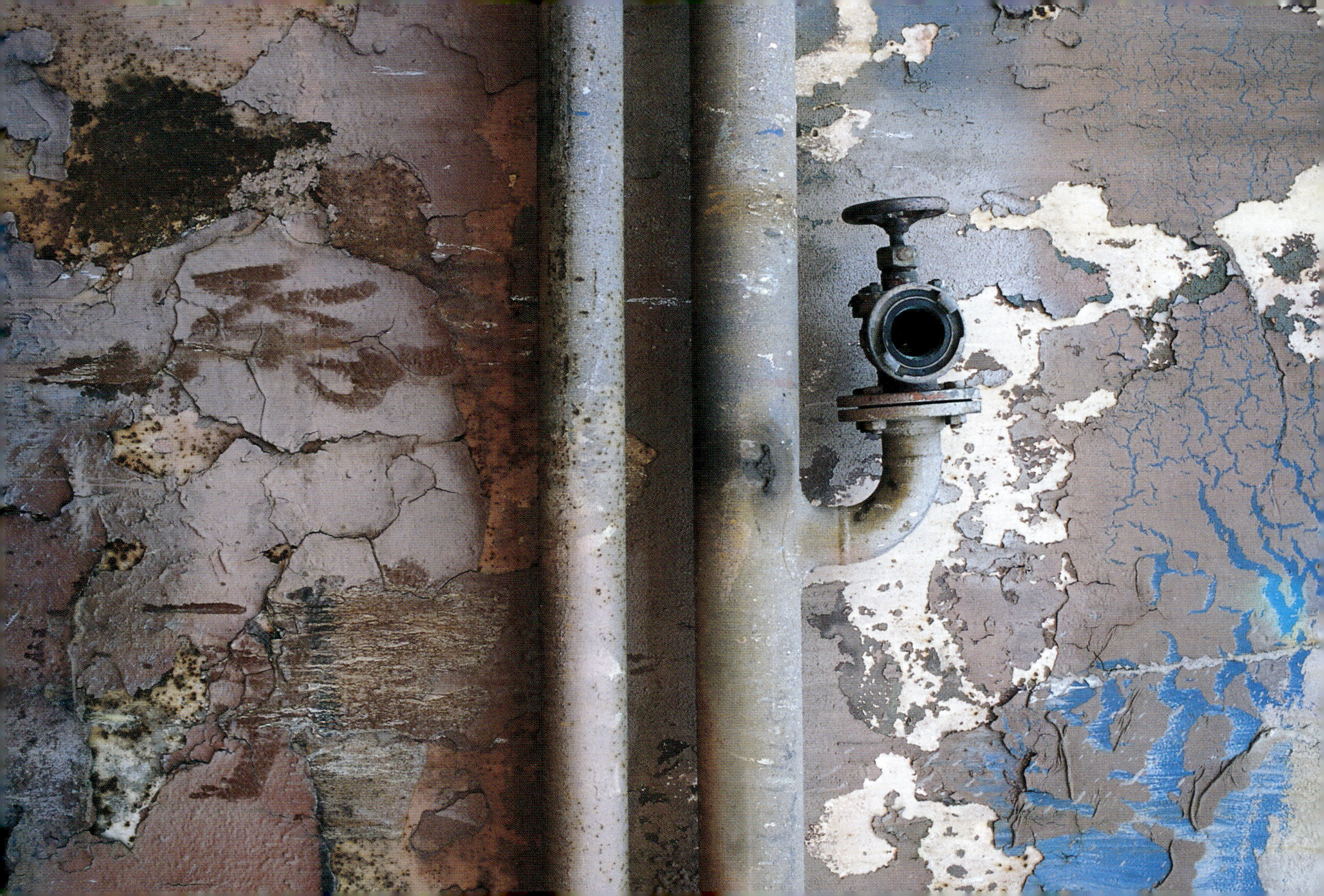

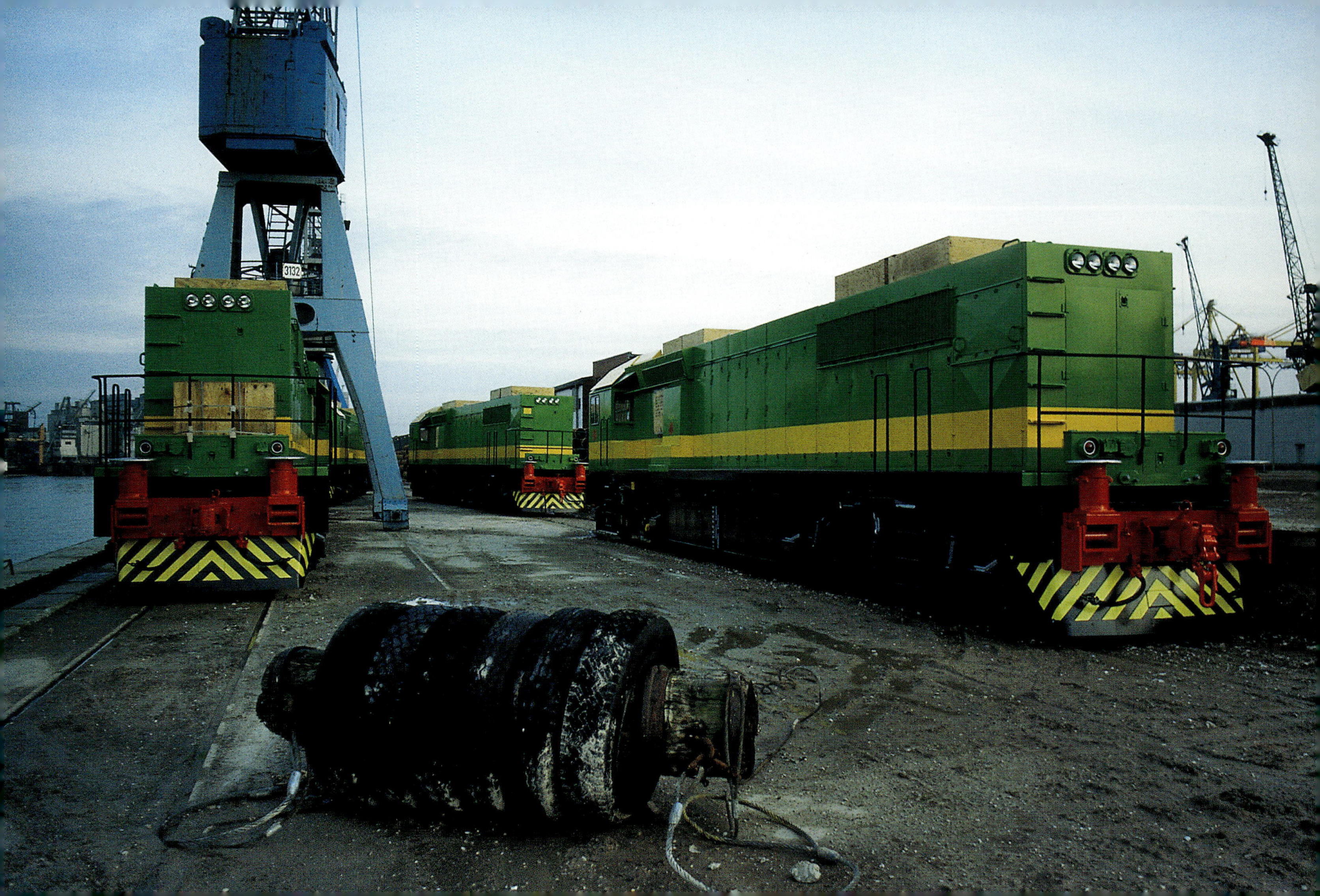
3132

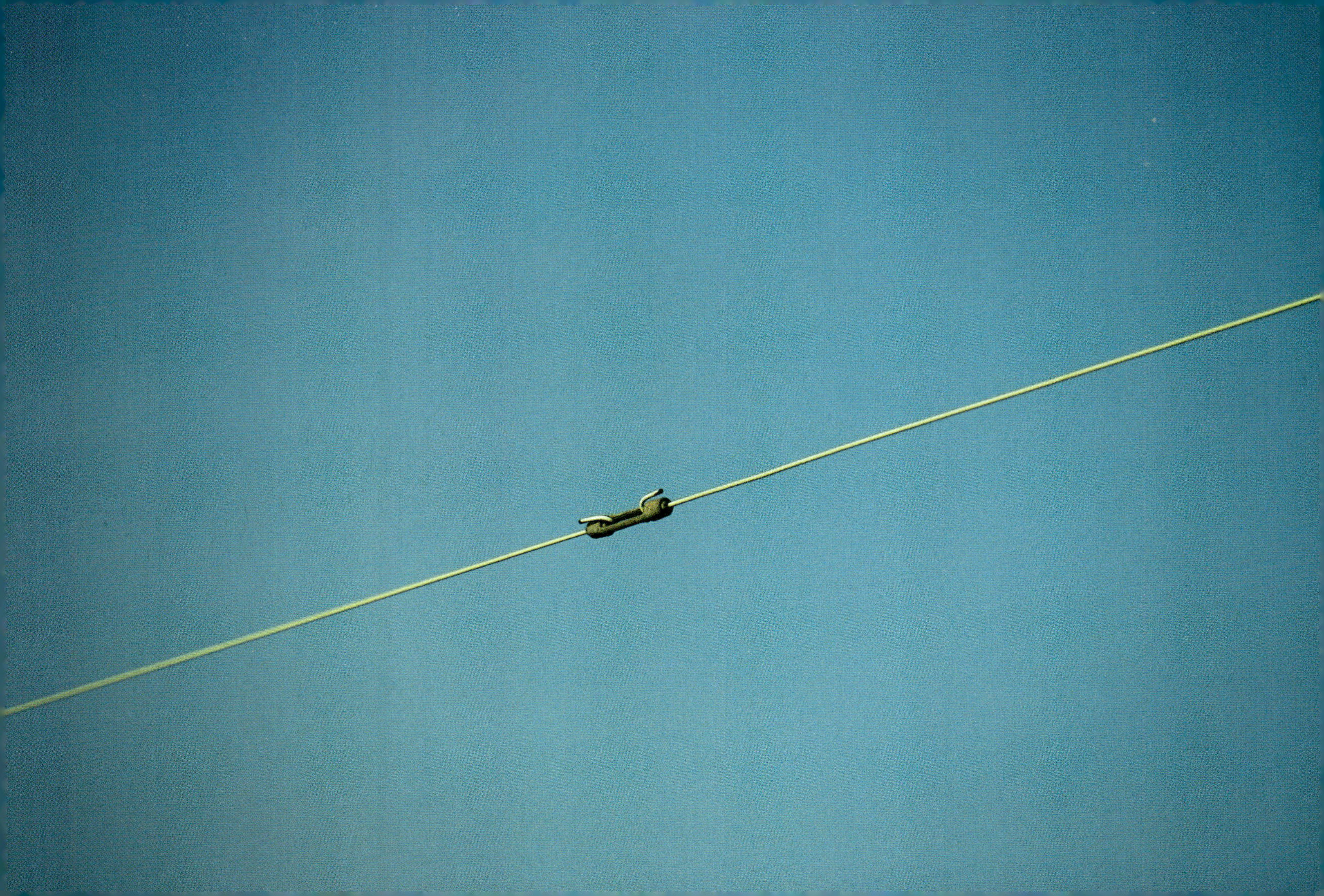

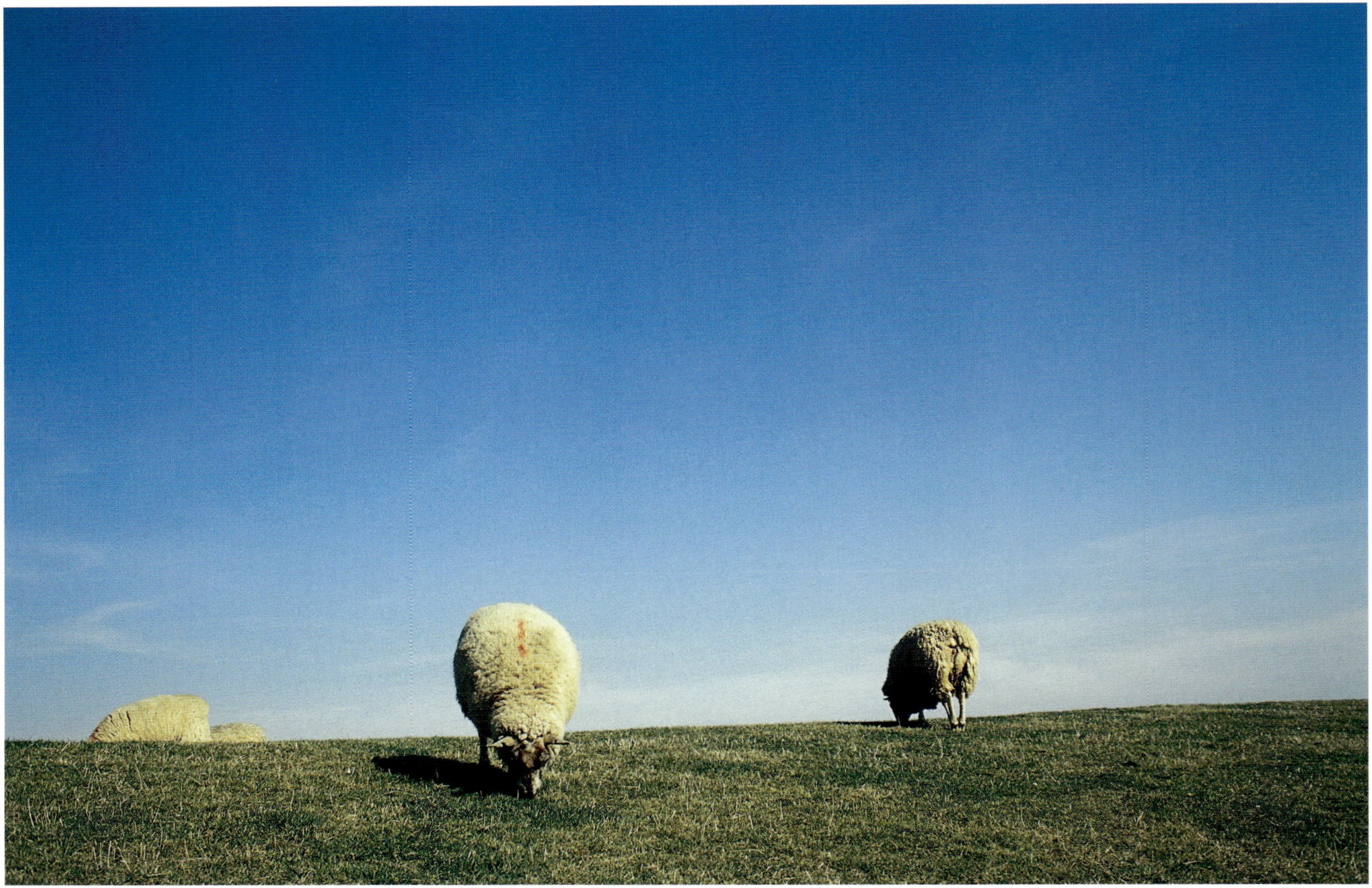

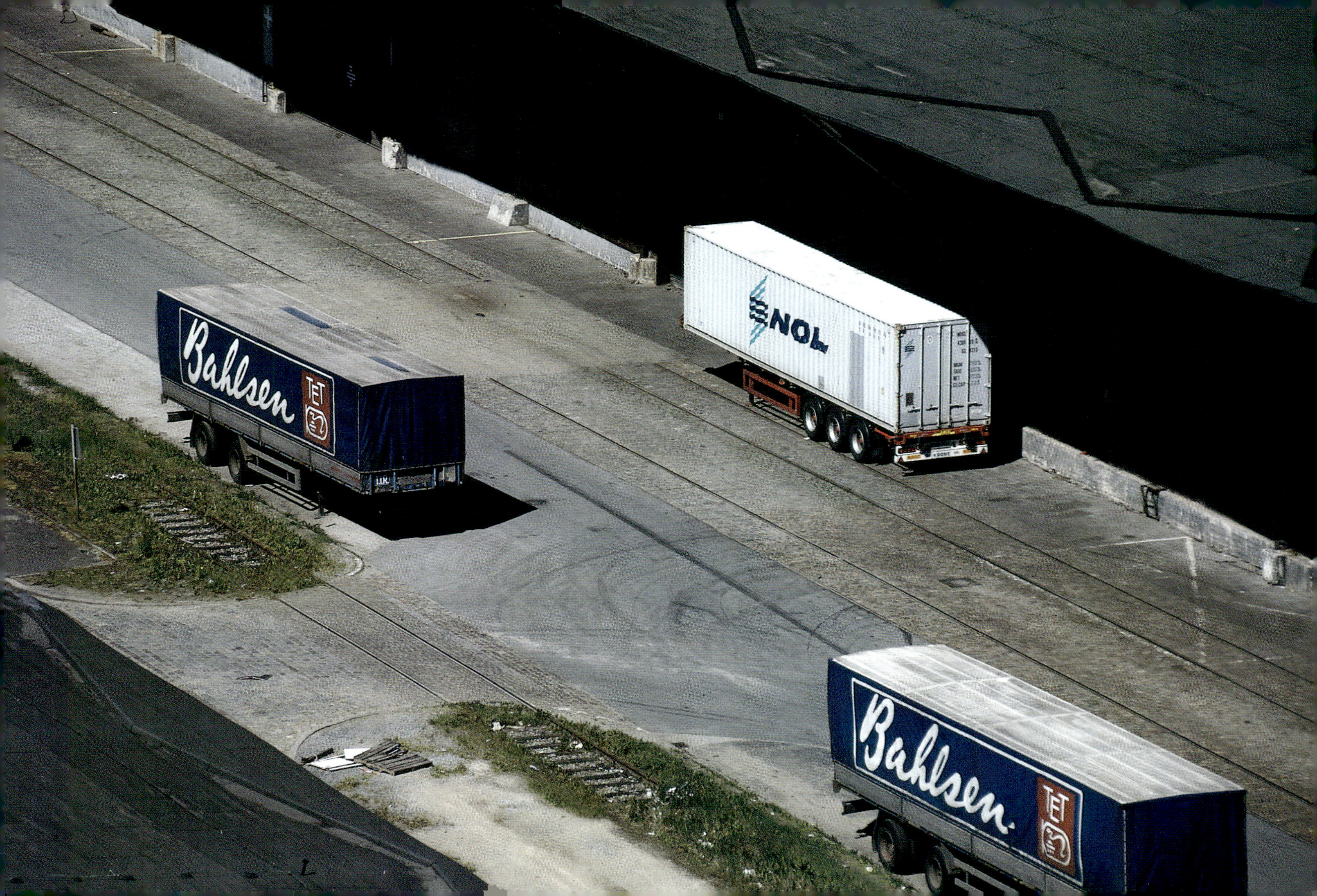
Bahlsen
TET
NOL
Bahlsen
TET

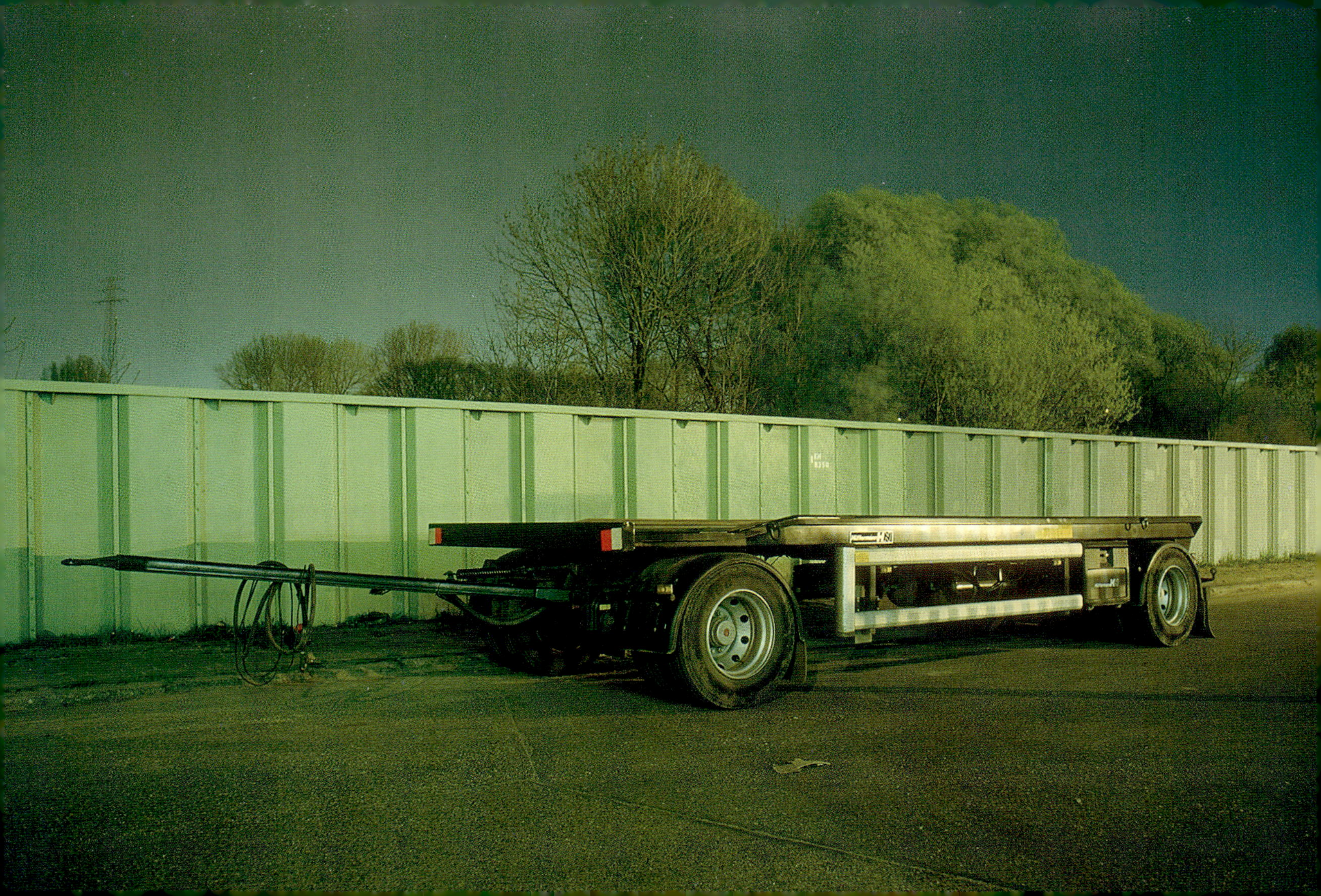

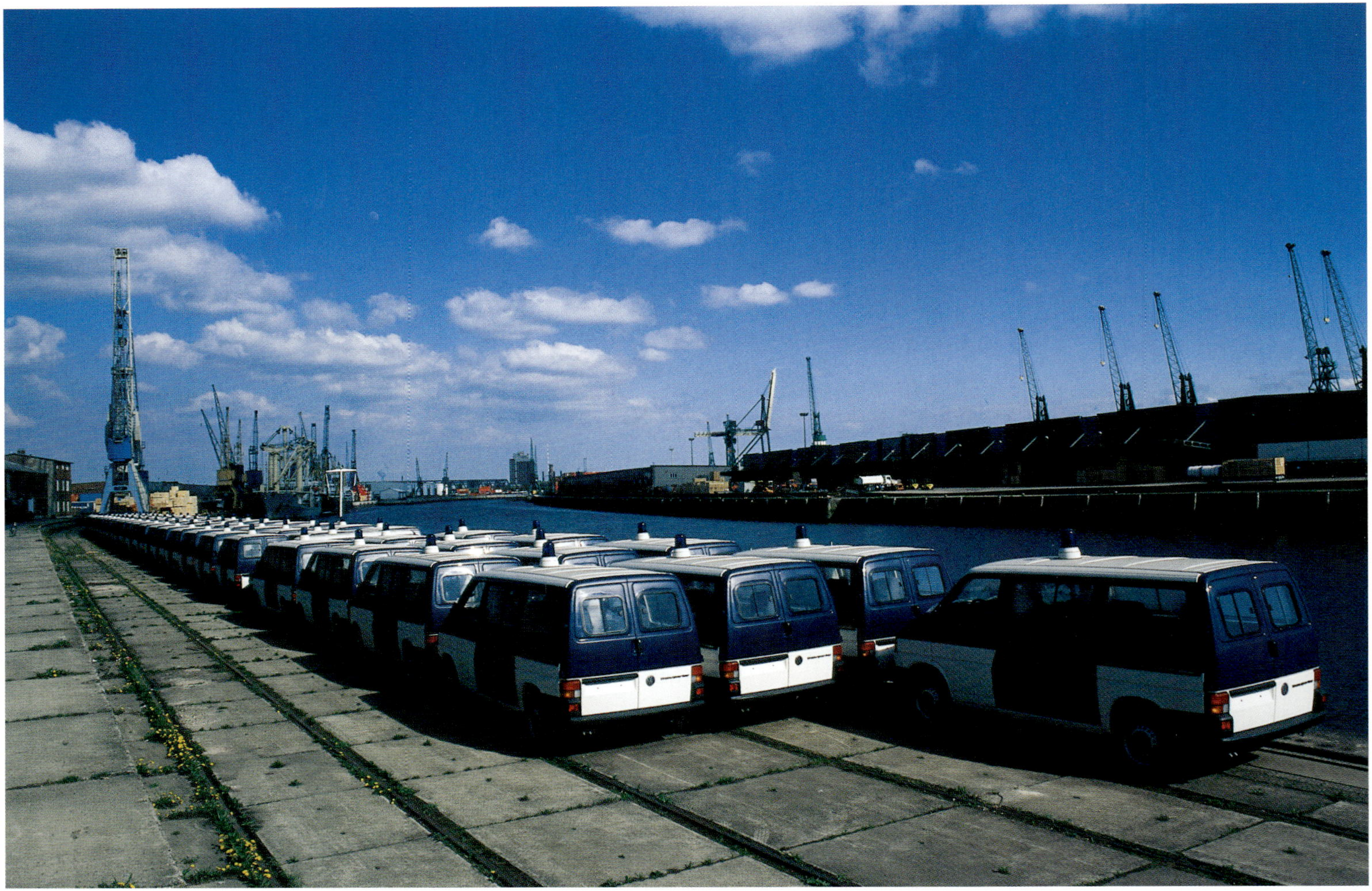

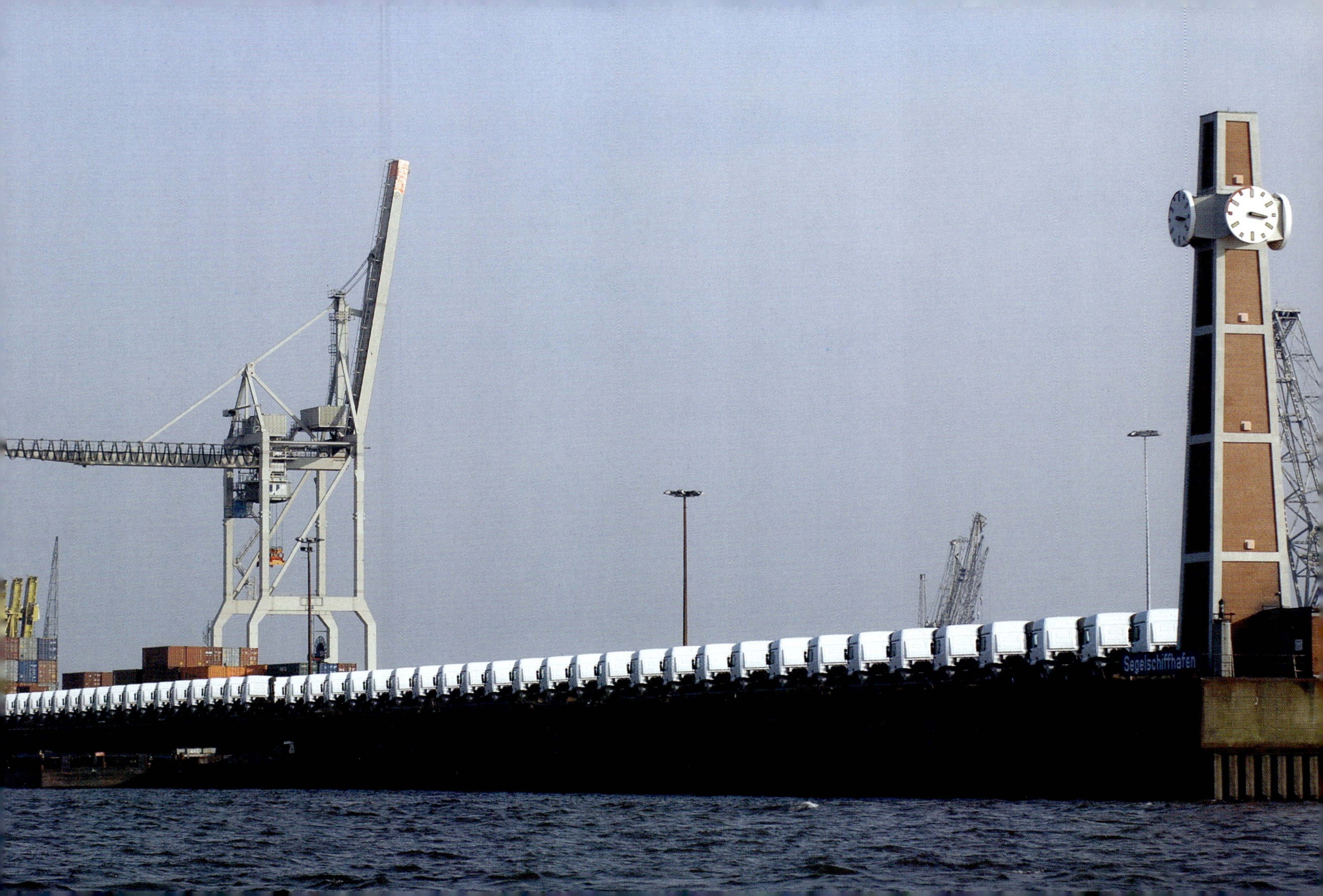
Segelschiffhafen

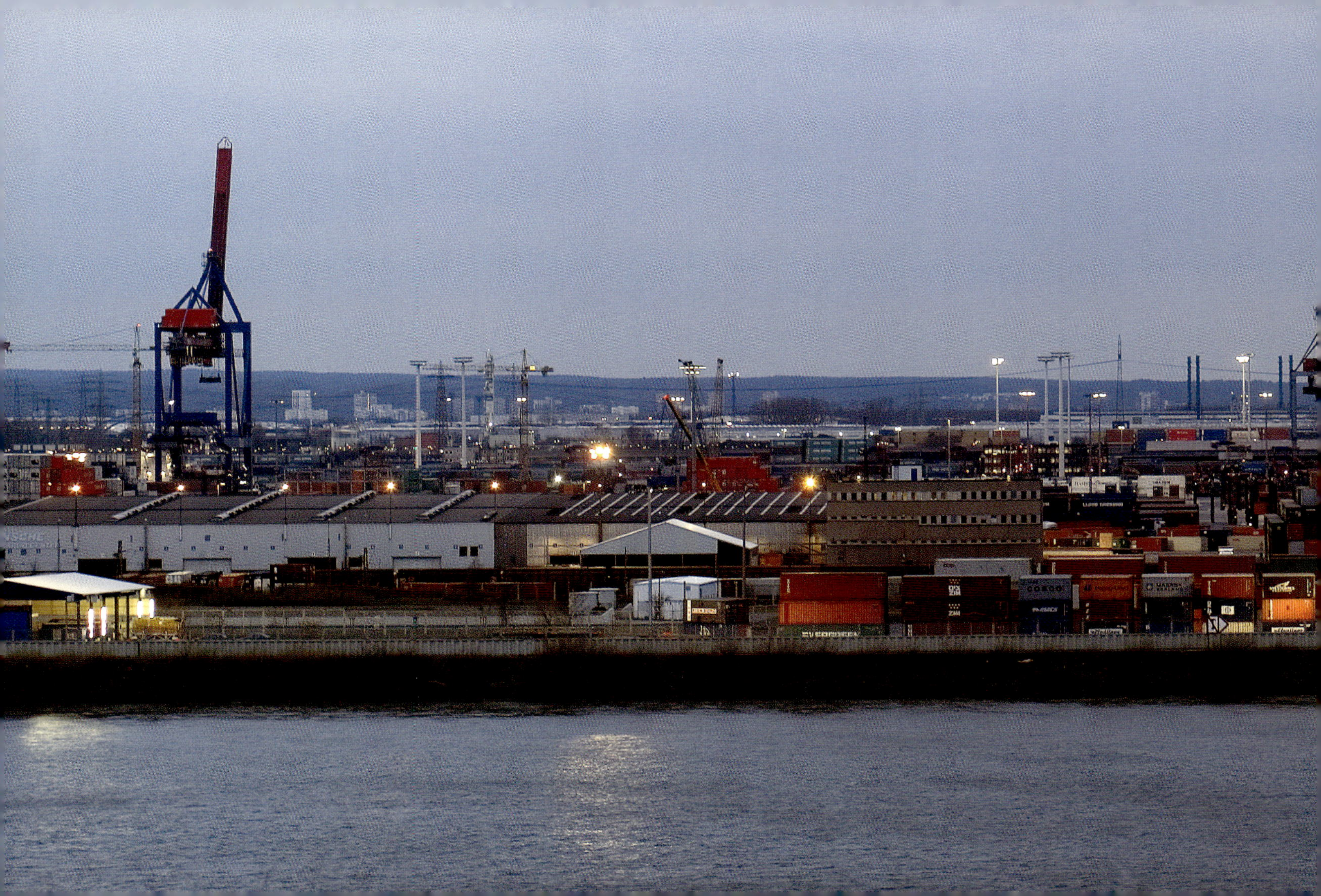

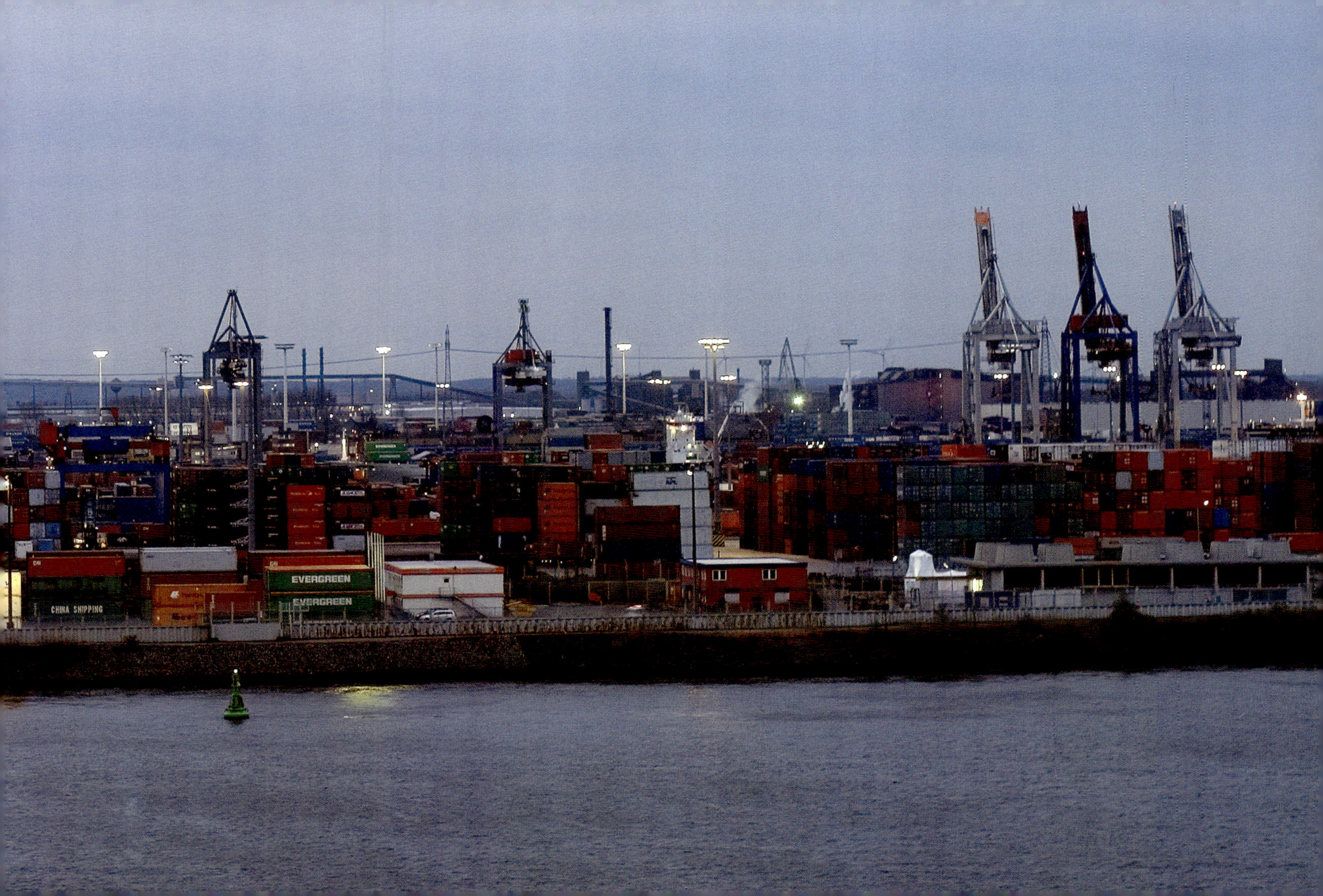
EVERGREEN
EVERGREEN
CHINA SHIPPING

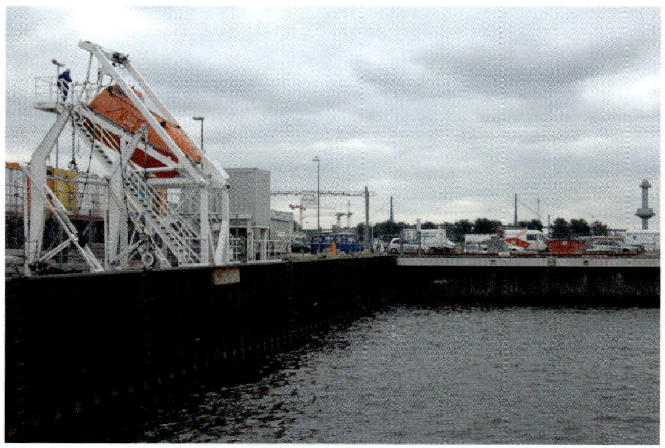

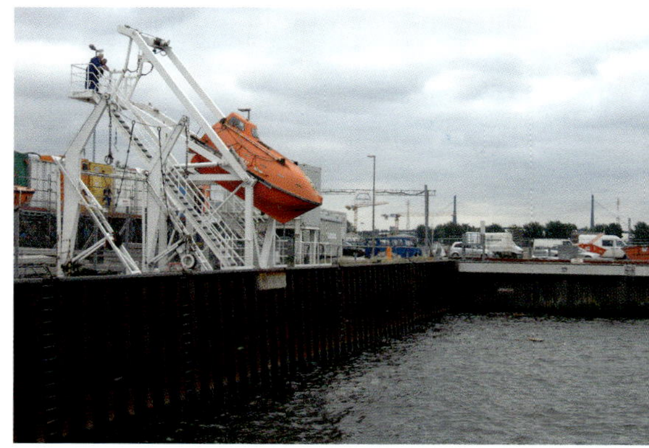

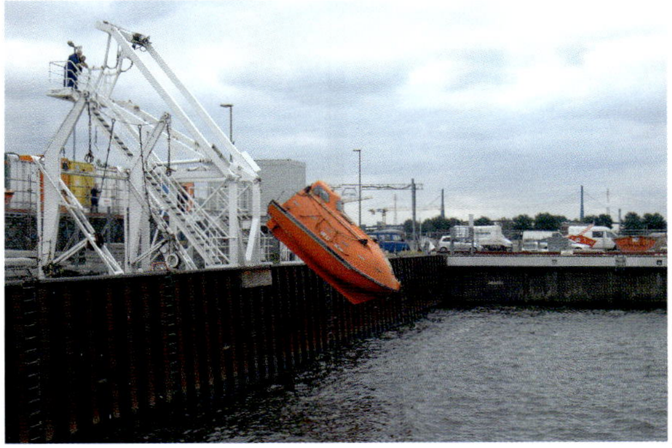

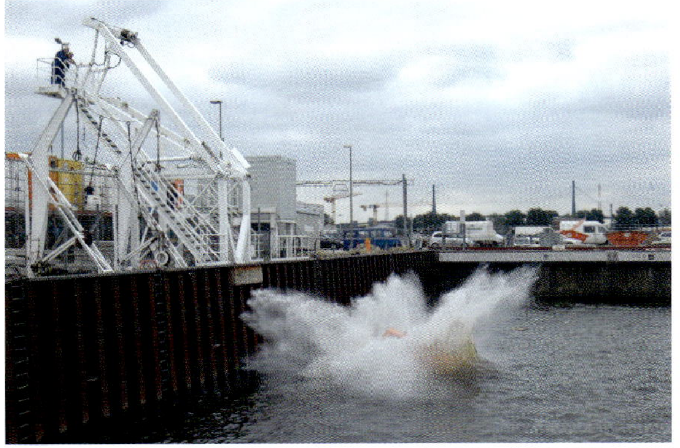

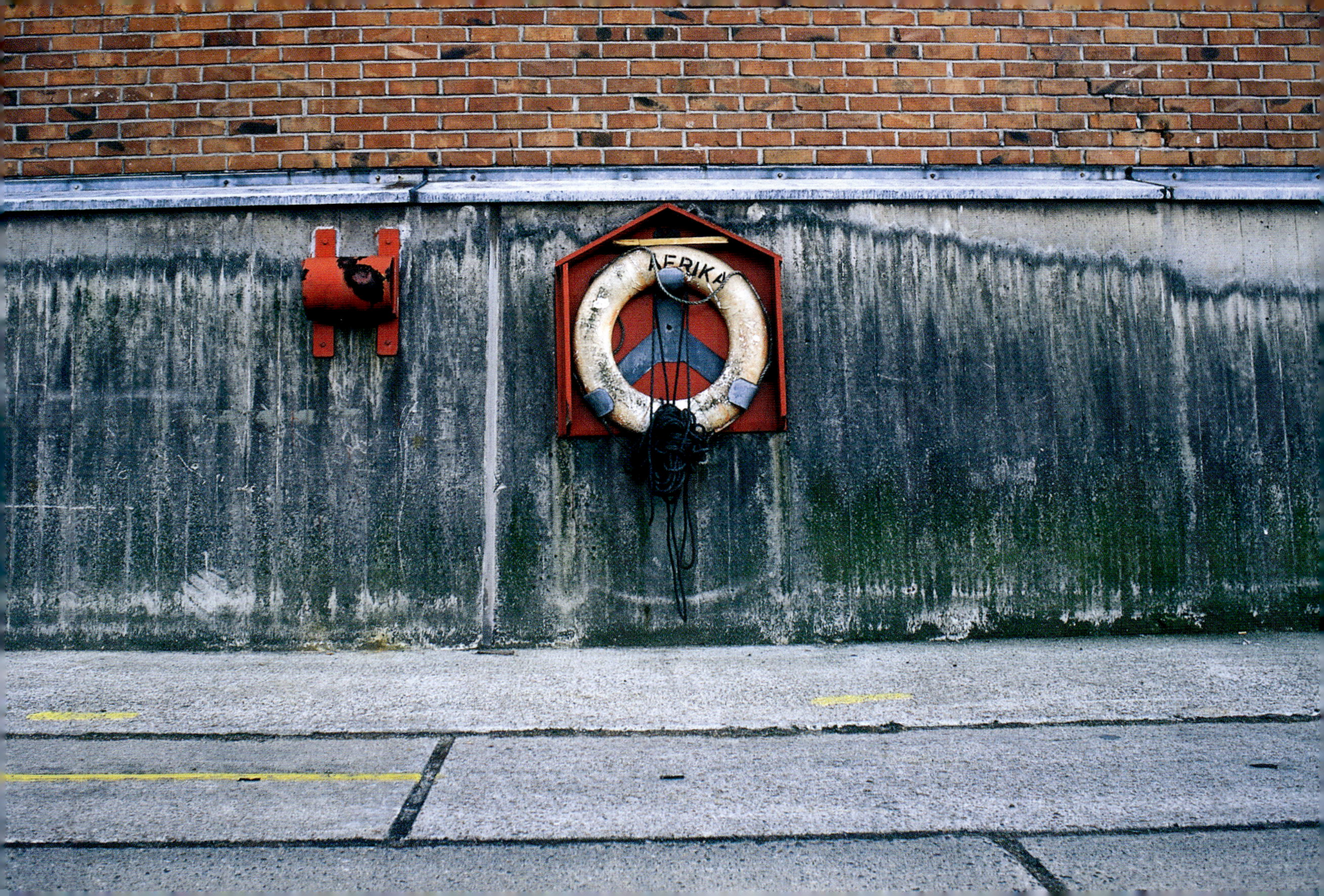
AFRIKA

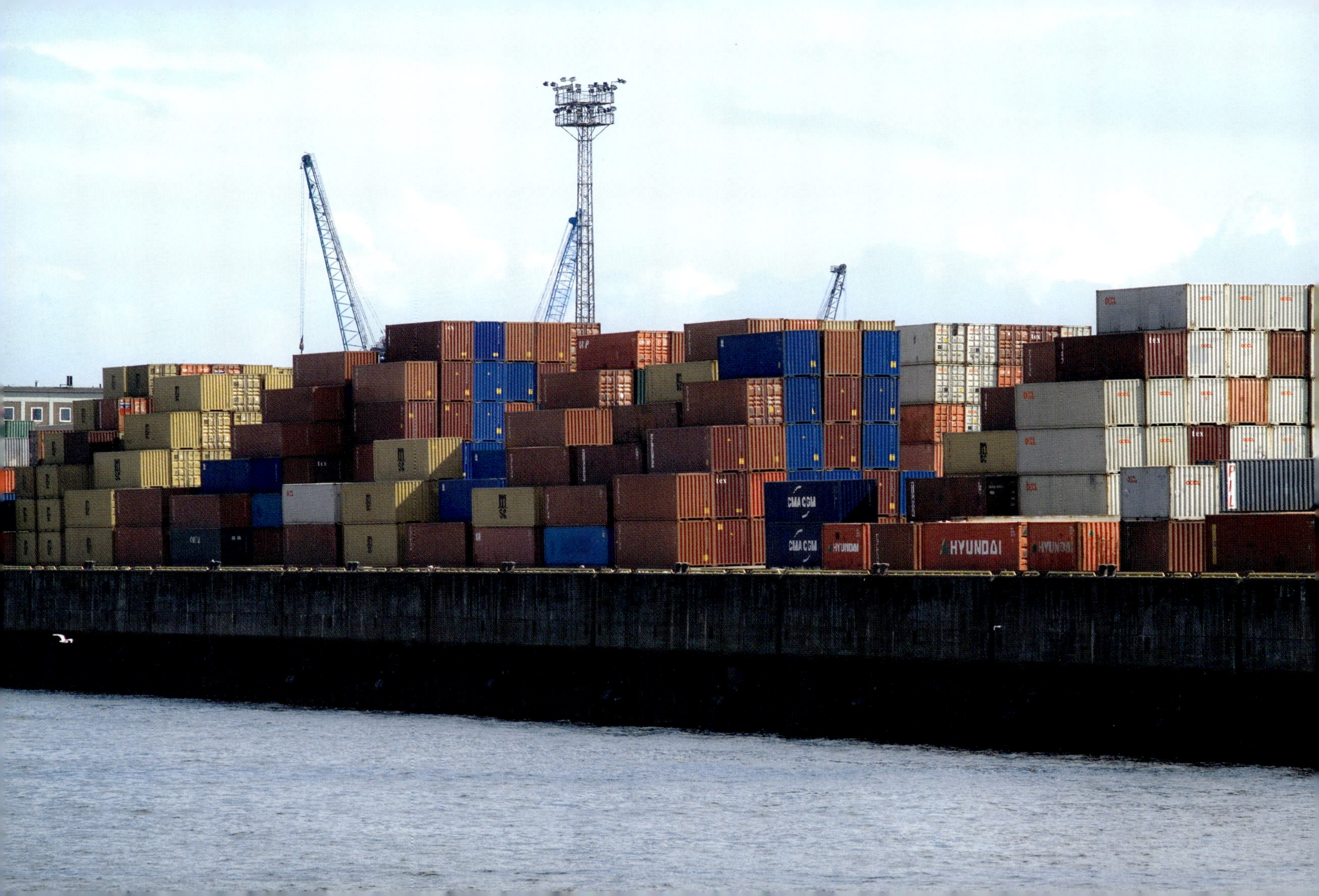
CMA CGM
CMA CGM
HYUNDAI
HYUNDAI

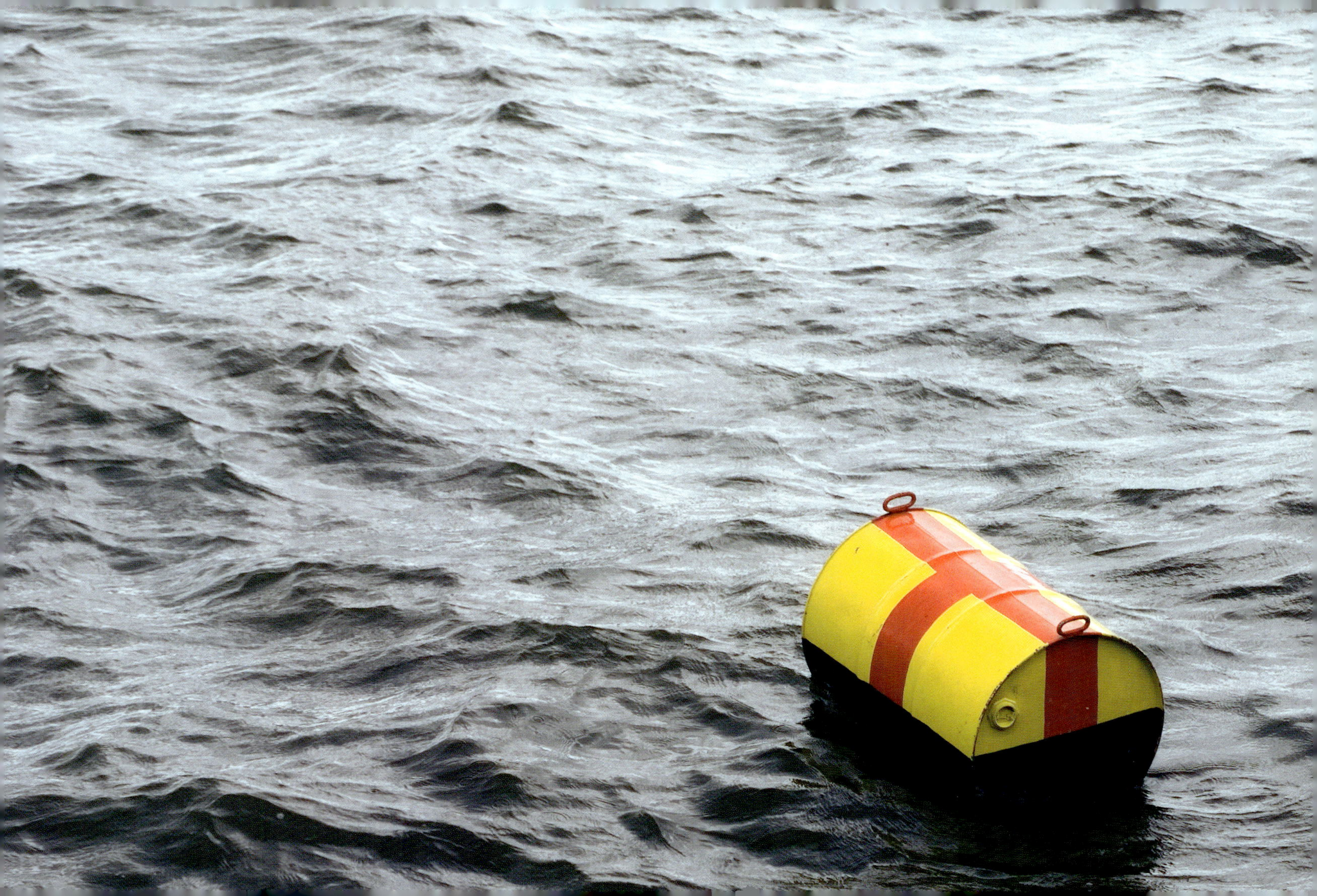

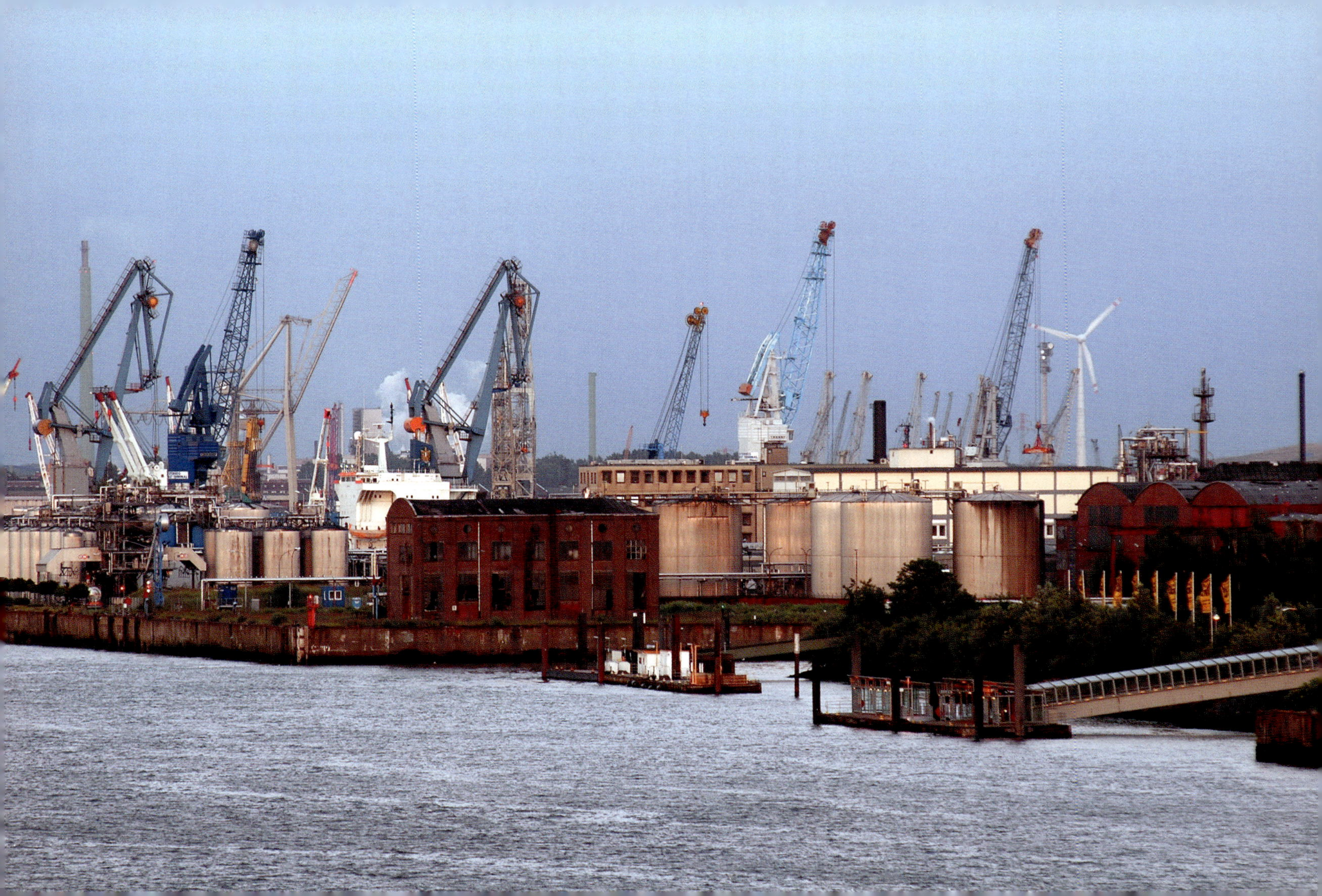

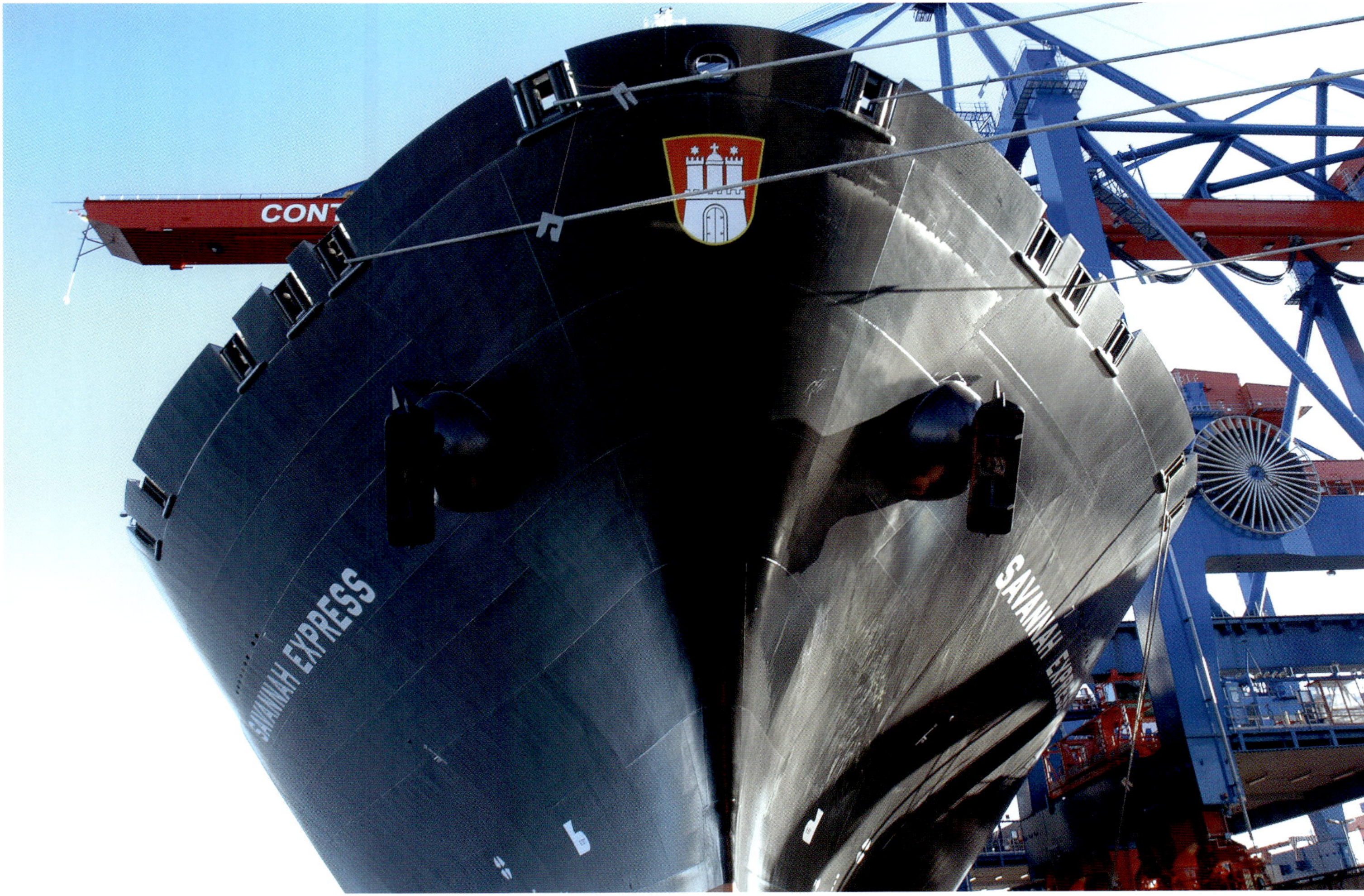
CONT
SAVANNAH EXPRESS
SAVANNAH EXPRESS

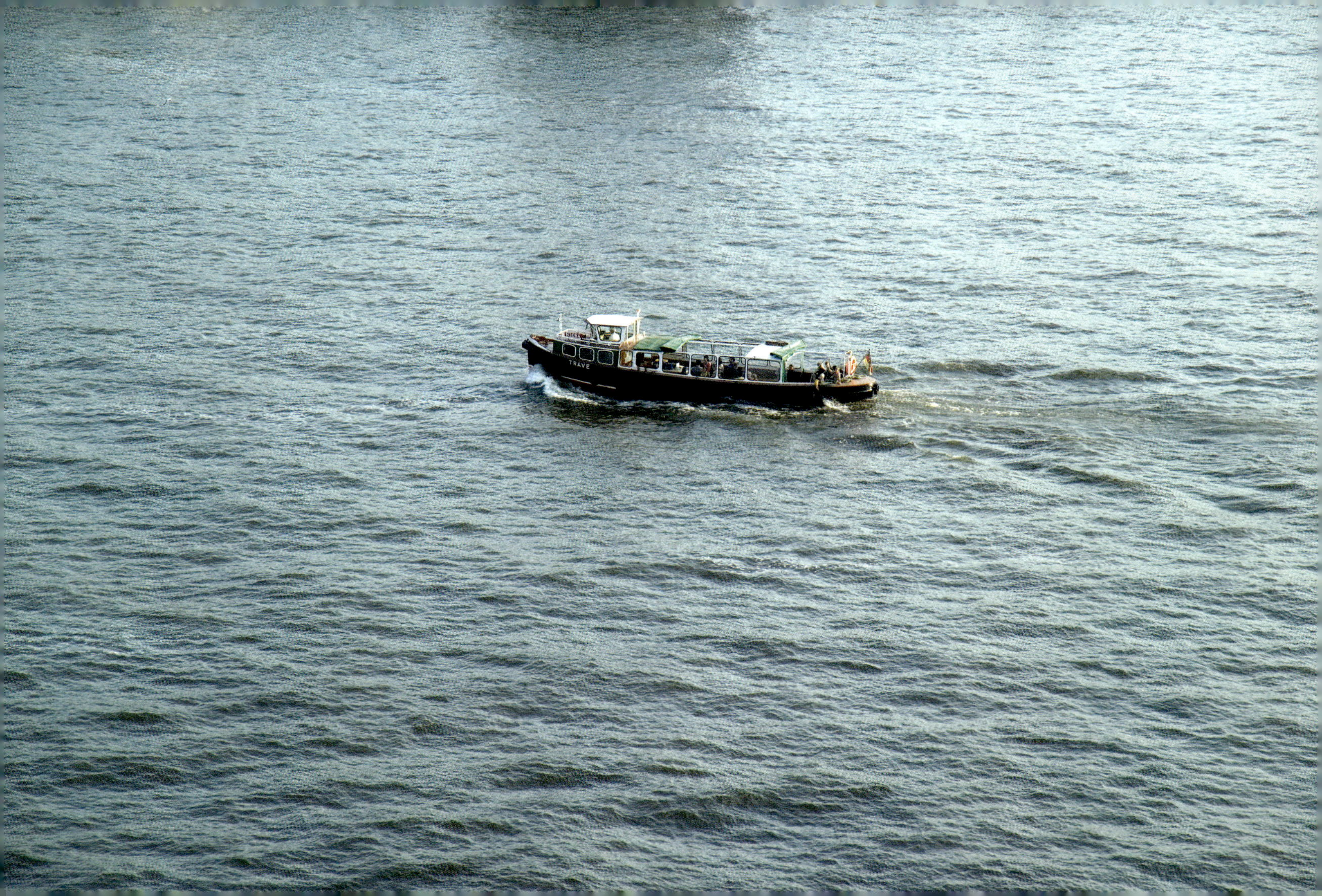
TRAVE

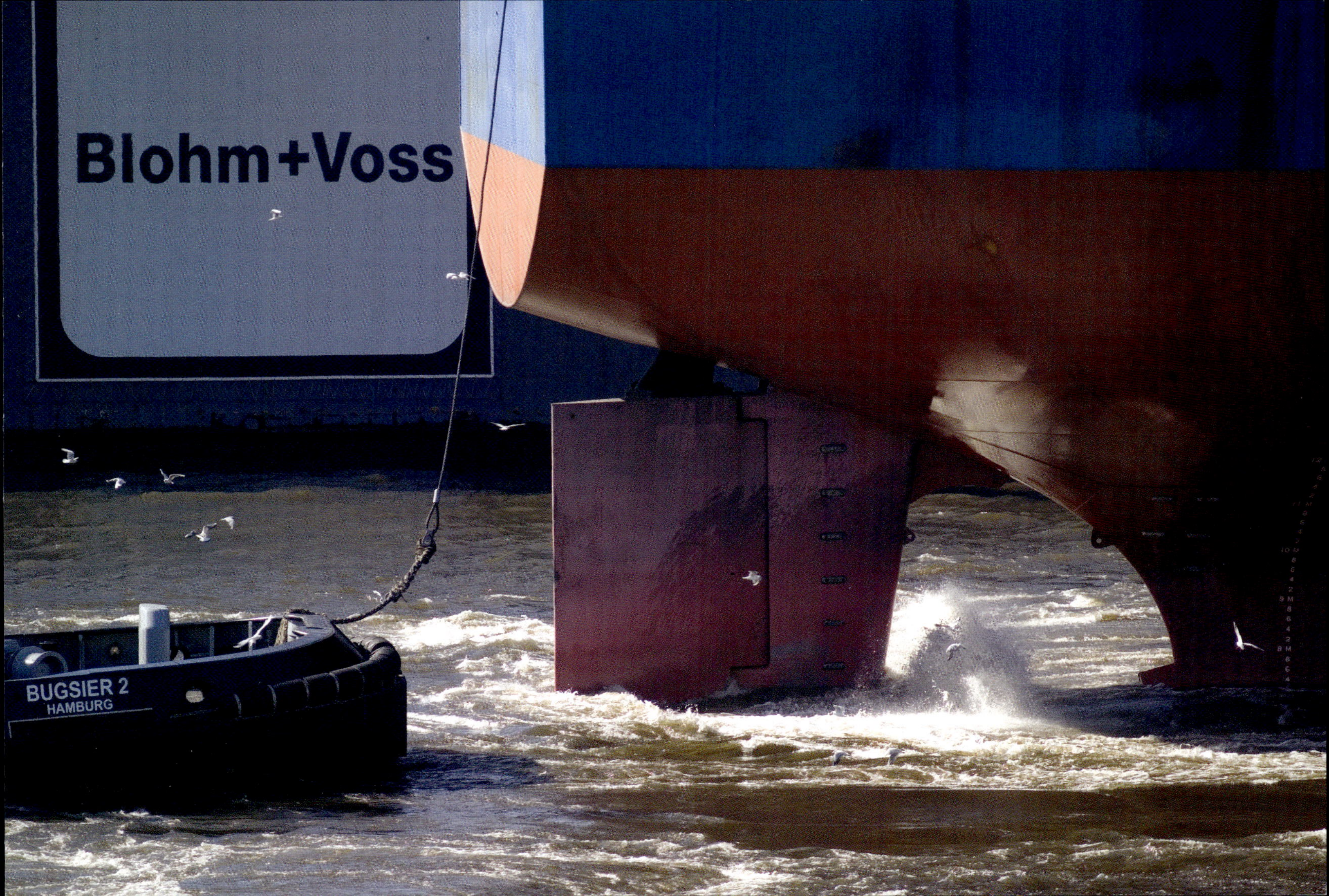
Blohm+Voss
BUGSIER 2
HAMBURG

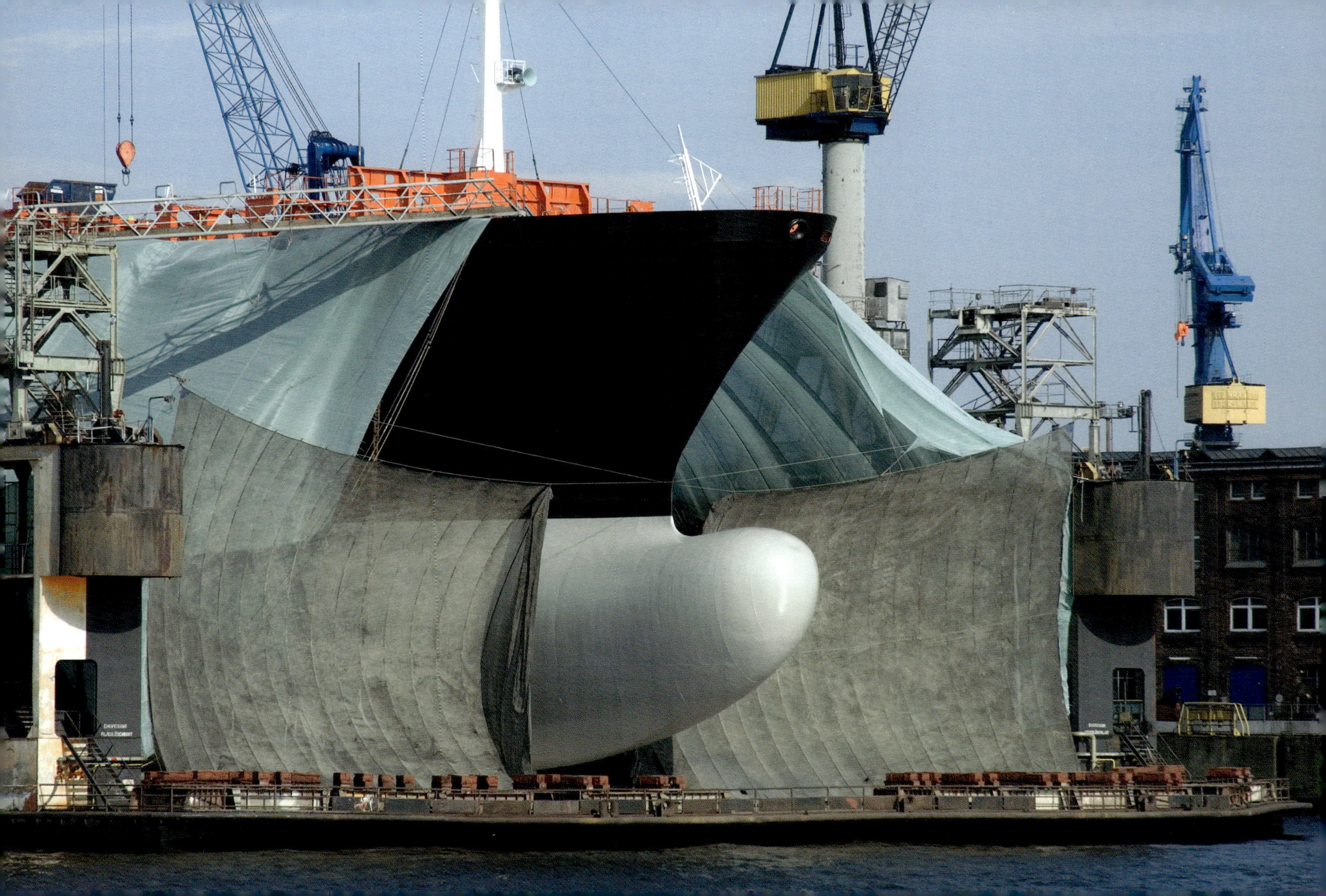

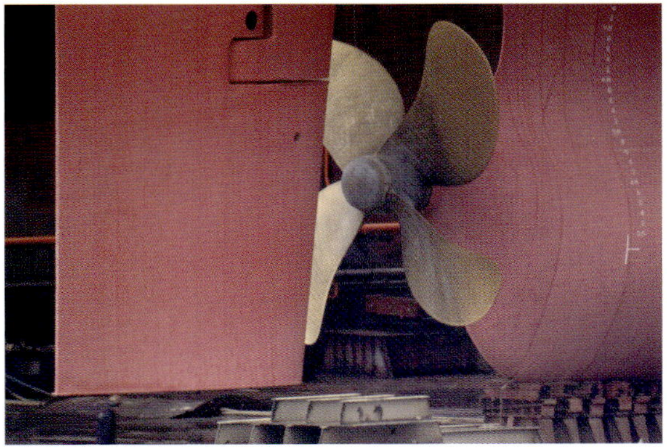

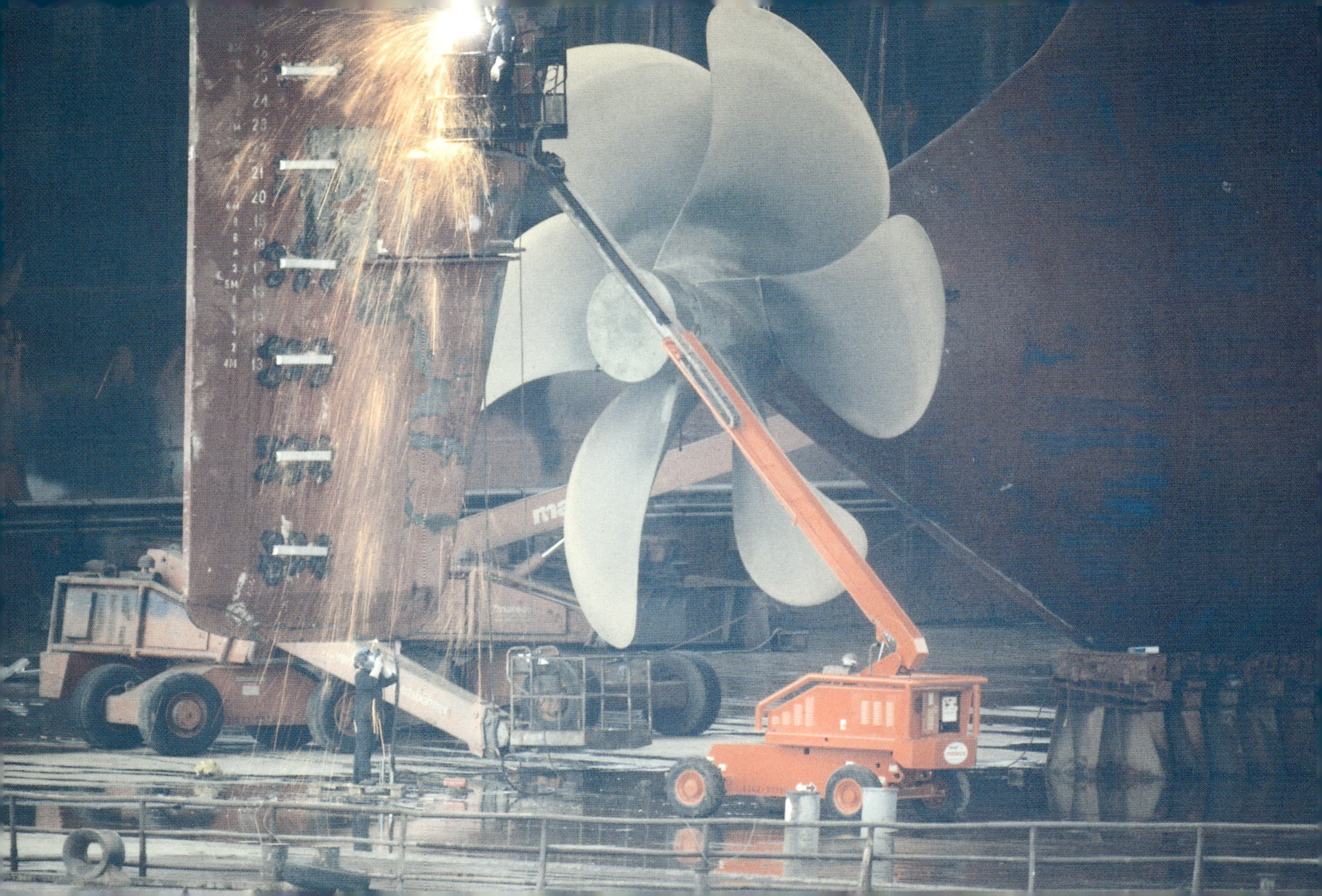

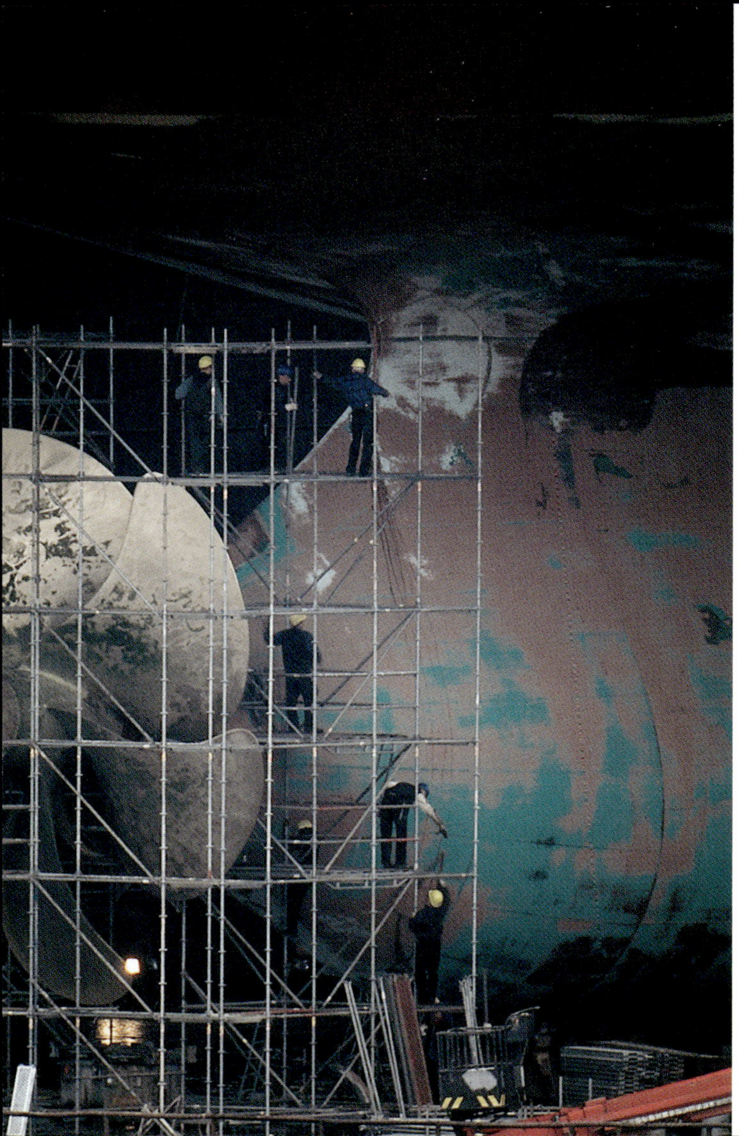

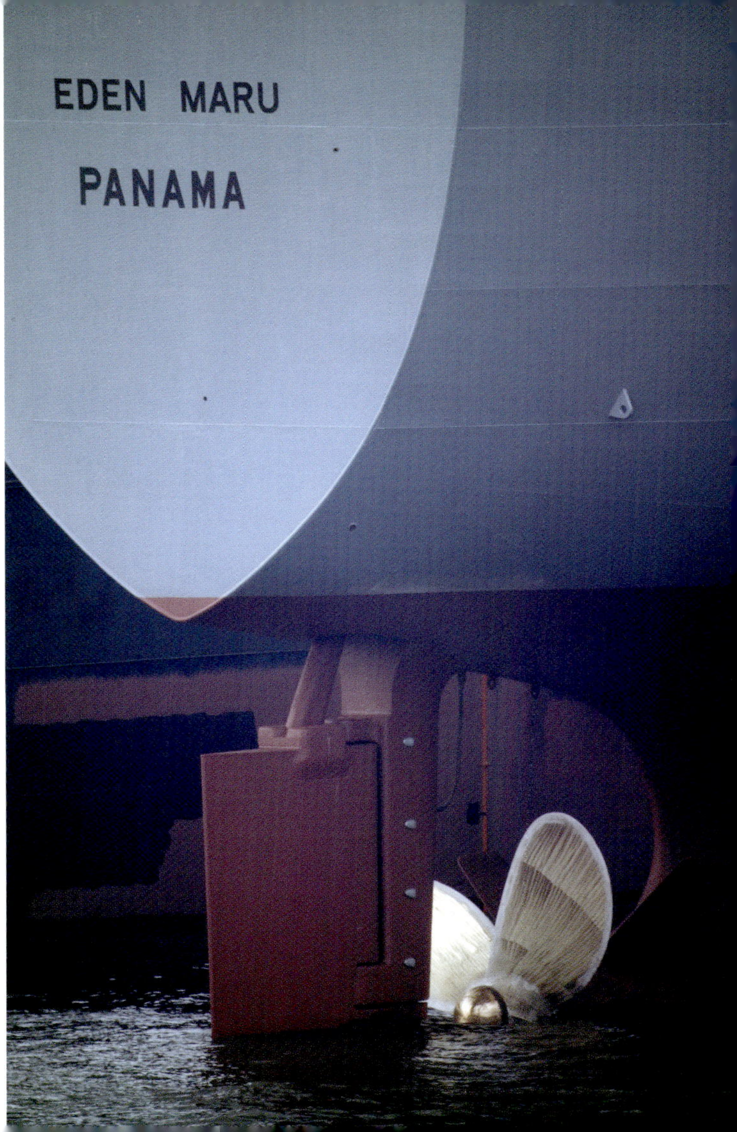
EDEN MARU
PANAMA

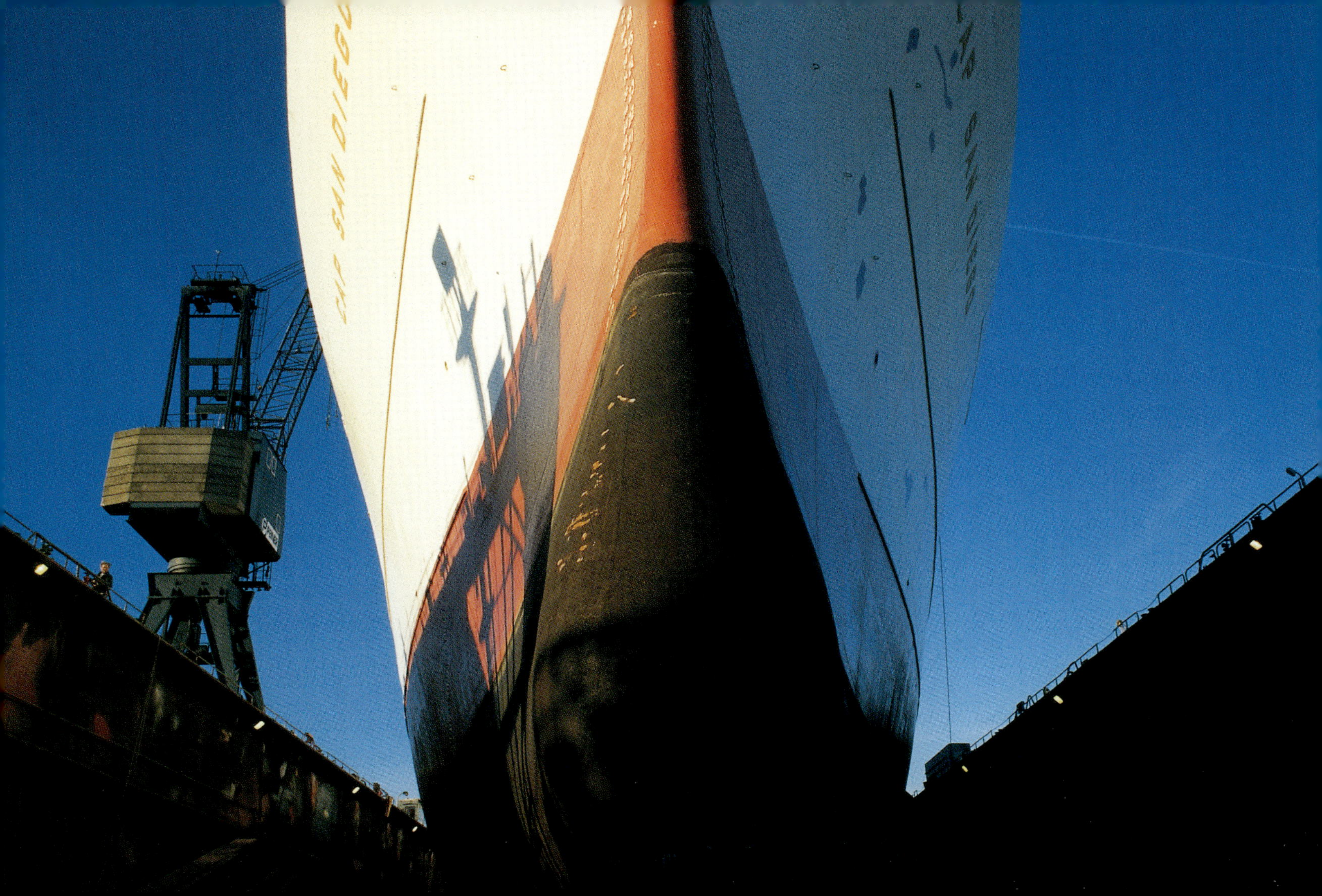
CAP SAN DIEGO

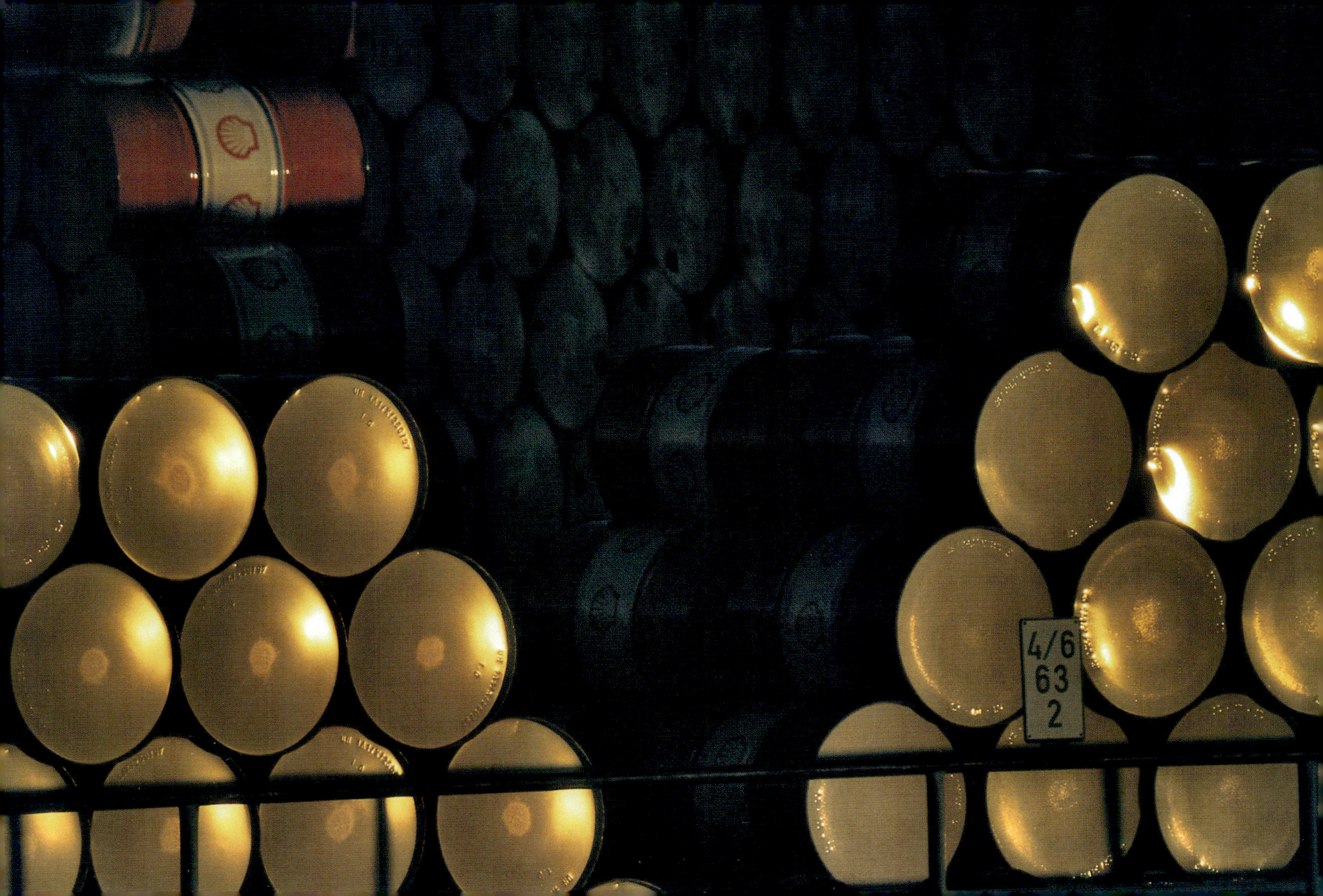
4/6
63
2

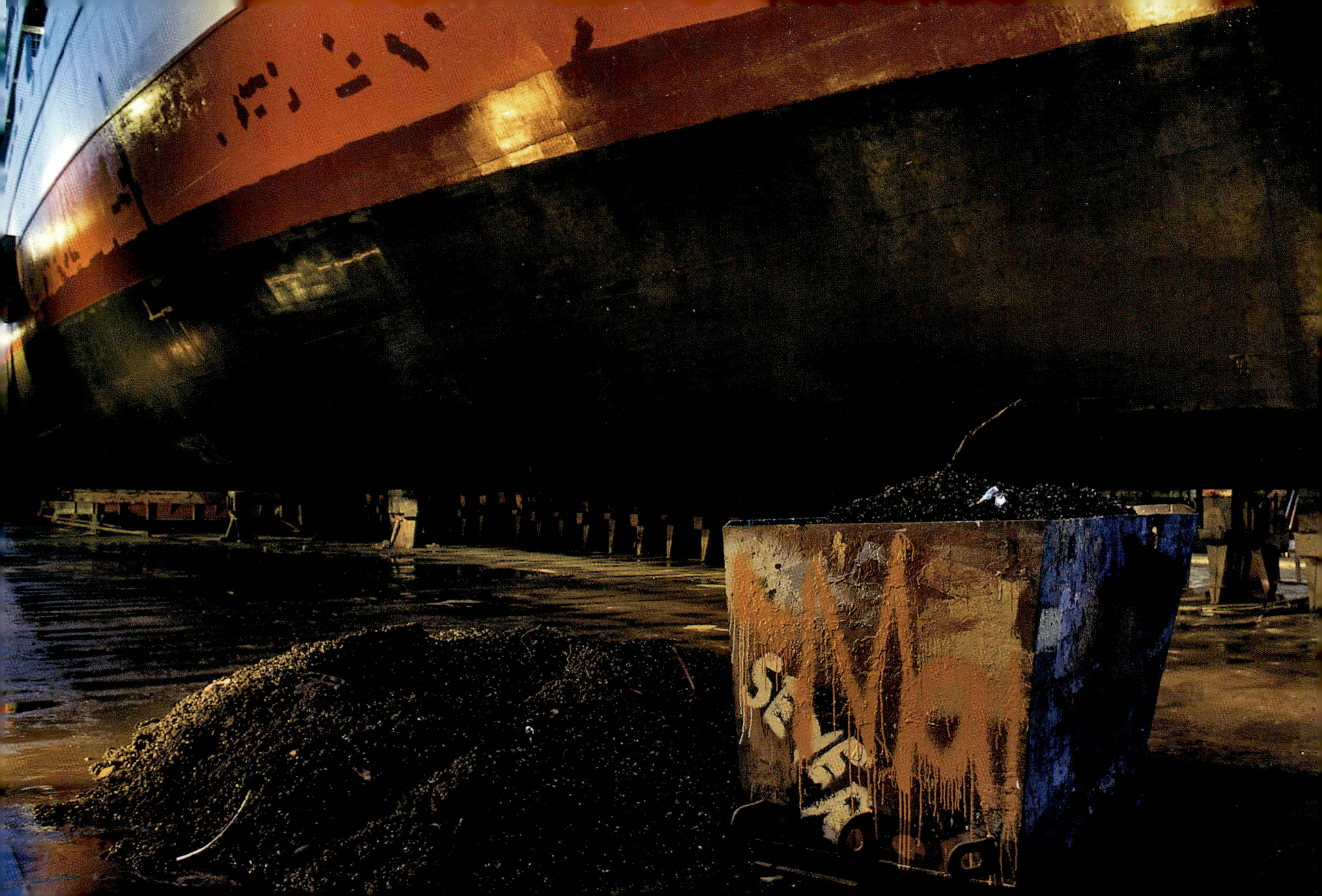

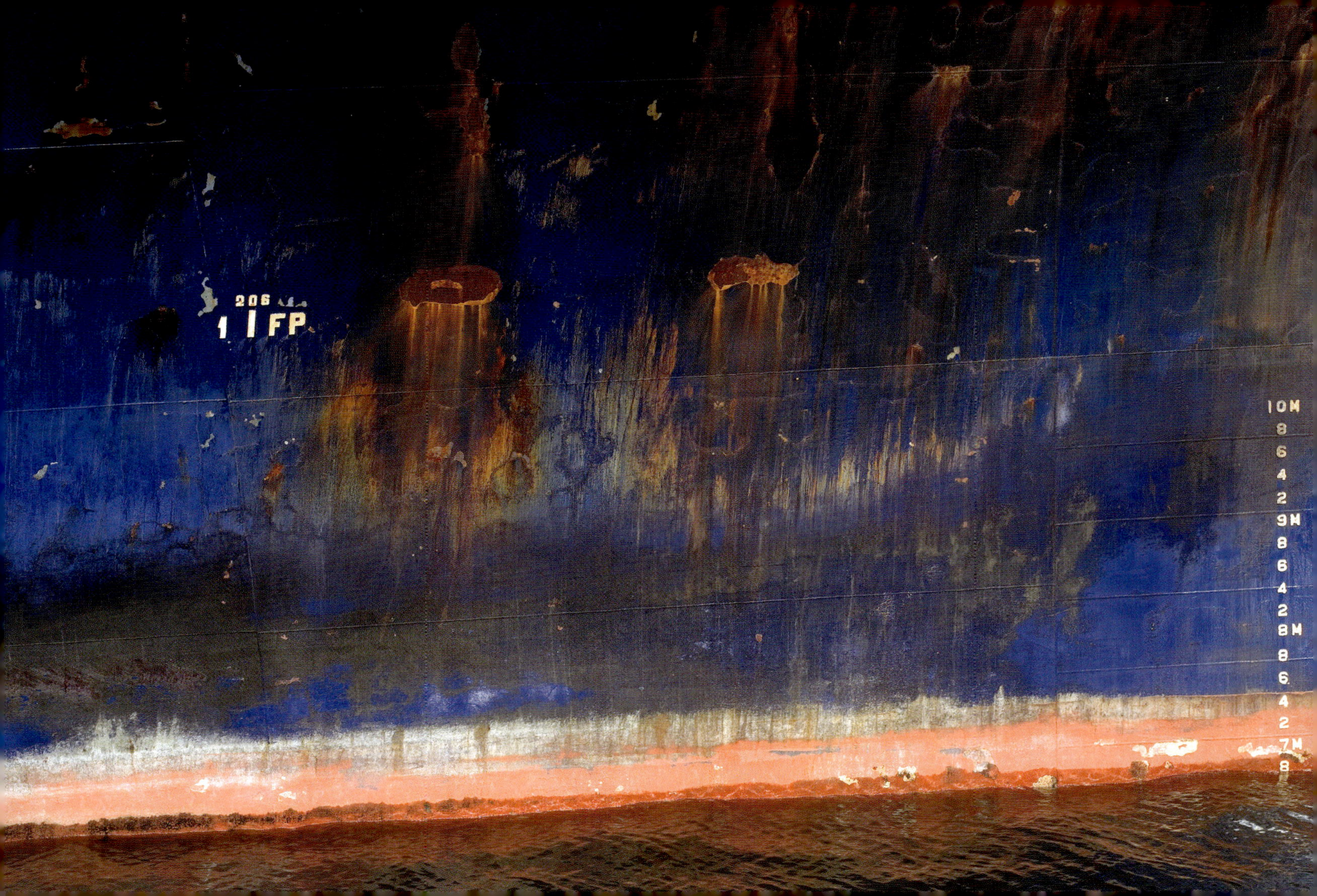
206
1 FP
10M
8
6
4
2
9M
8
6
4
2
8M
8
6
4
2
7M
8

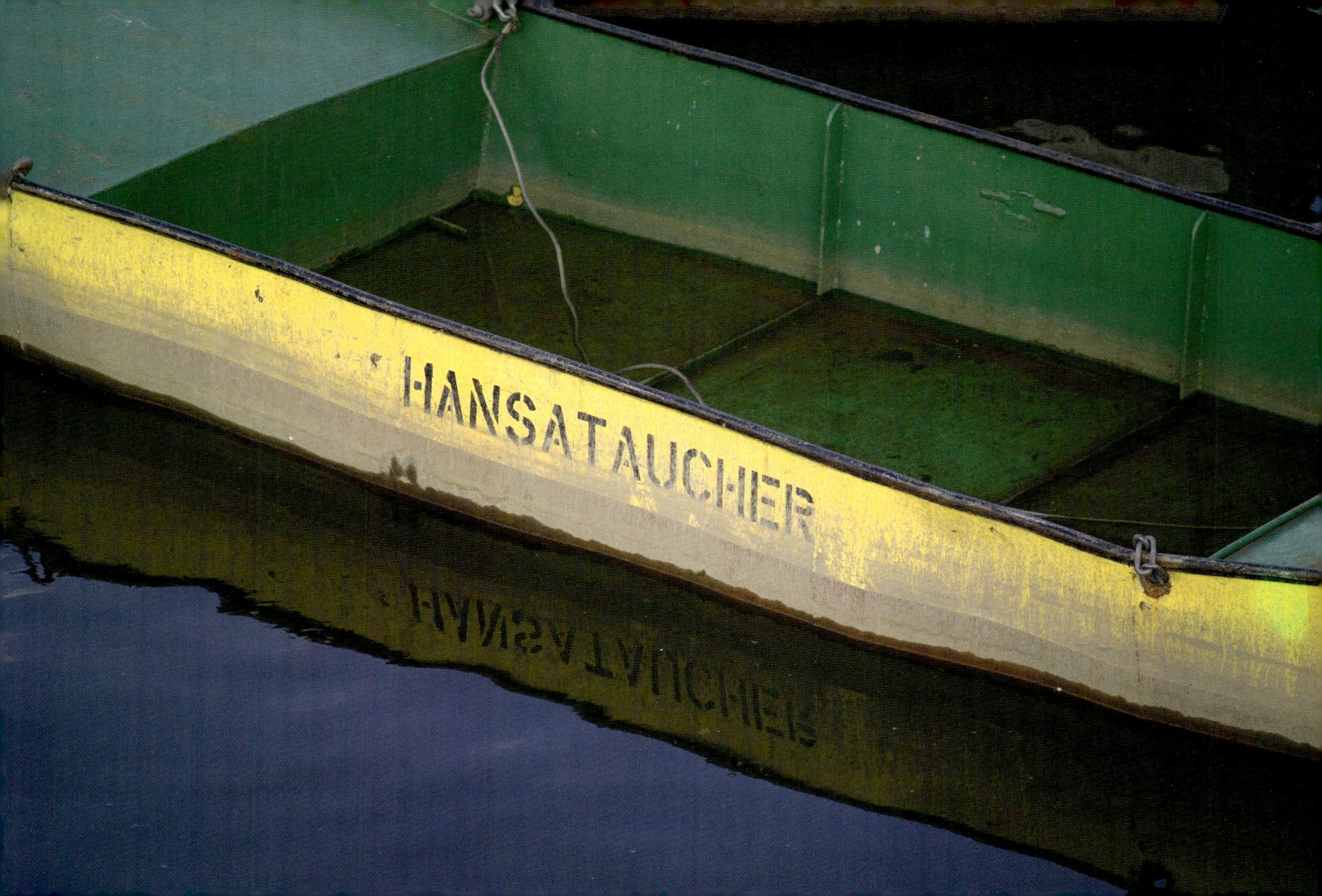
HANSATAUCHER

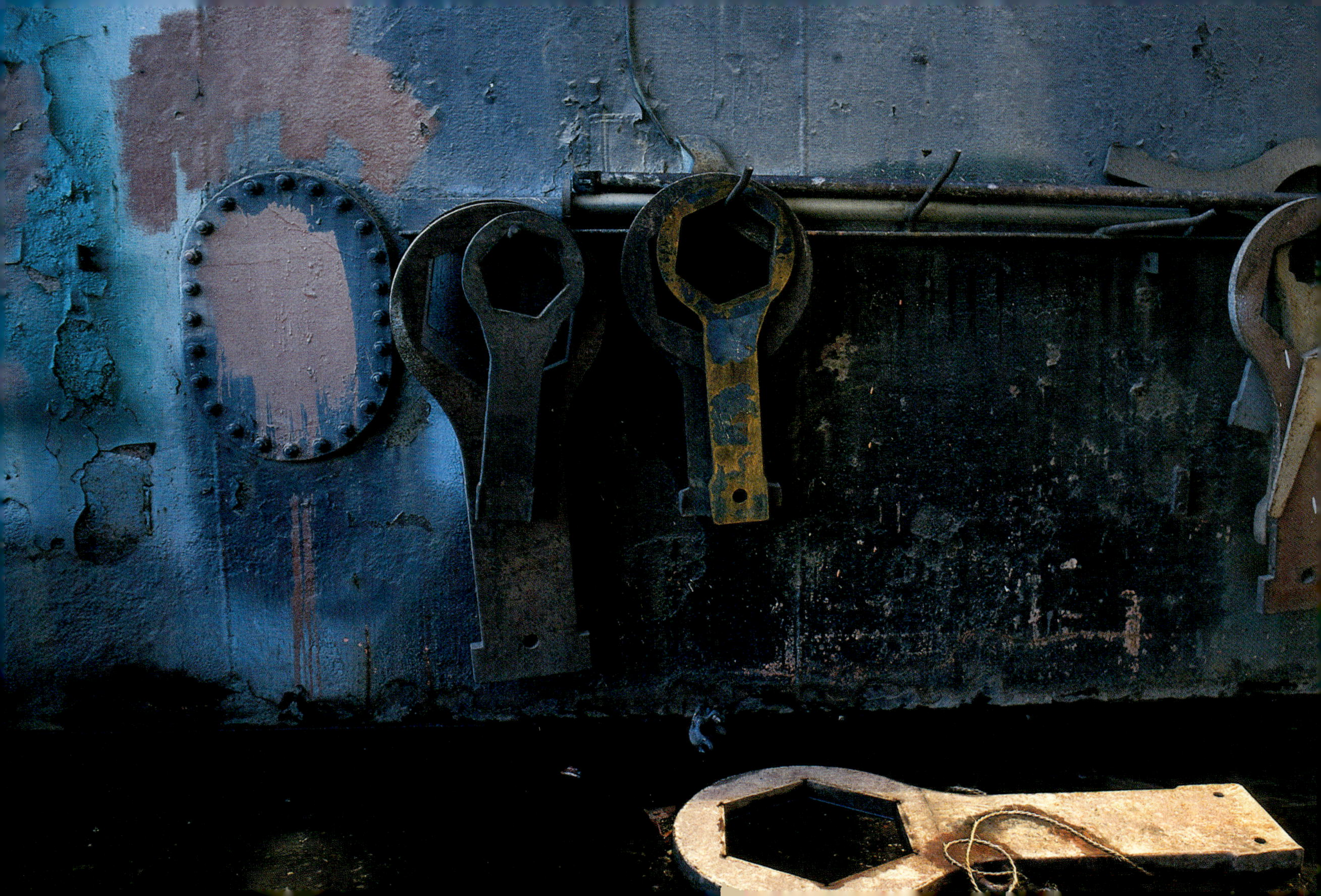

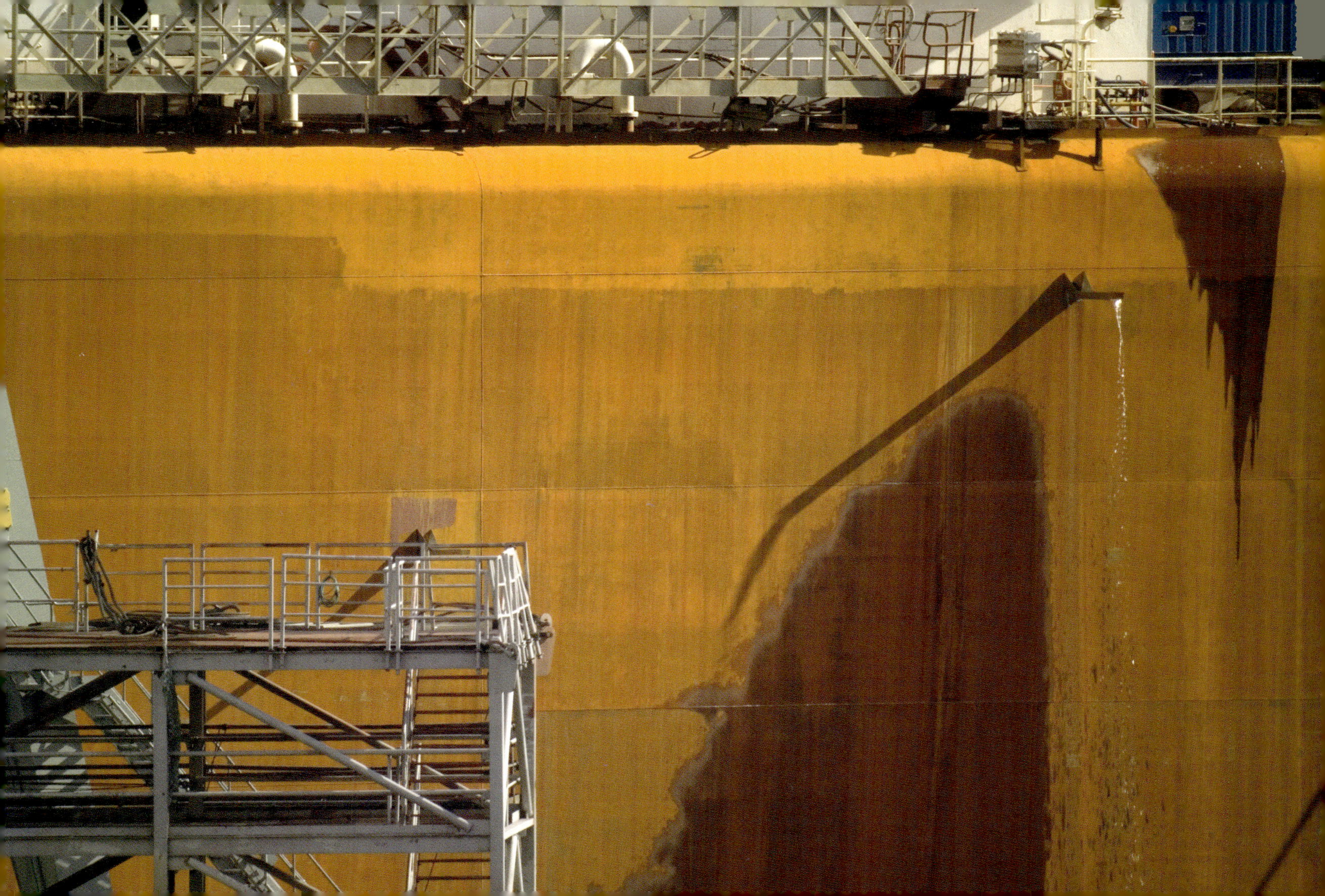

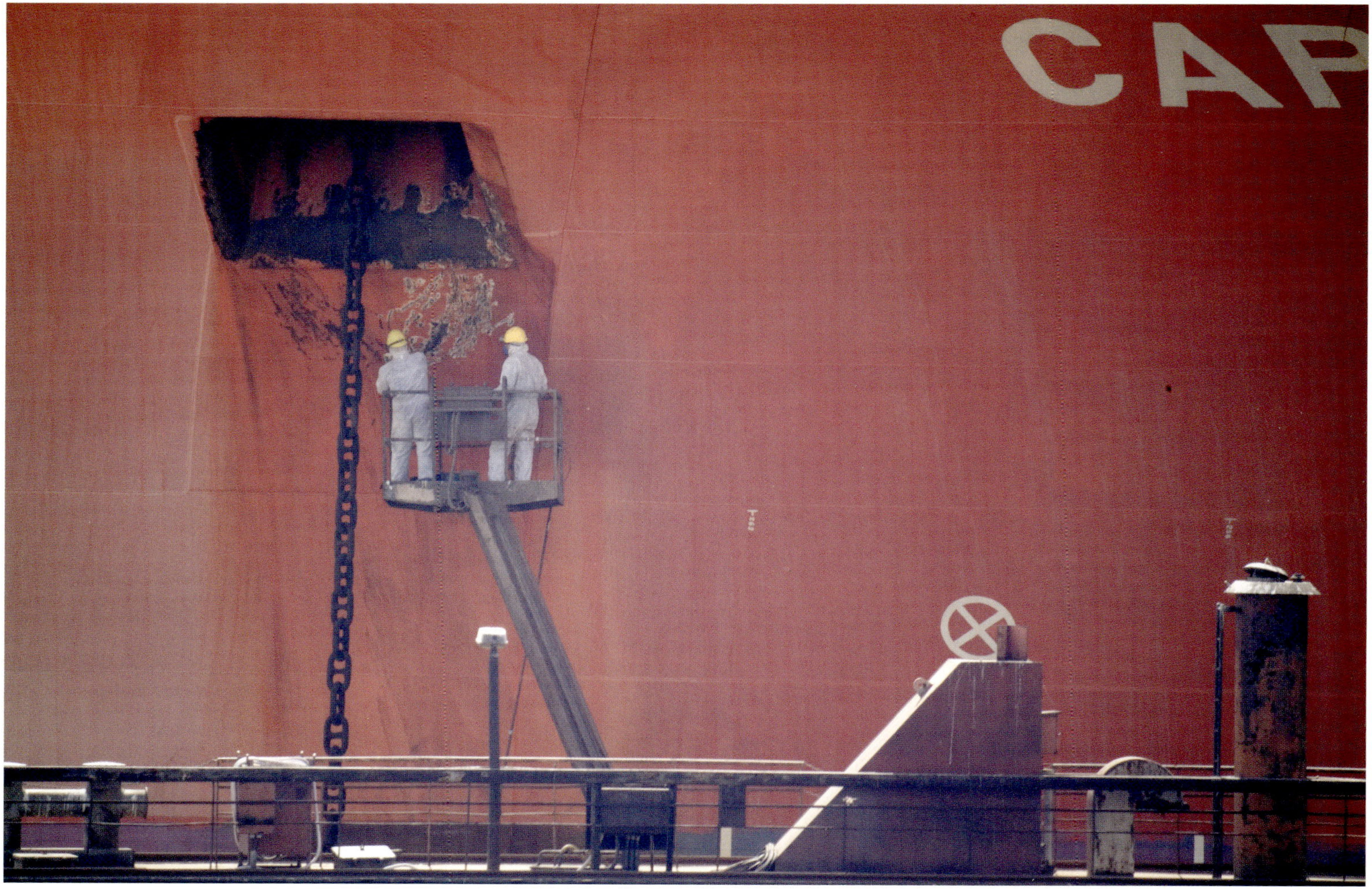
CAP

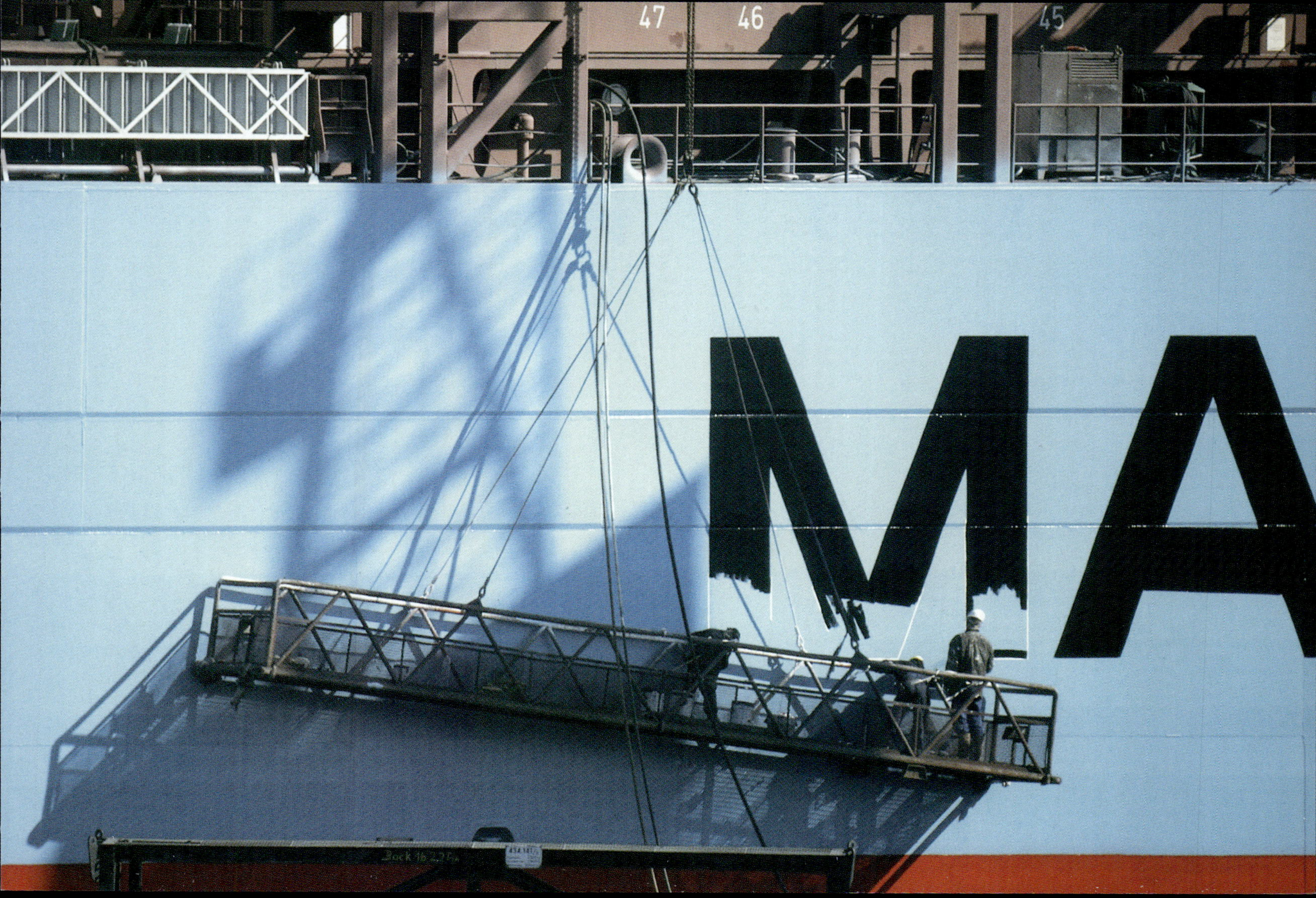
47
46
45
MA

17 M
16 M
15 M
14 M
13 M
12 M
11 M
9 M
8 M
TF
F
W

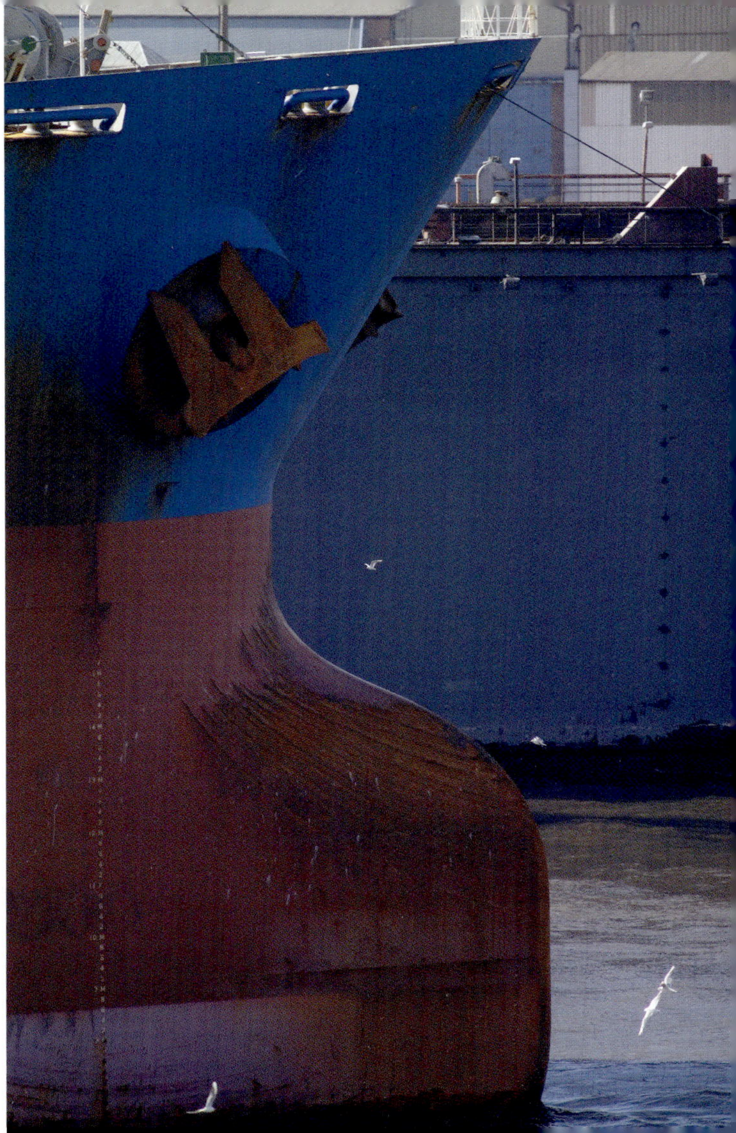

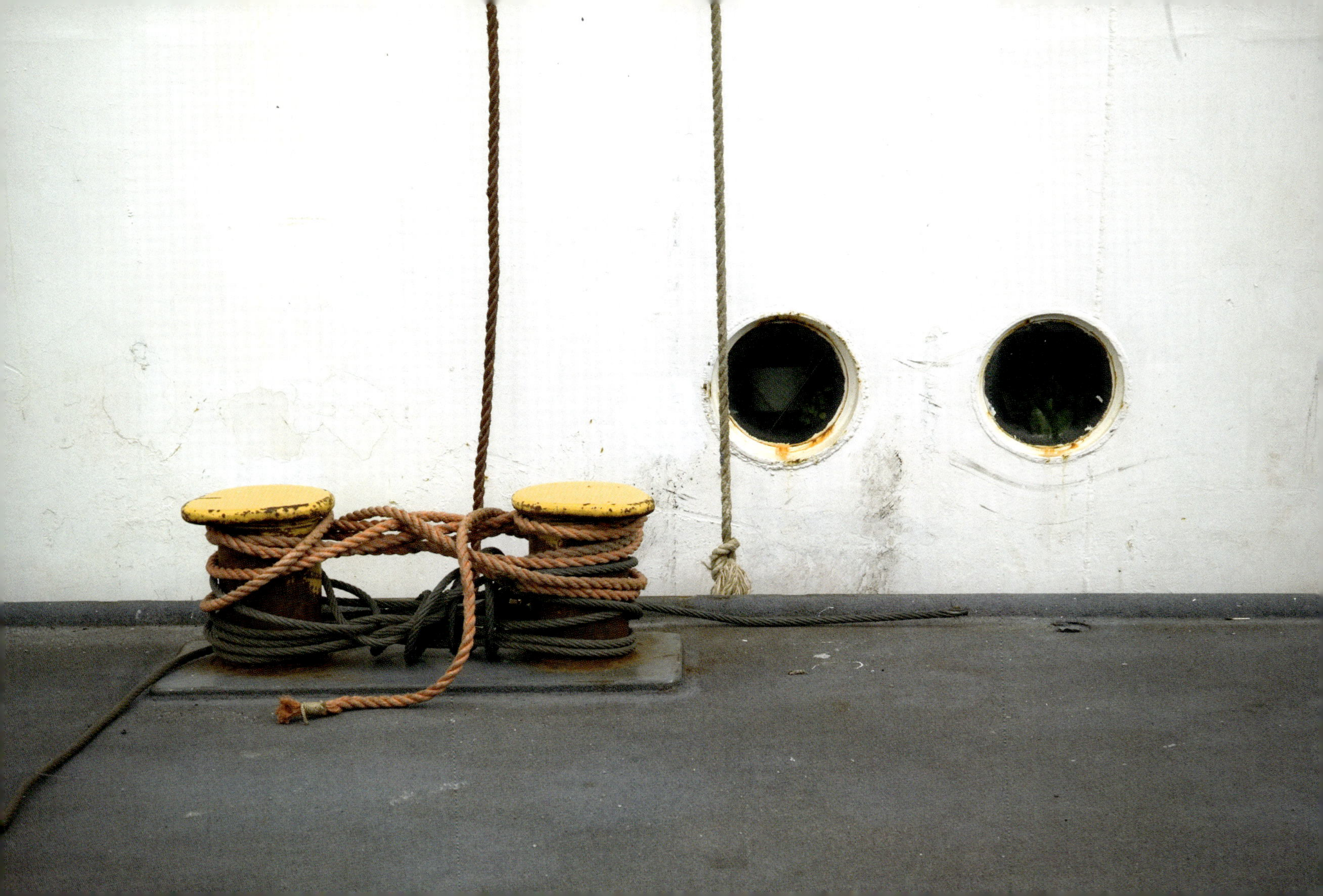

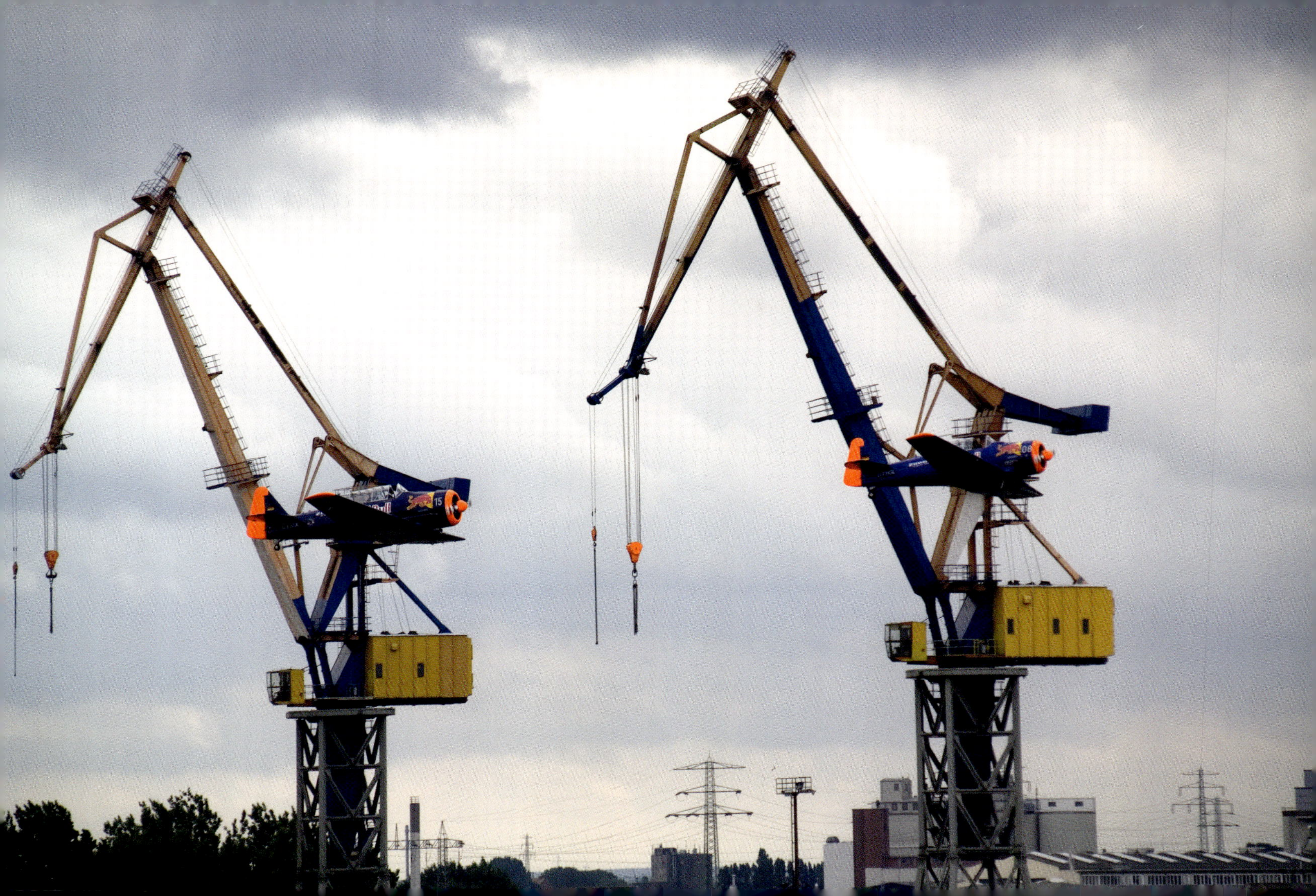

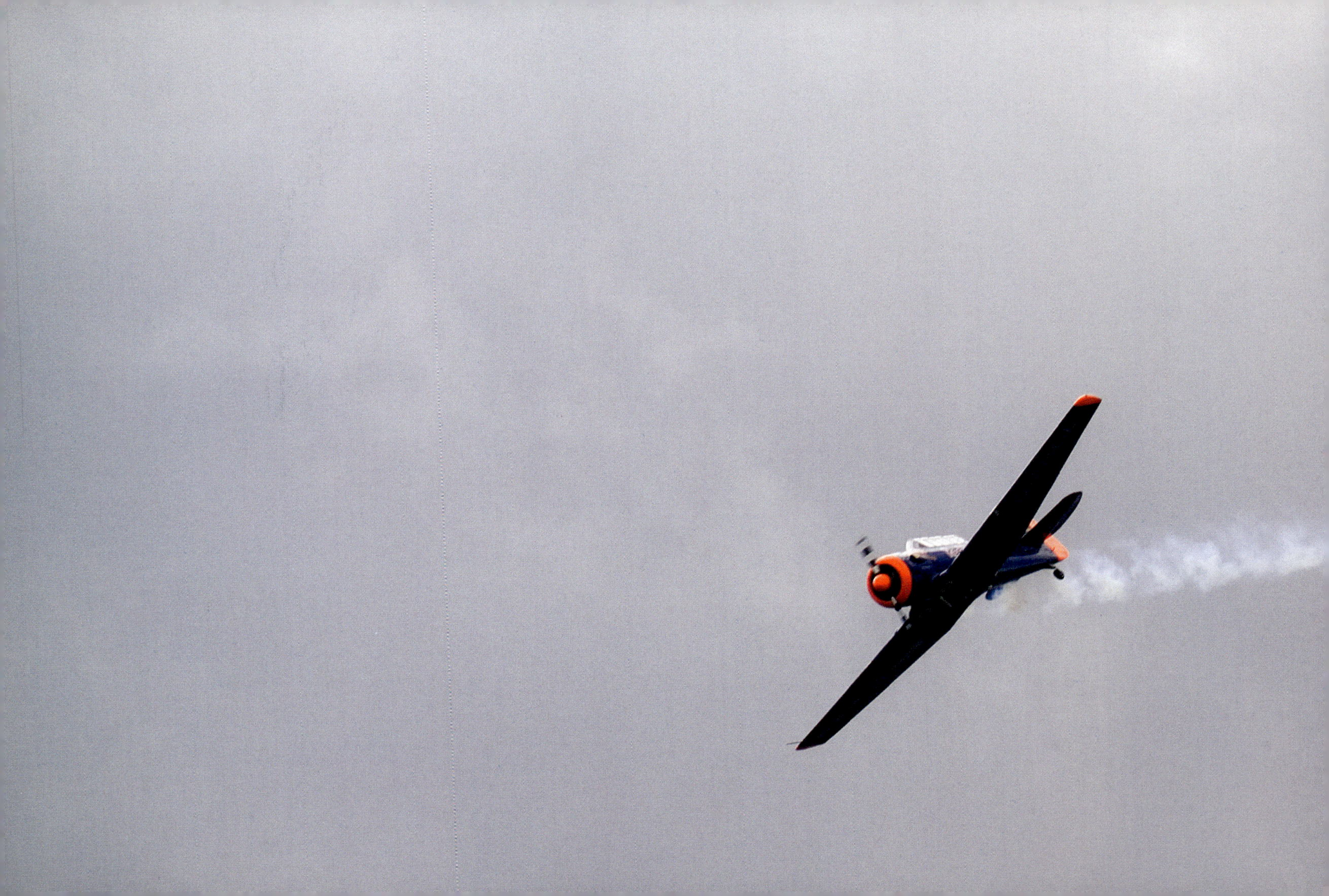

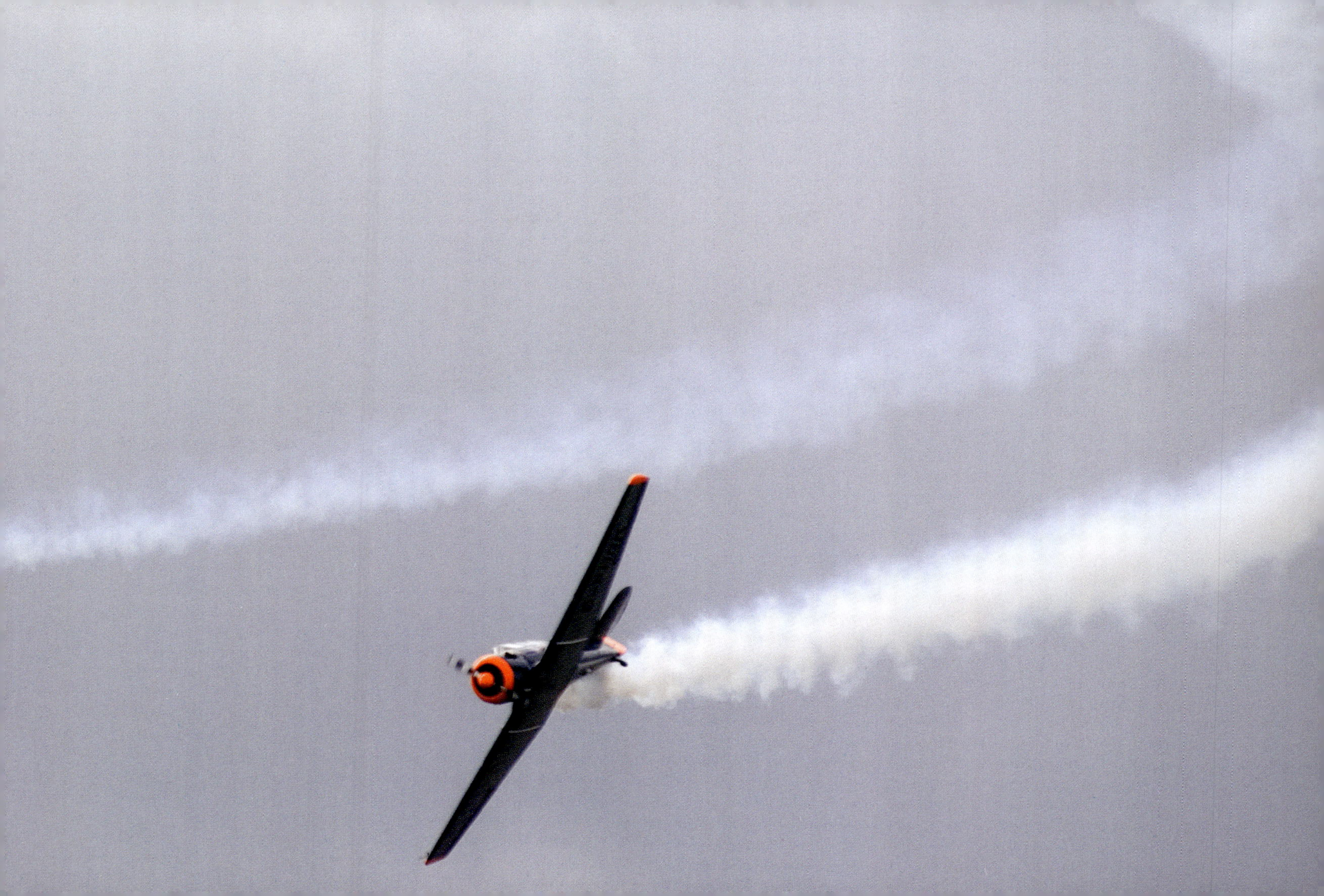

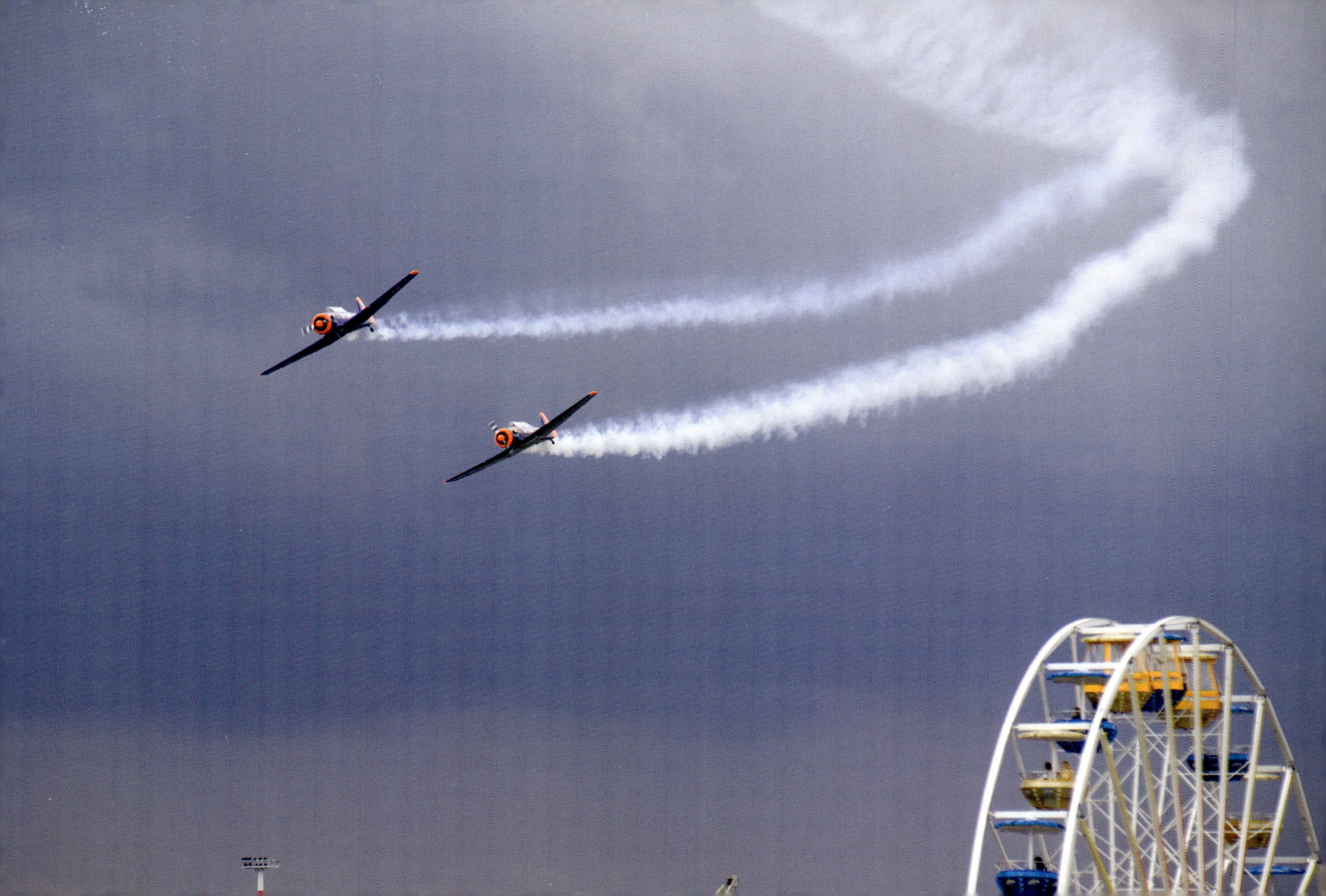

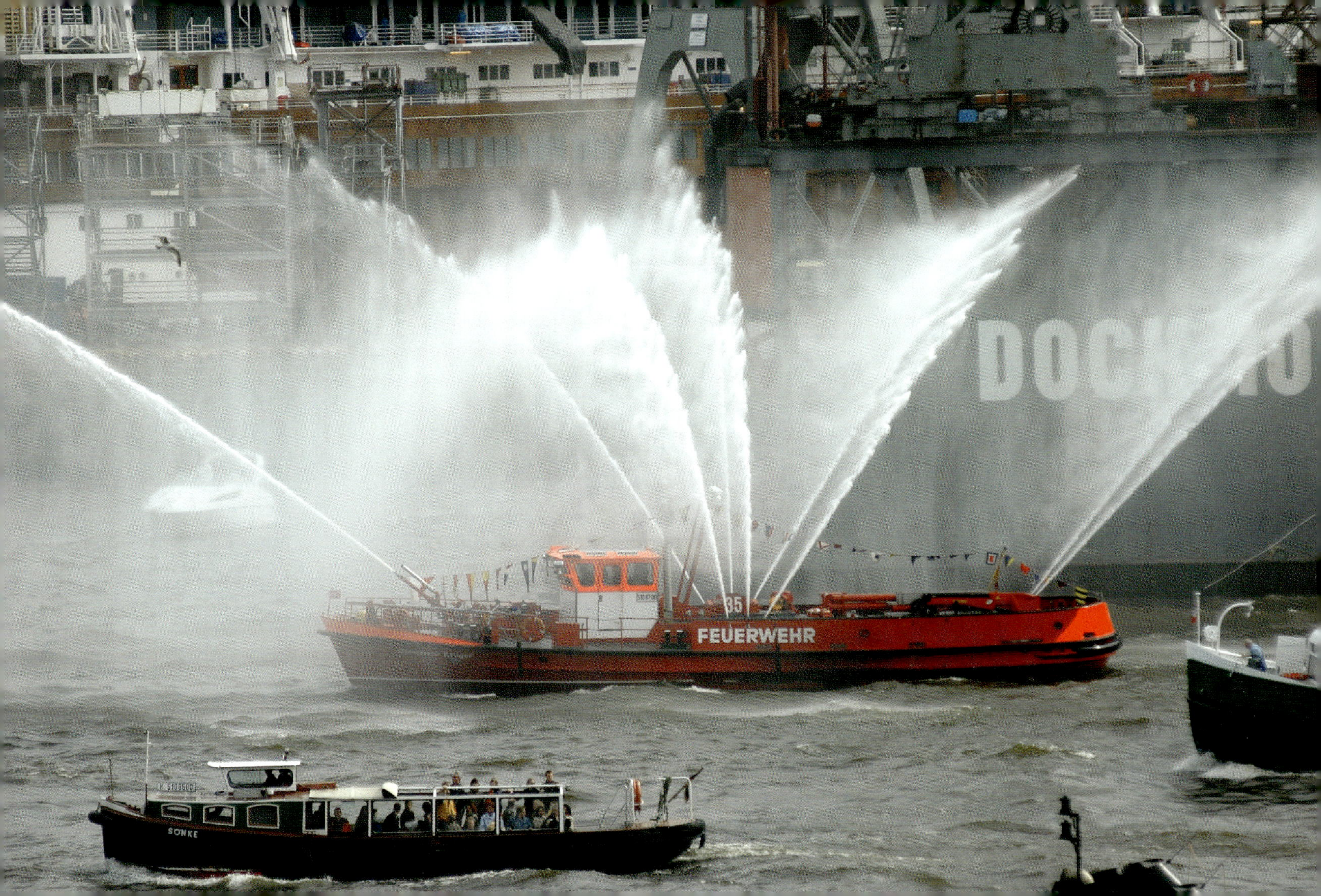
35
FEUERWEHR
SÖNKE

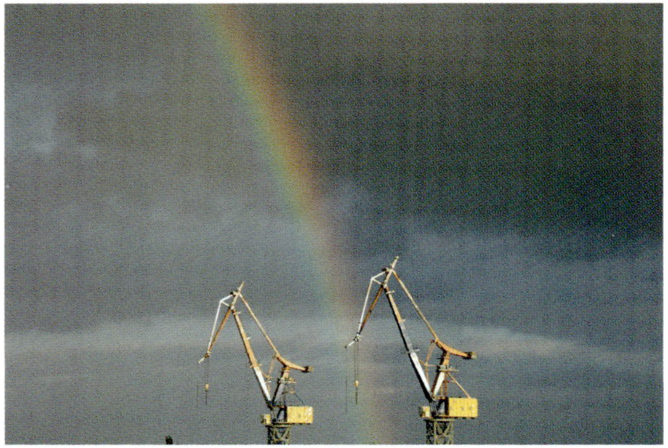

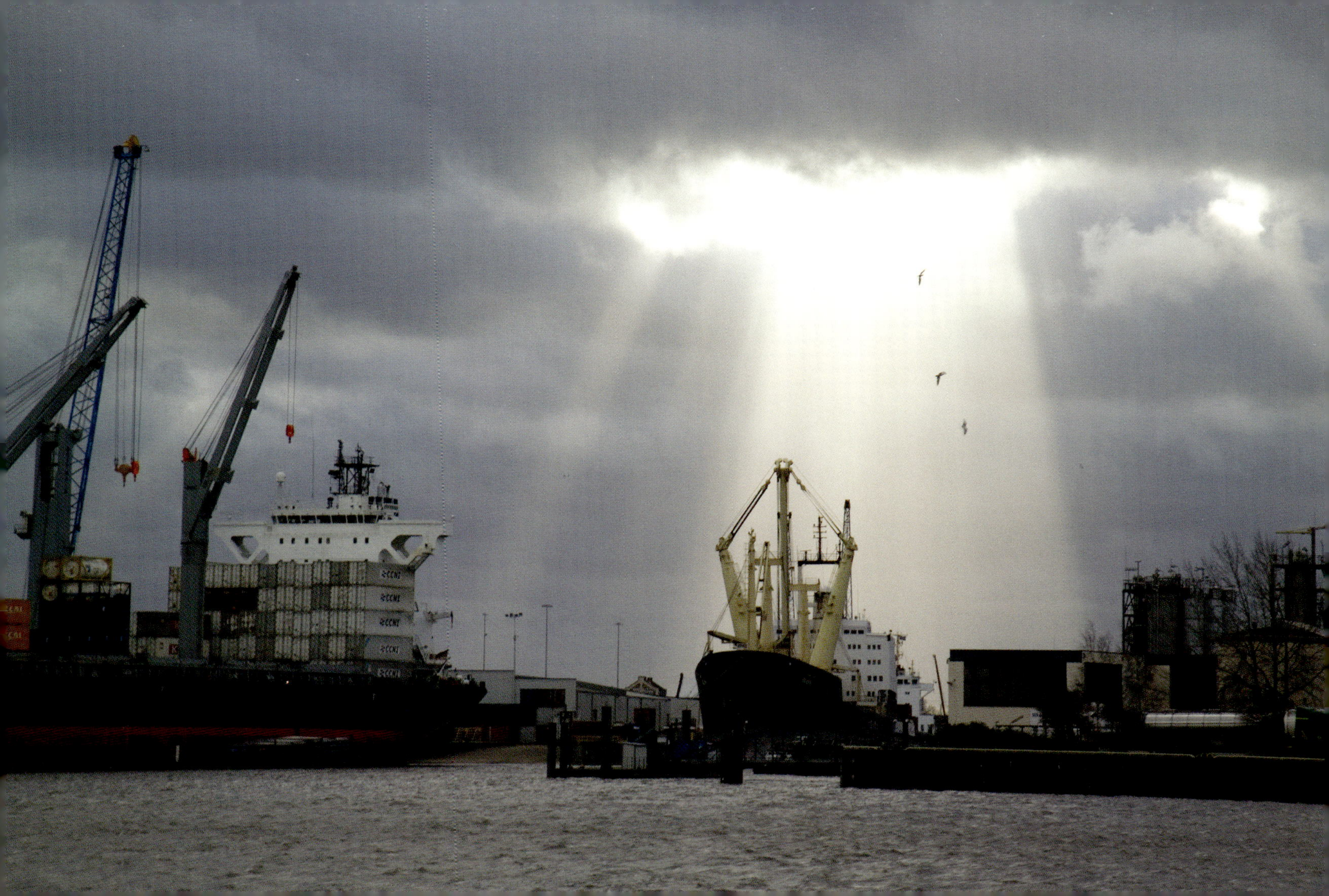
CCNI

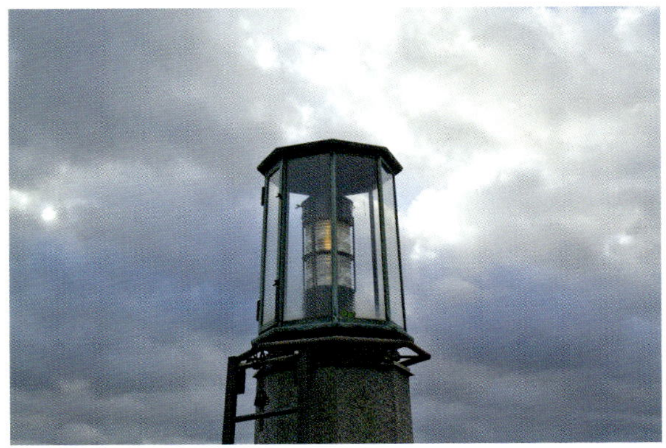

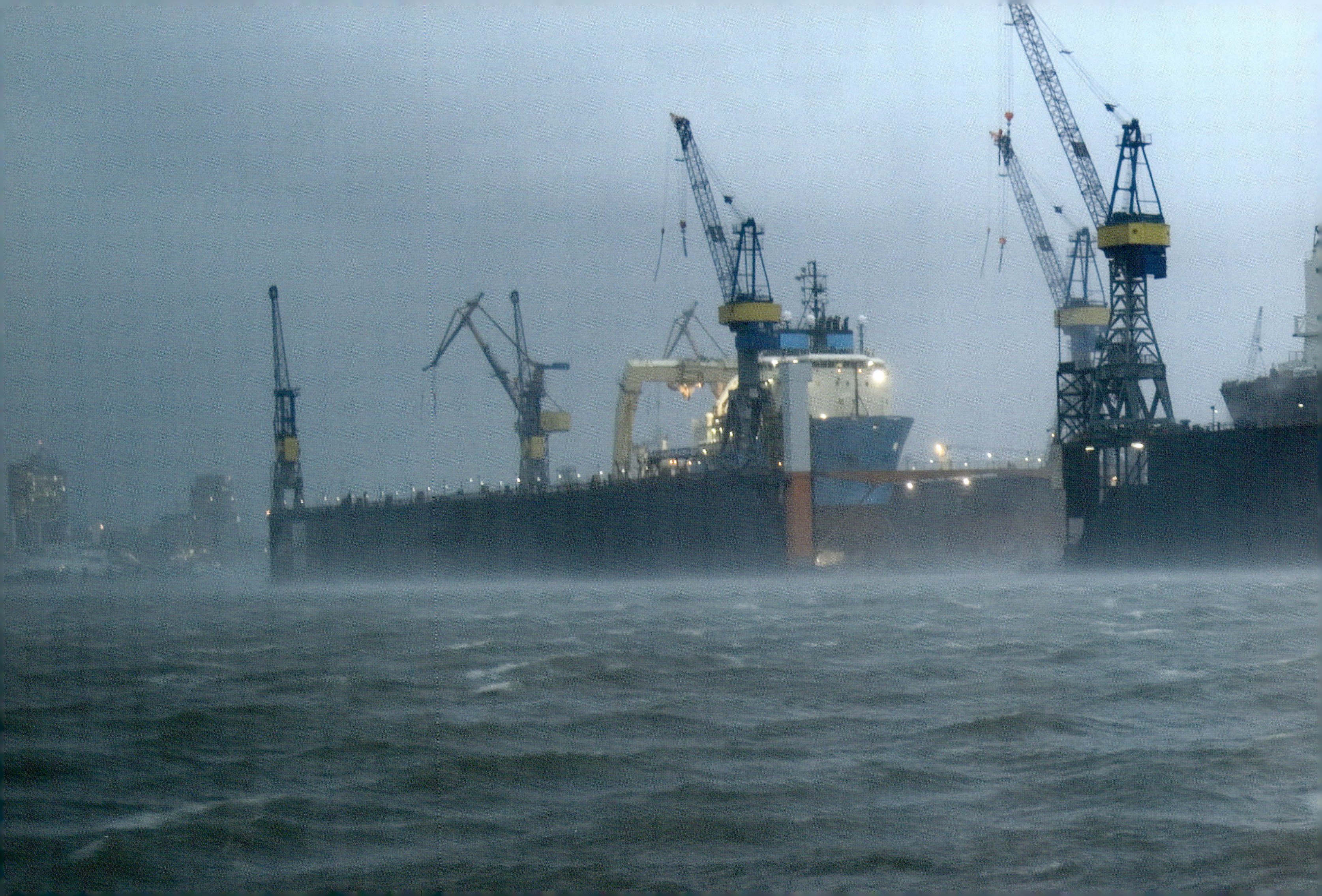

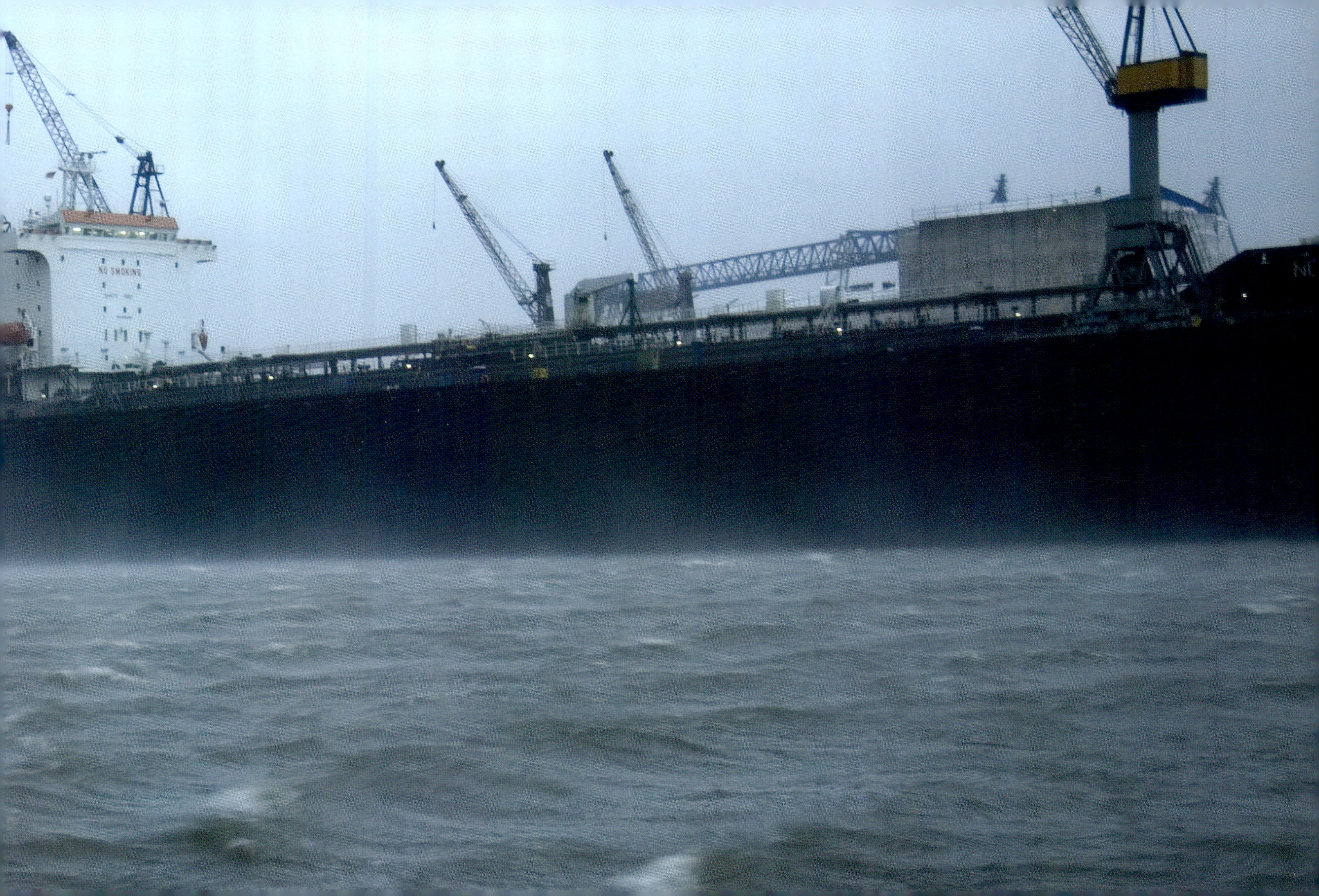
NO SMOKING

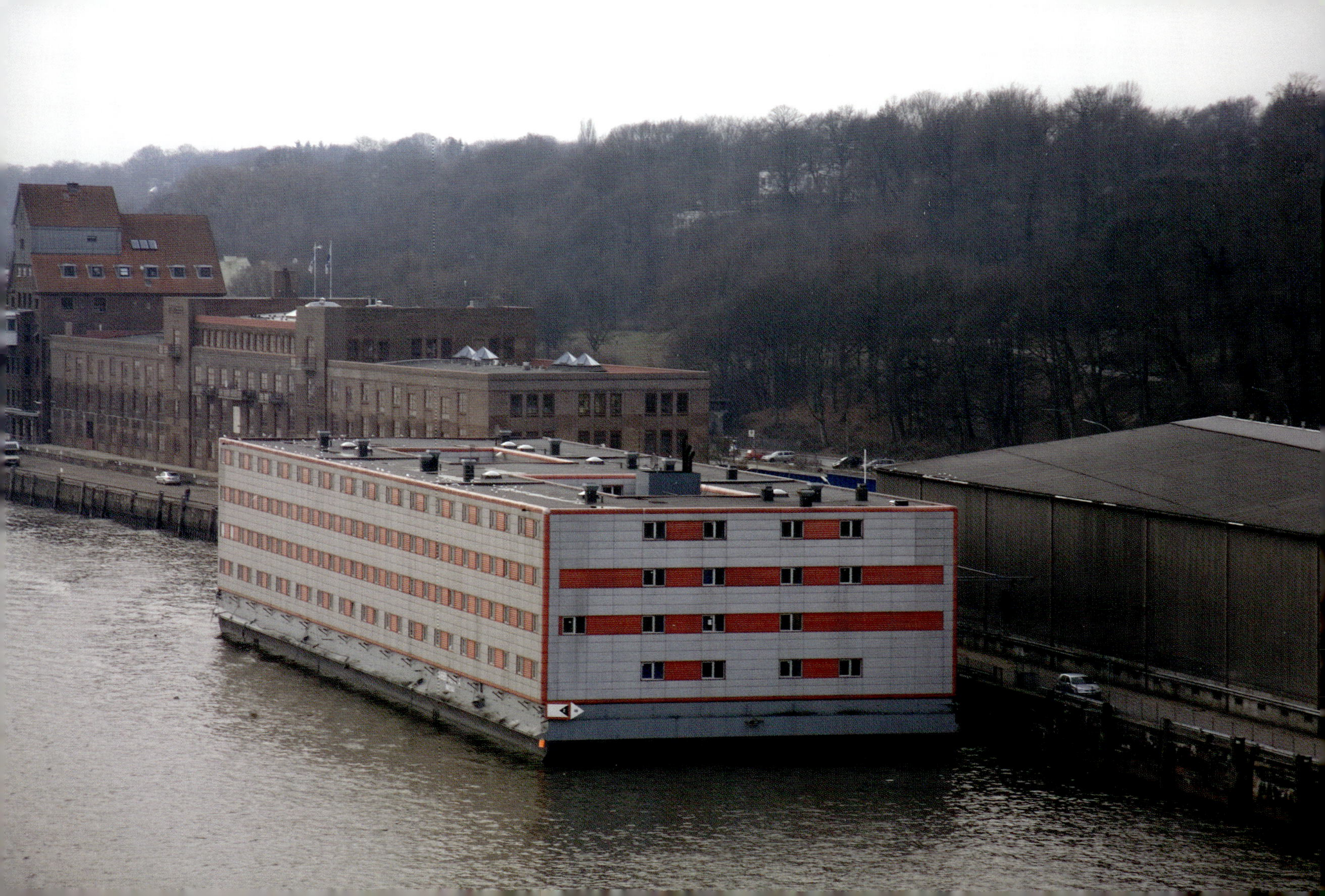

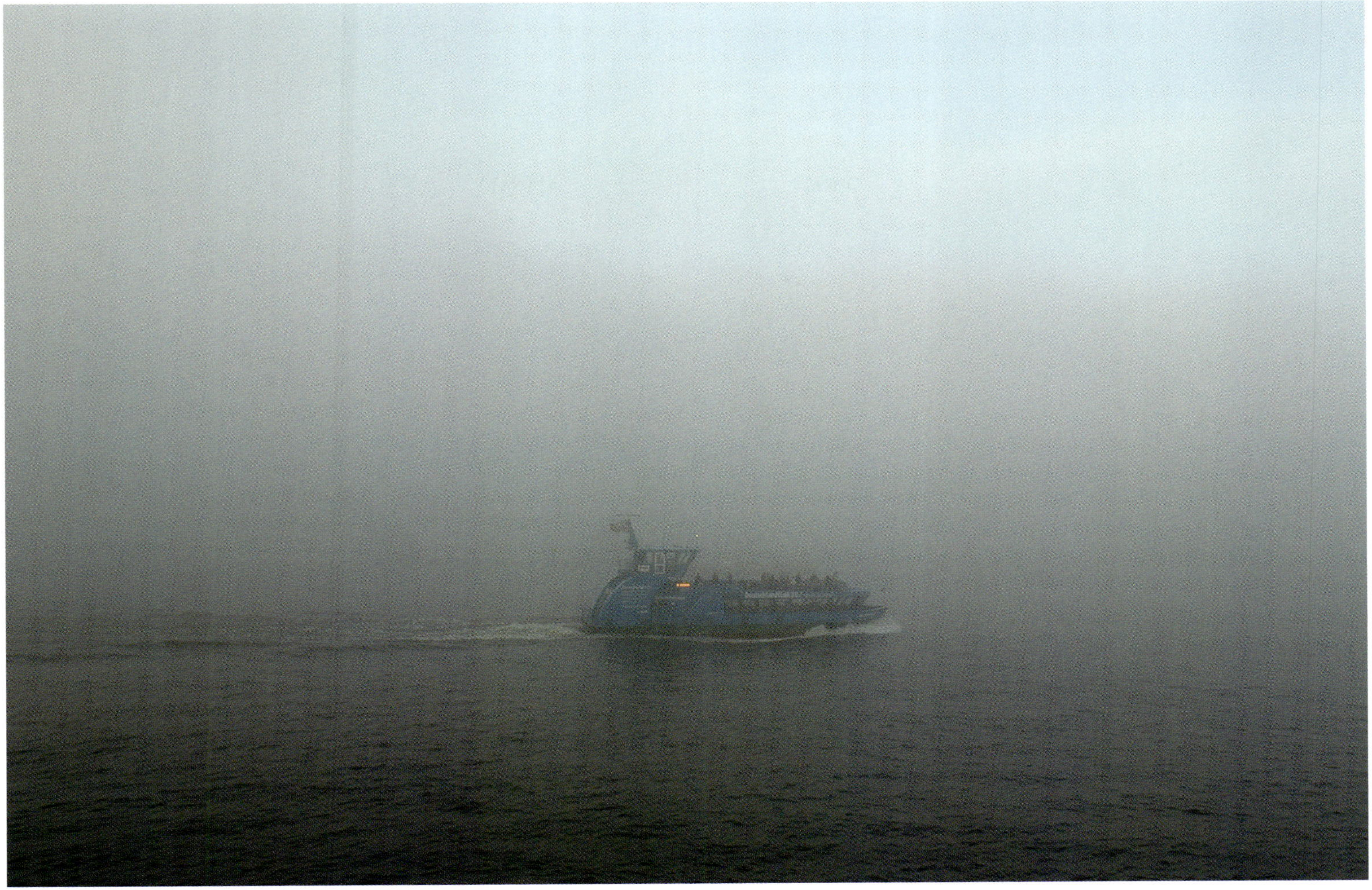

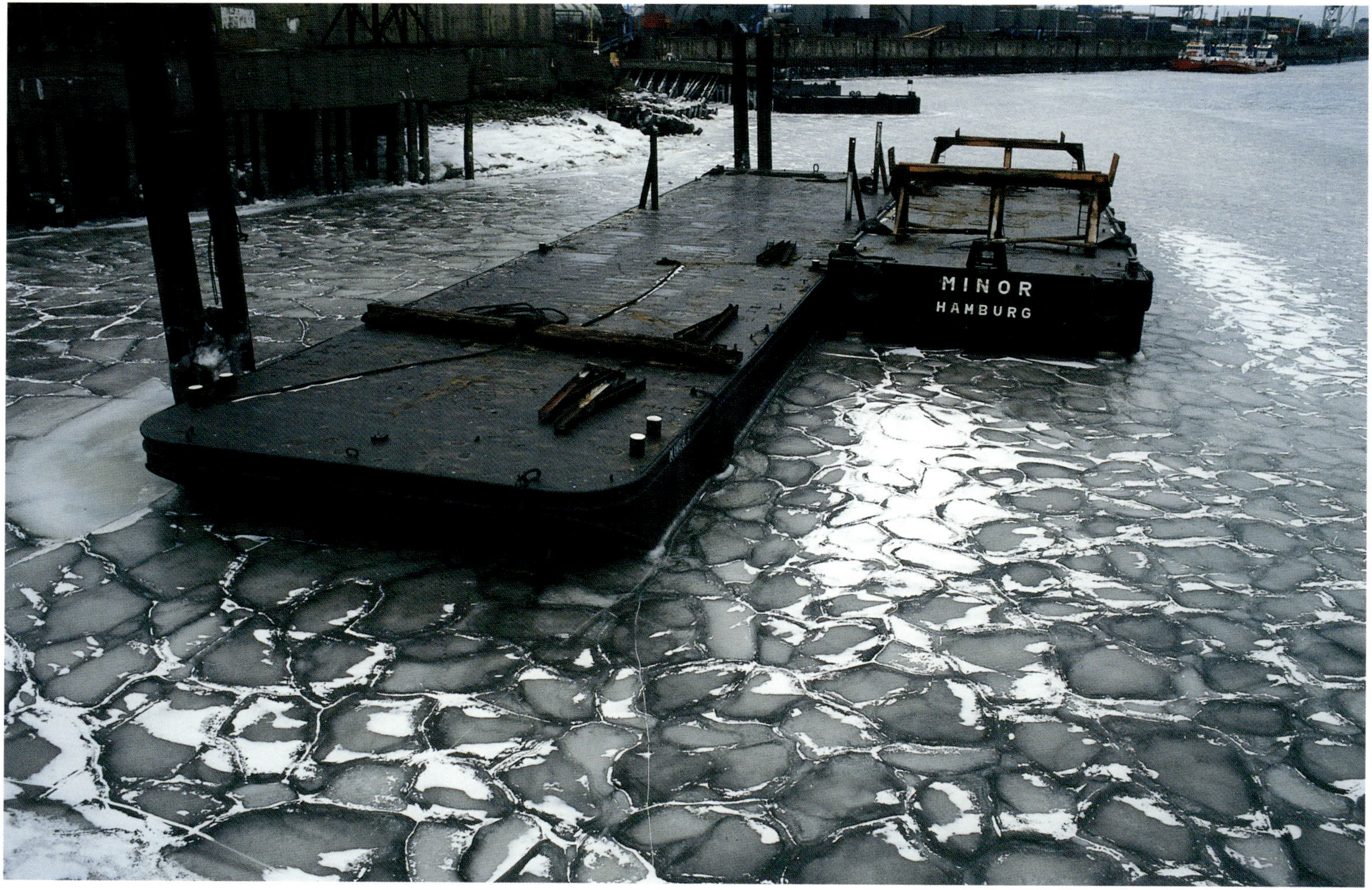
MINOR
HAMBURG

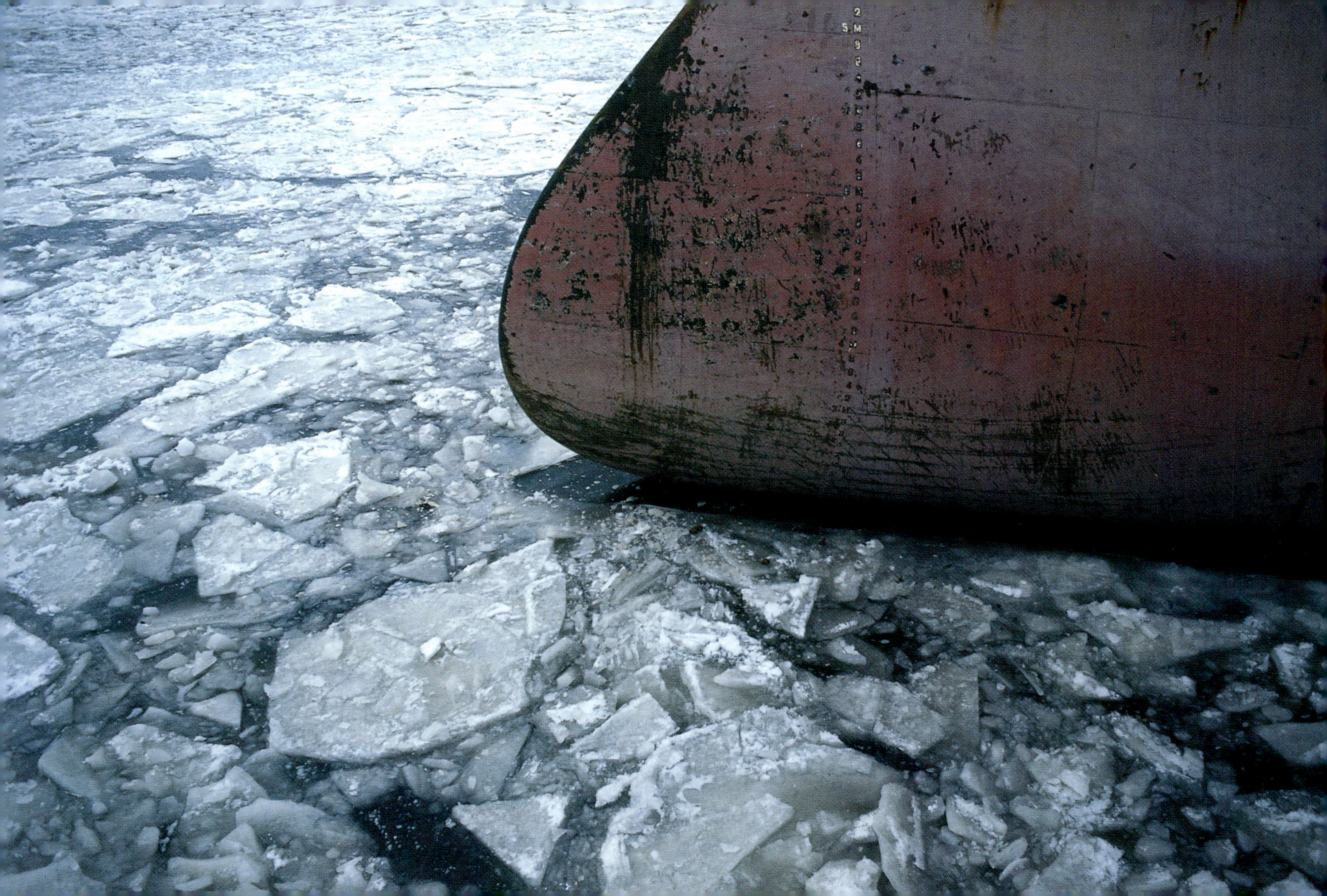

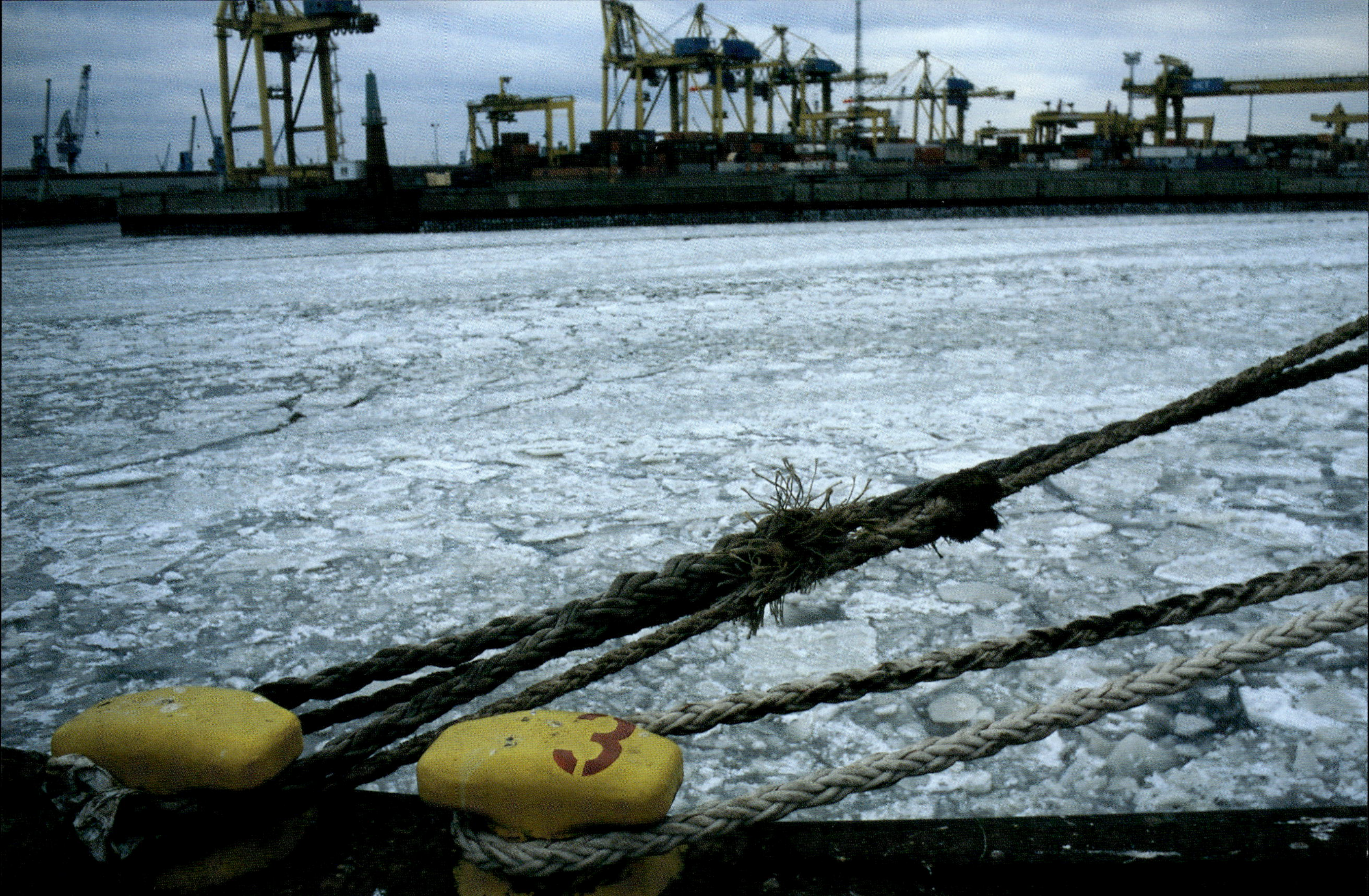
3

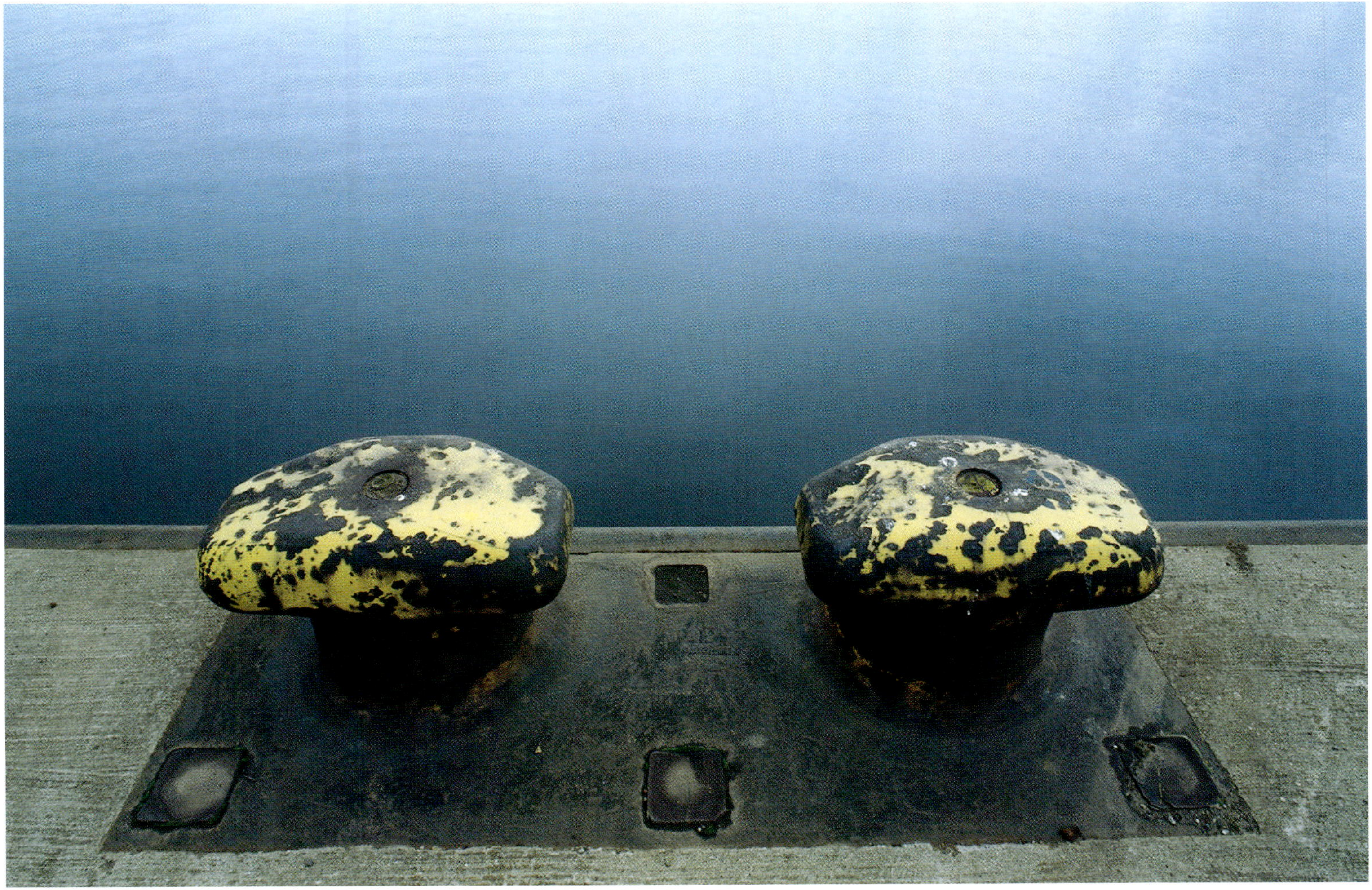

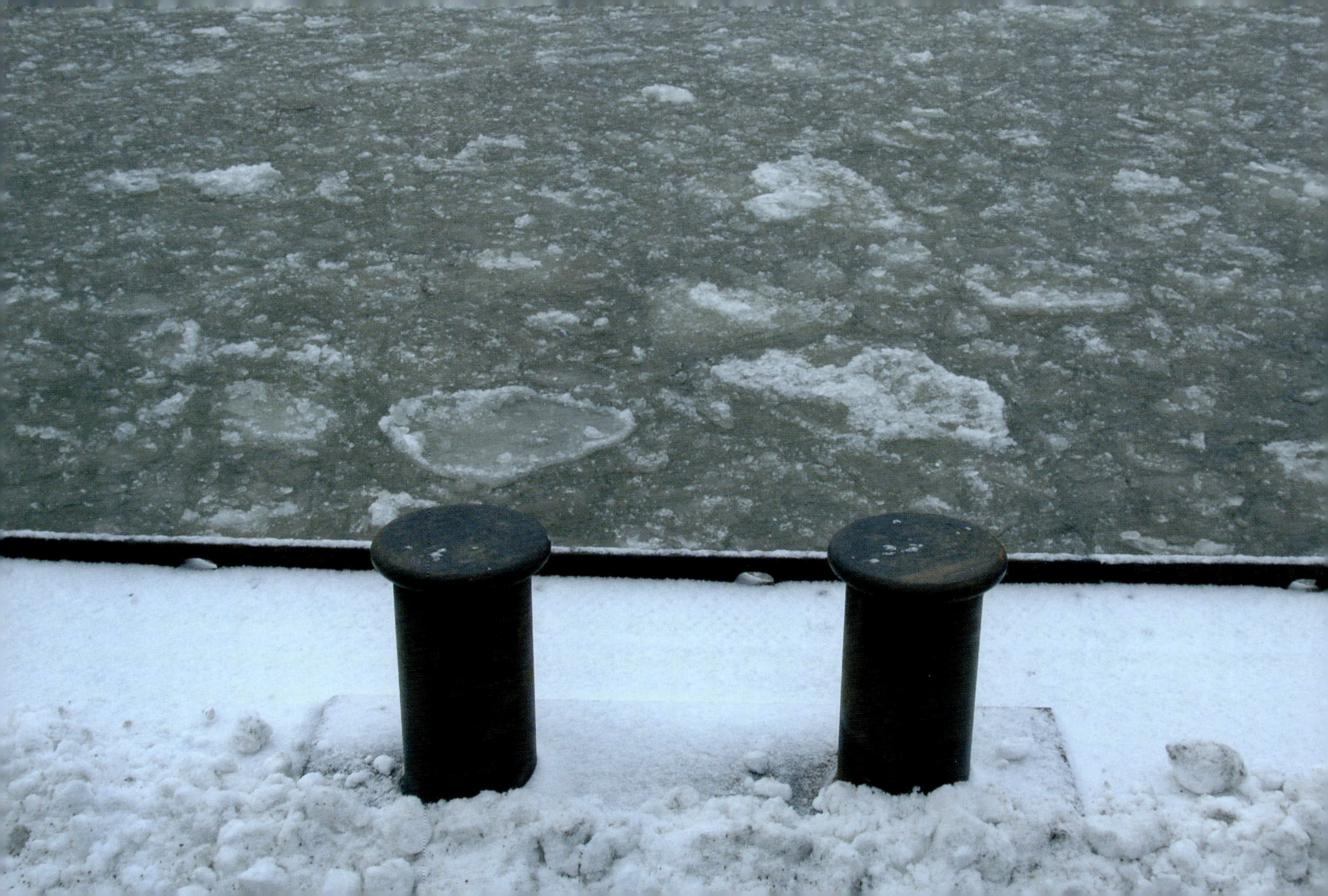

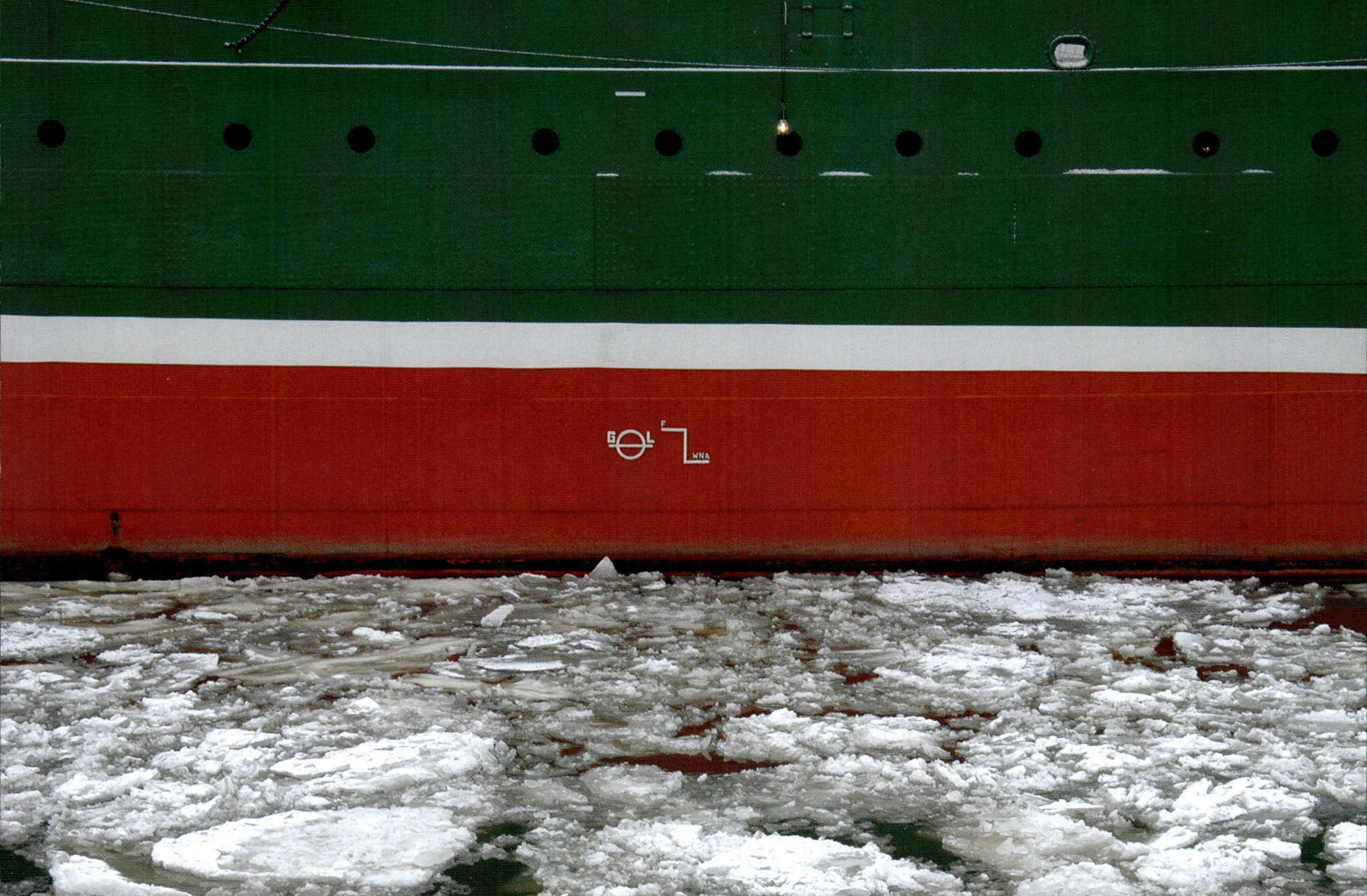
G L
F
WNA

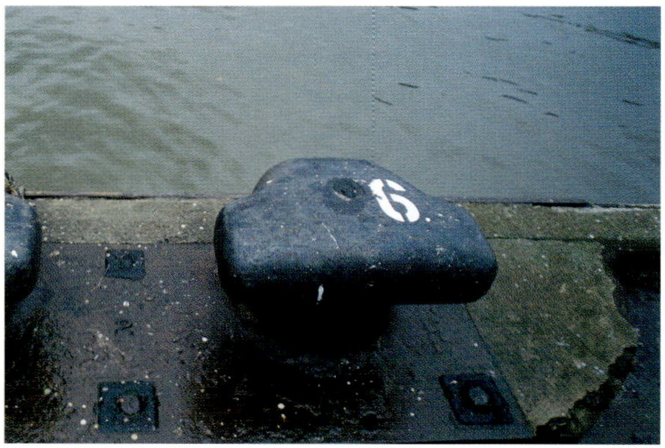
6

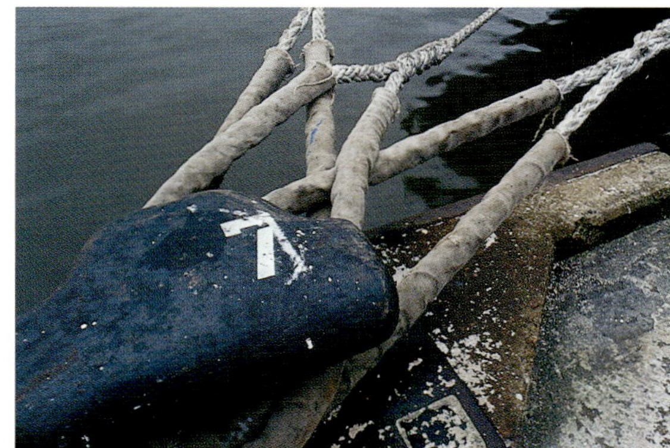
7

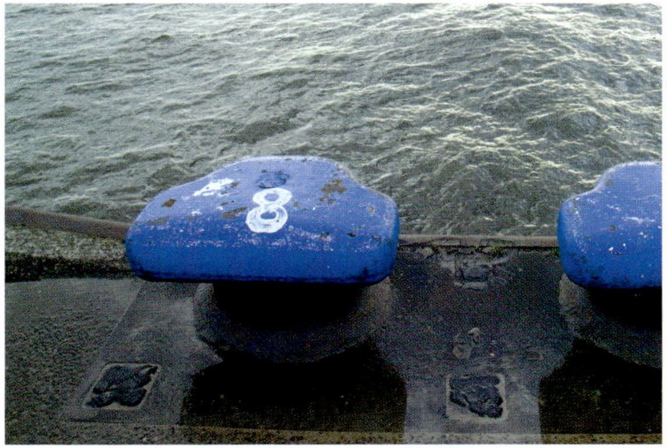
8
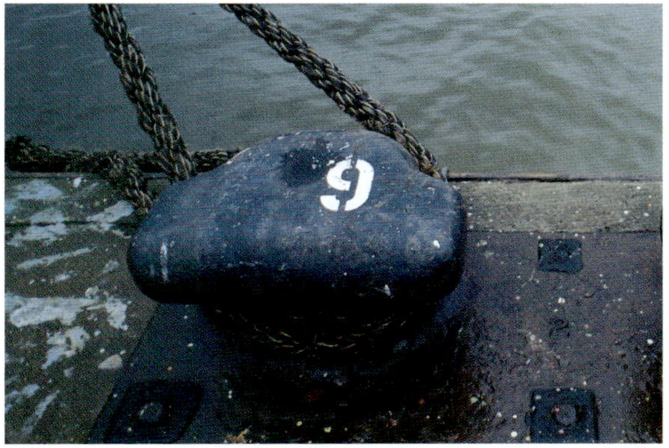
9

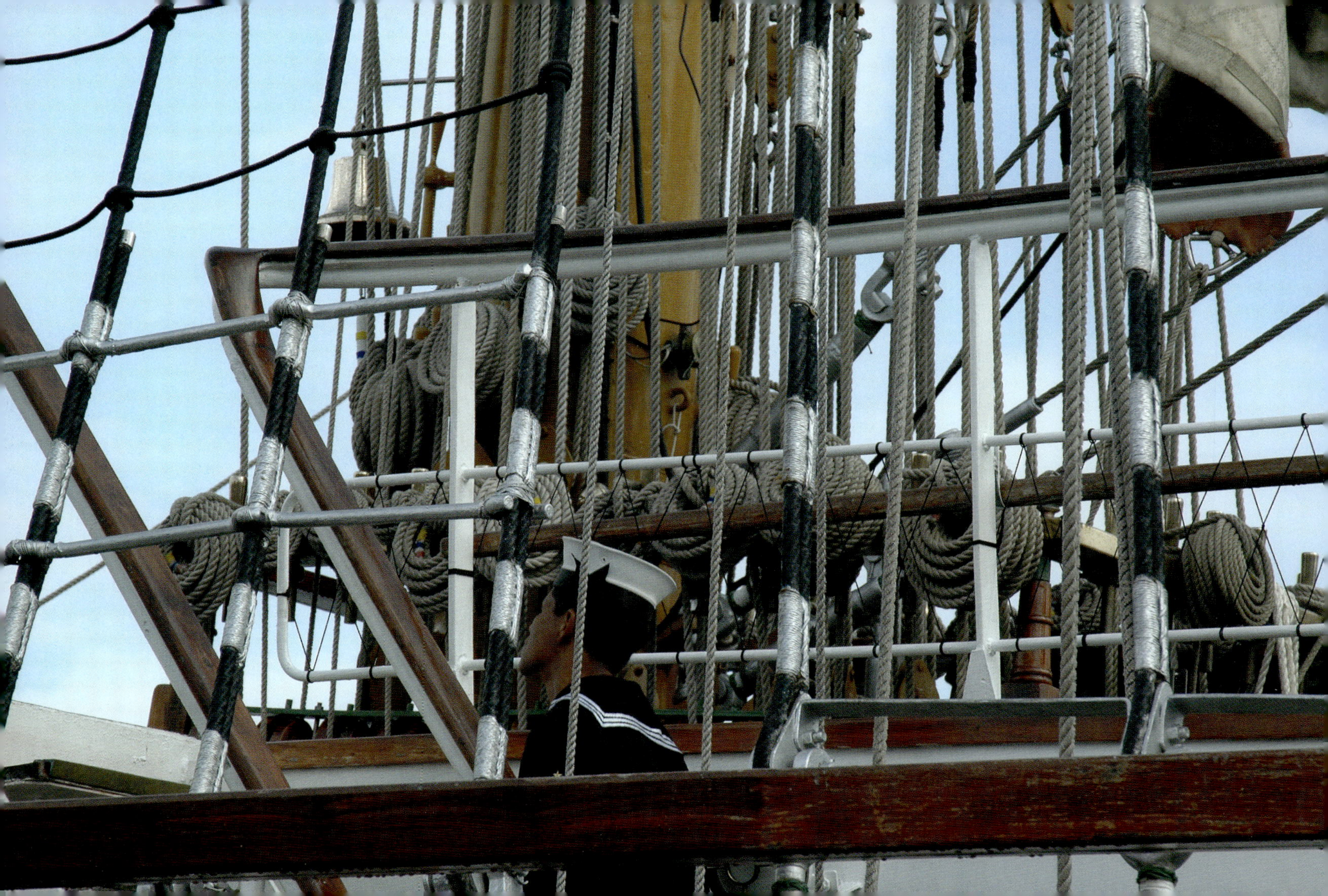

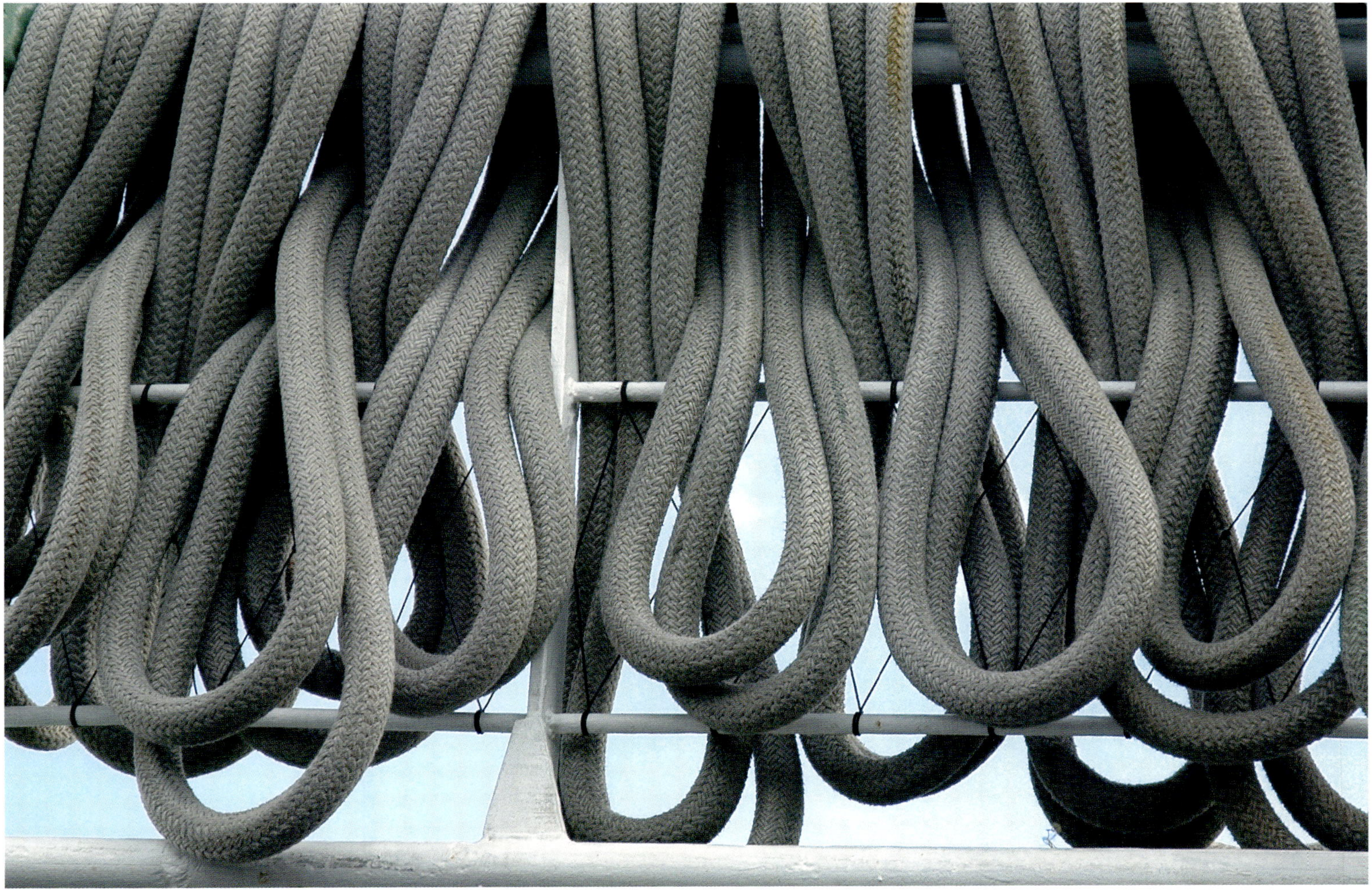

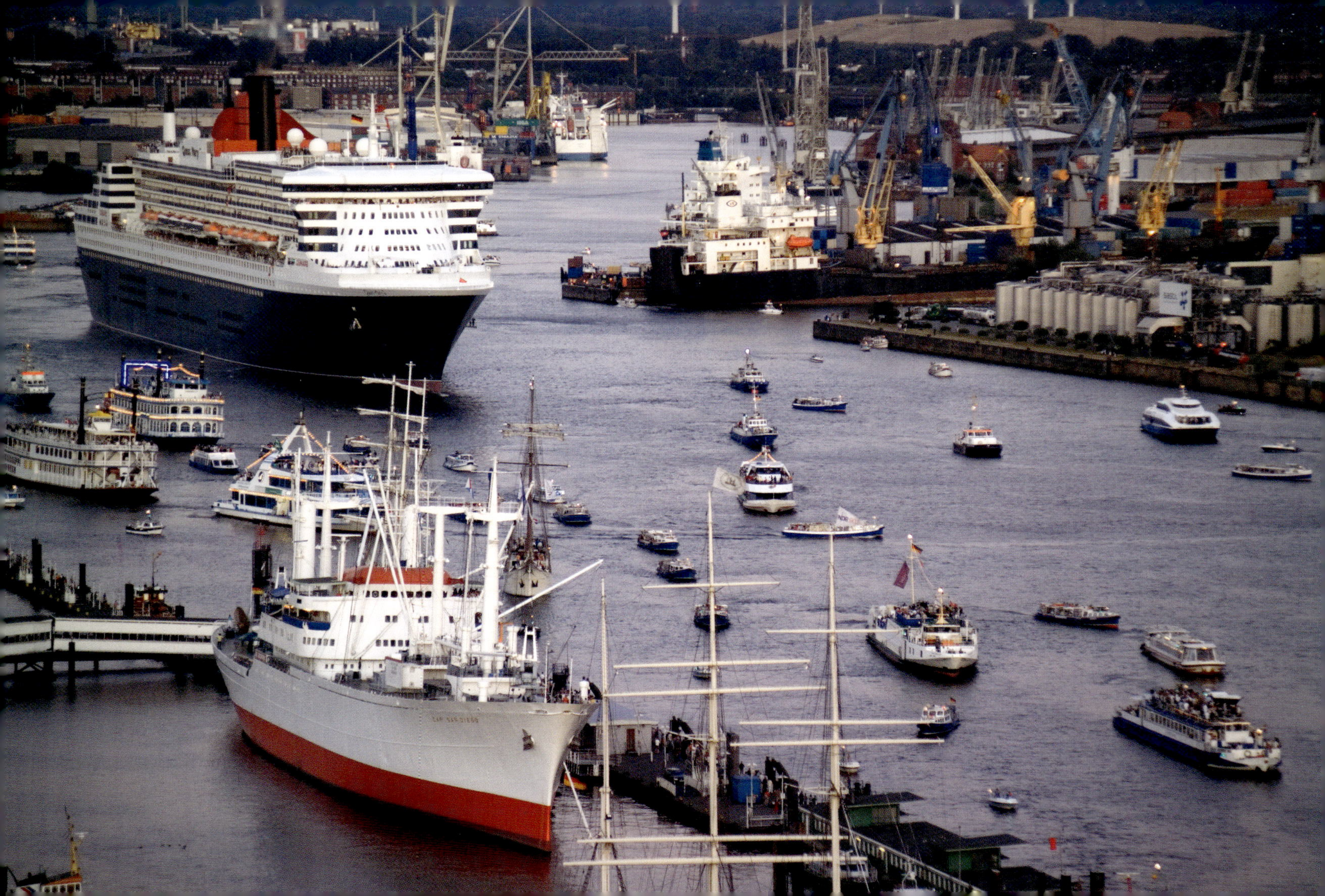

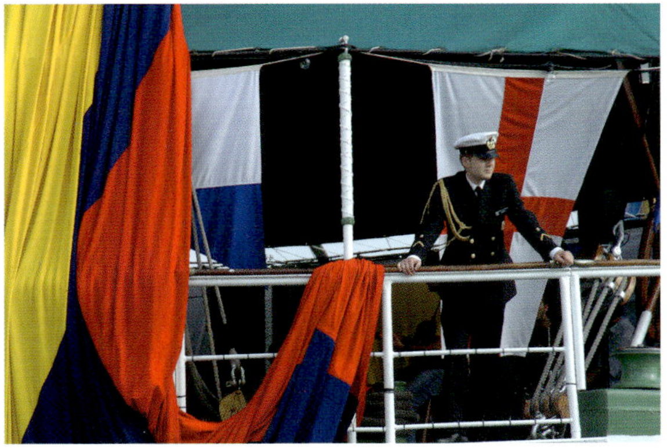

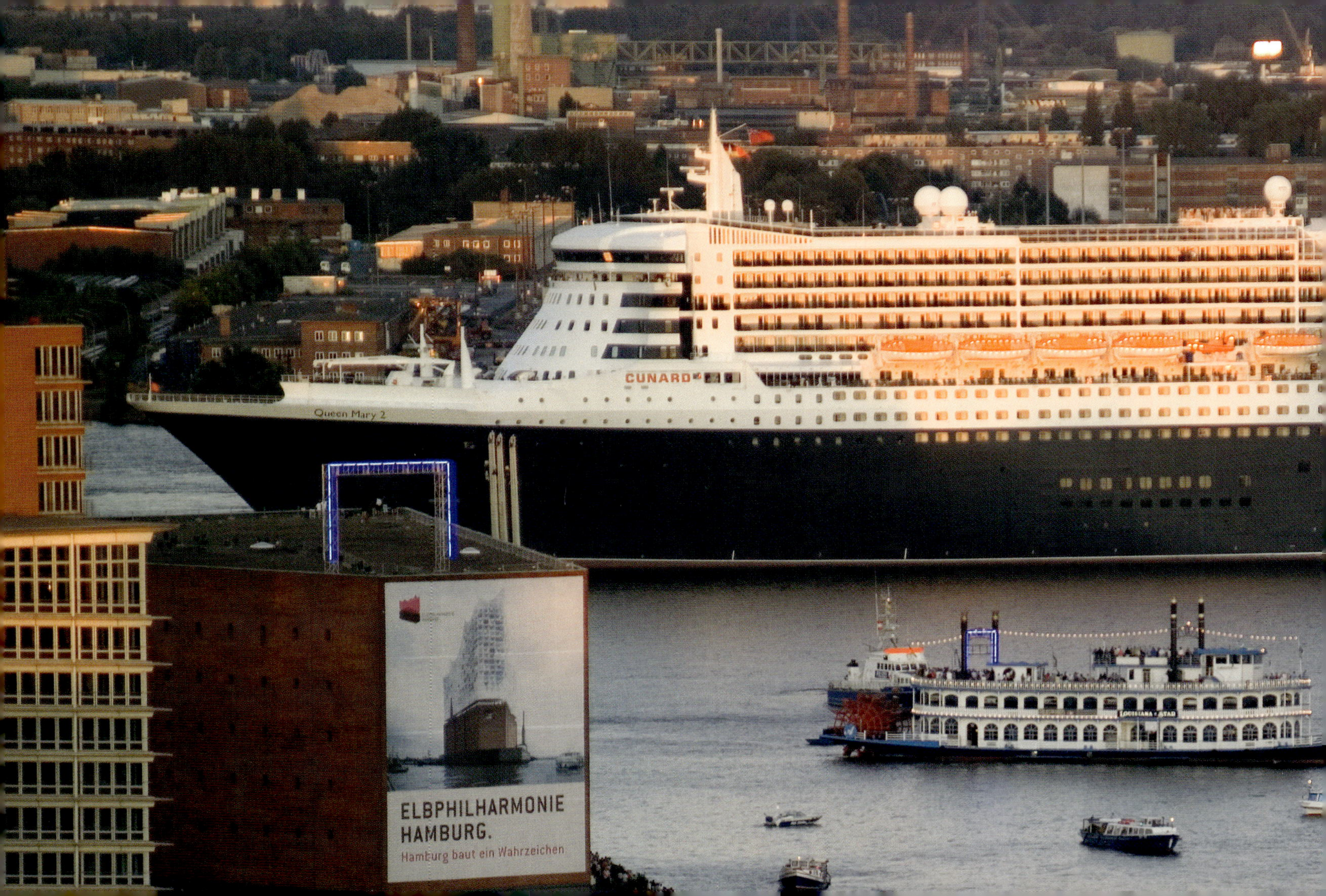
CUNARD
Queen Mary 2
ELBPHILHARMONIE
HAMBURG.
Hamburg baut ein Wahrzeichen

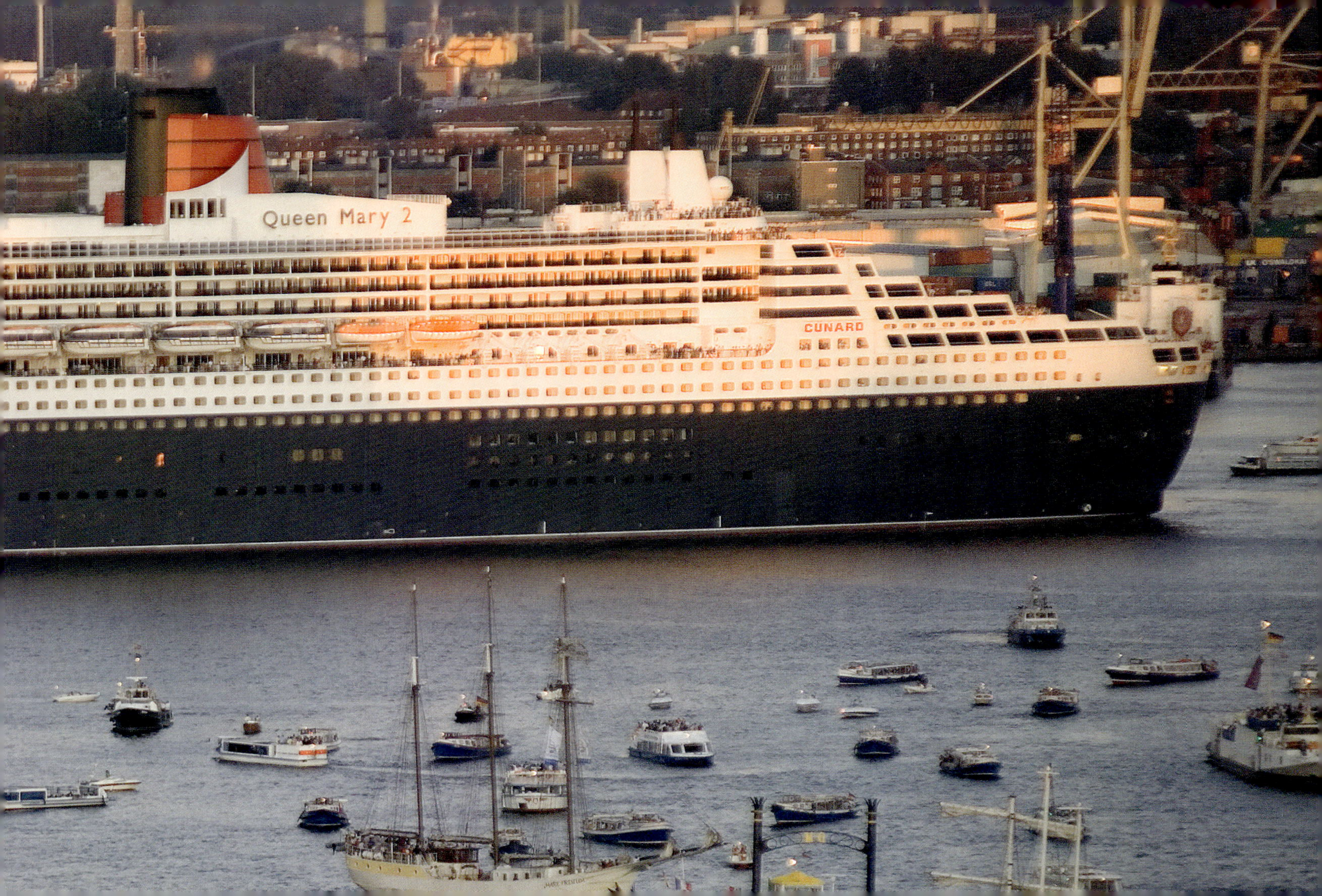
Queen Mary 2
CUNARD

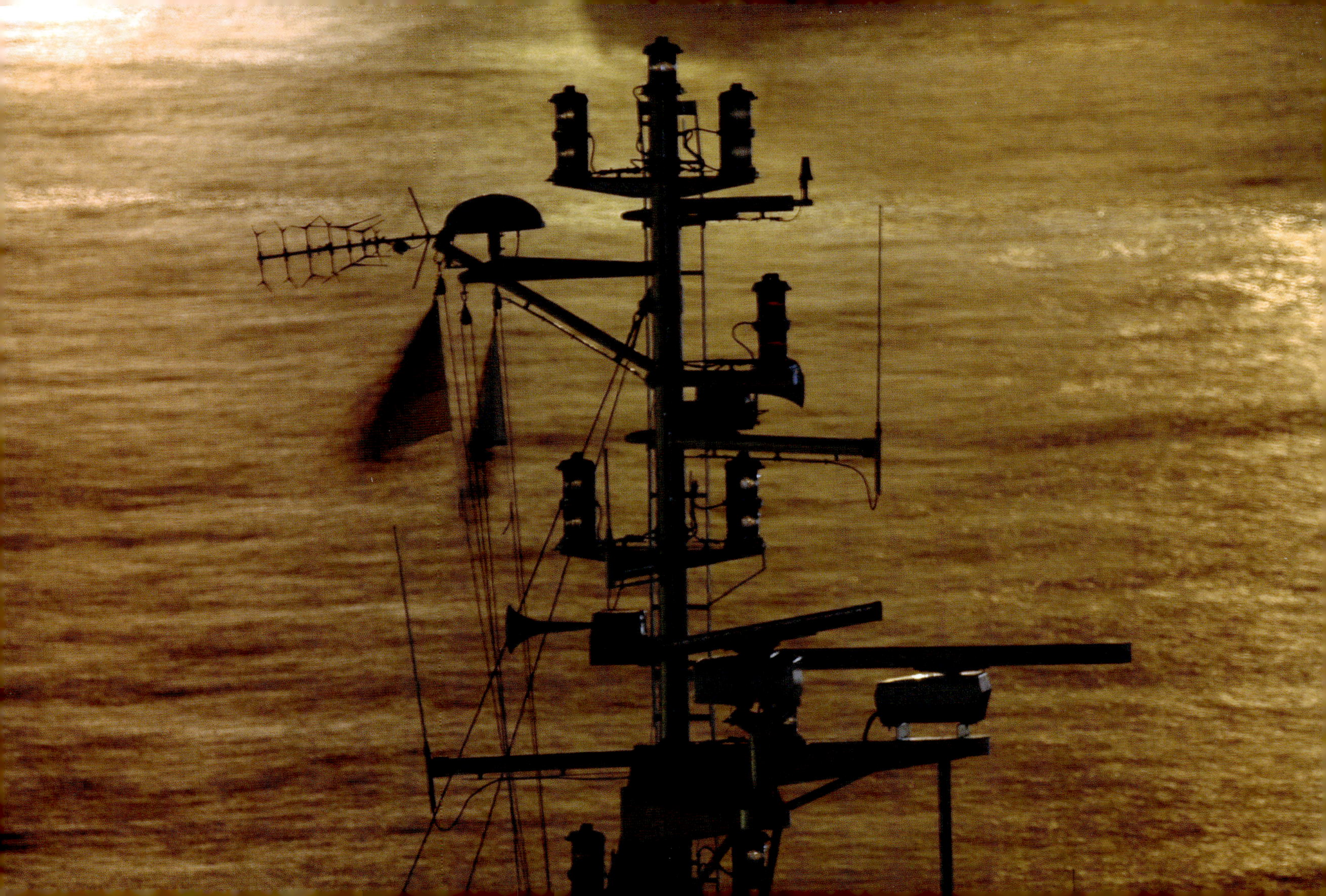

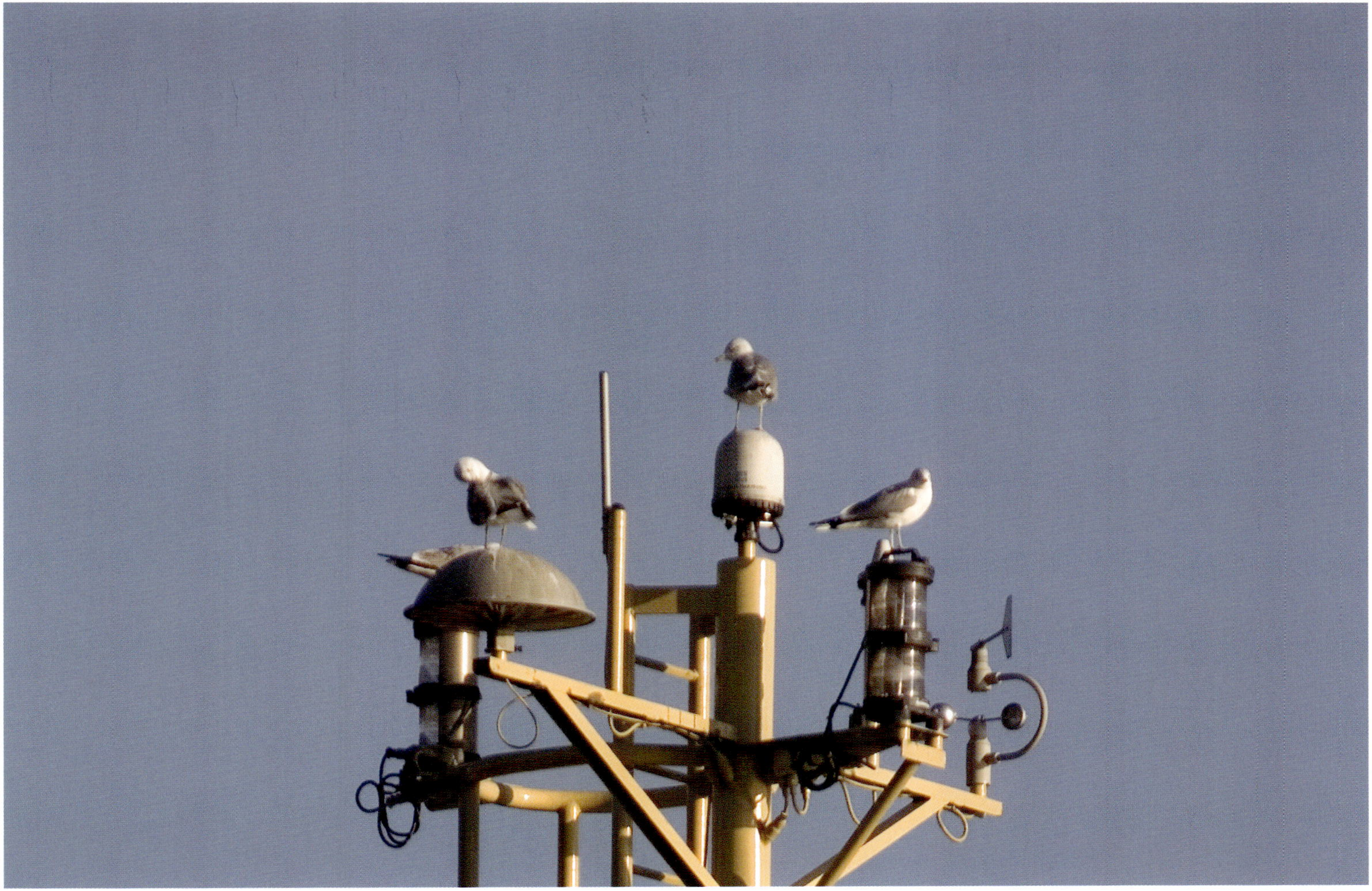

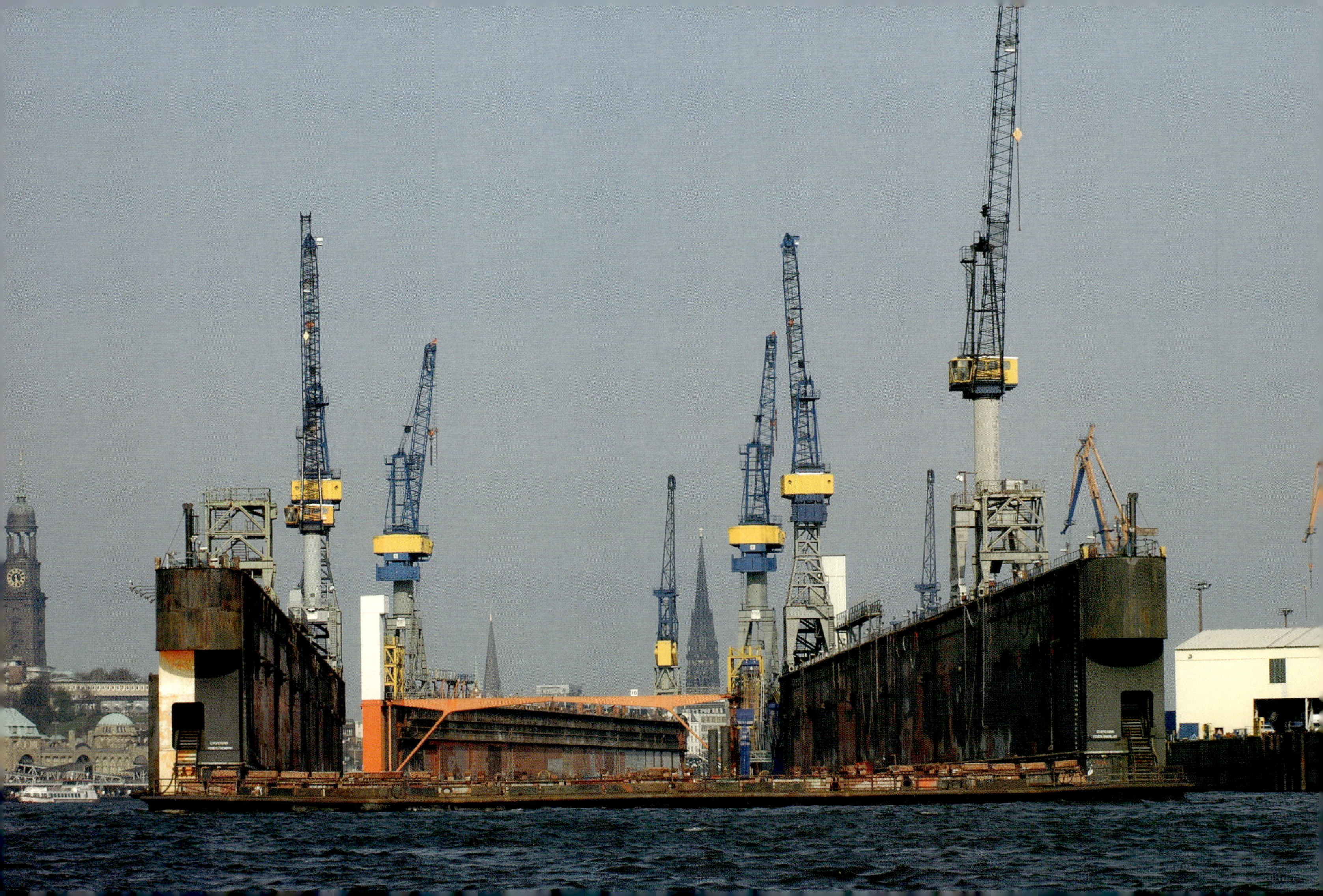

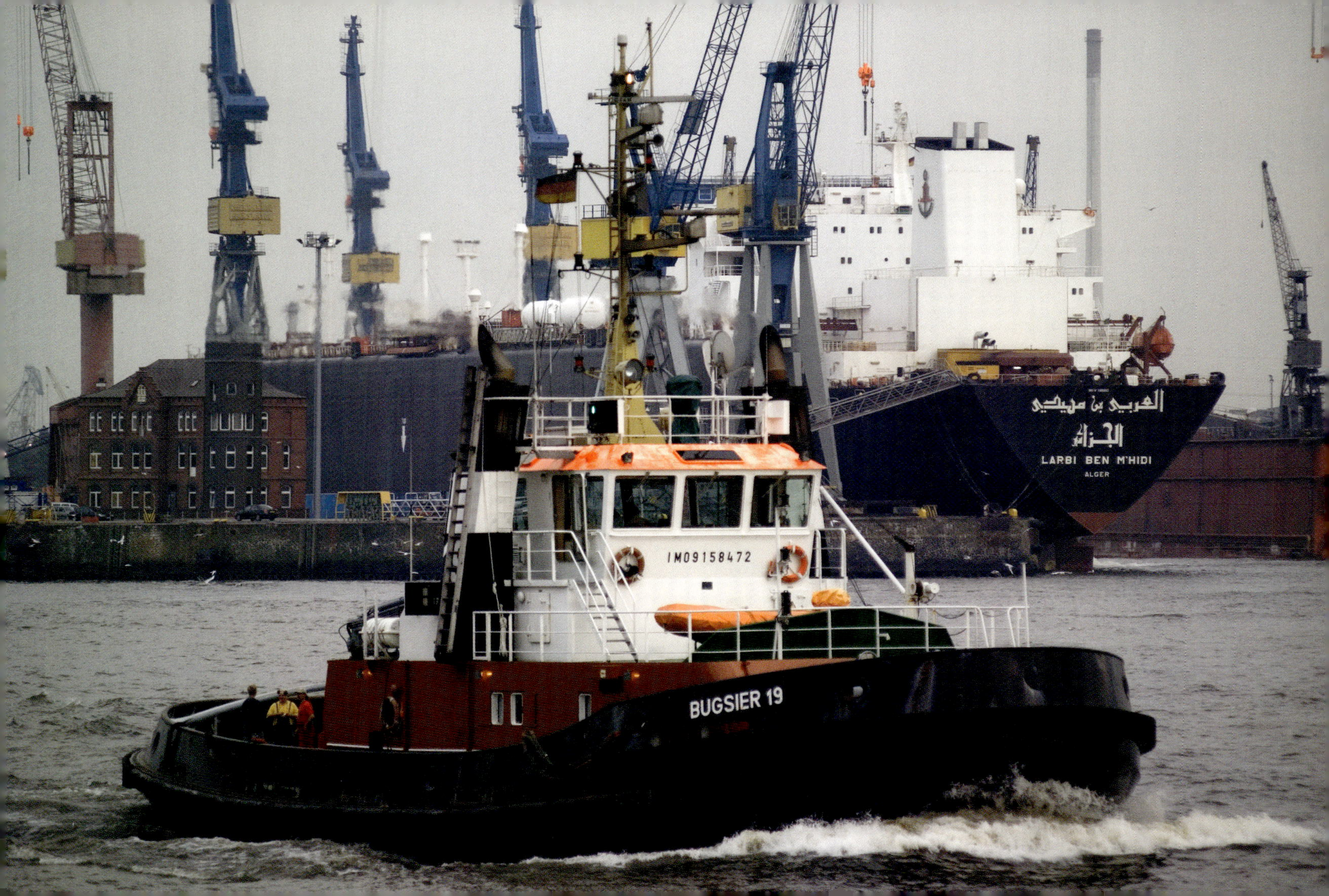

IMO9158472
BUGSIER 19
LARBI BEN M'HIDI
ALGER

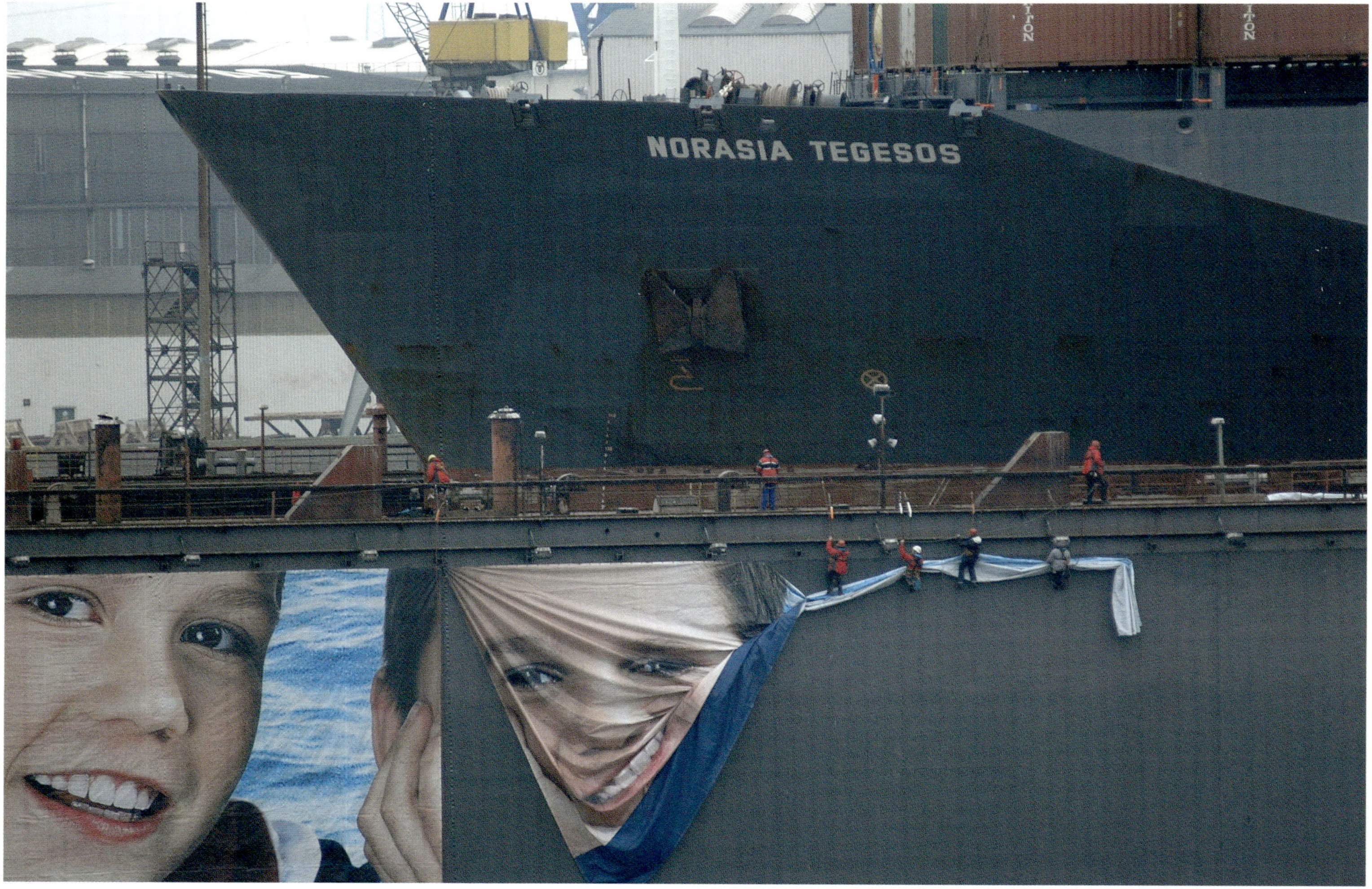
NORASIA TEGESOS

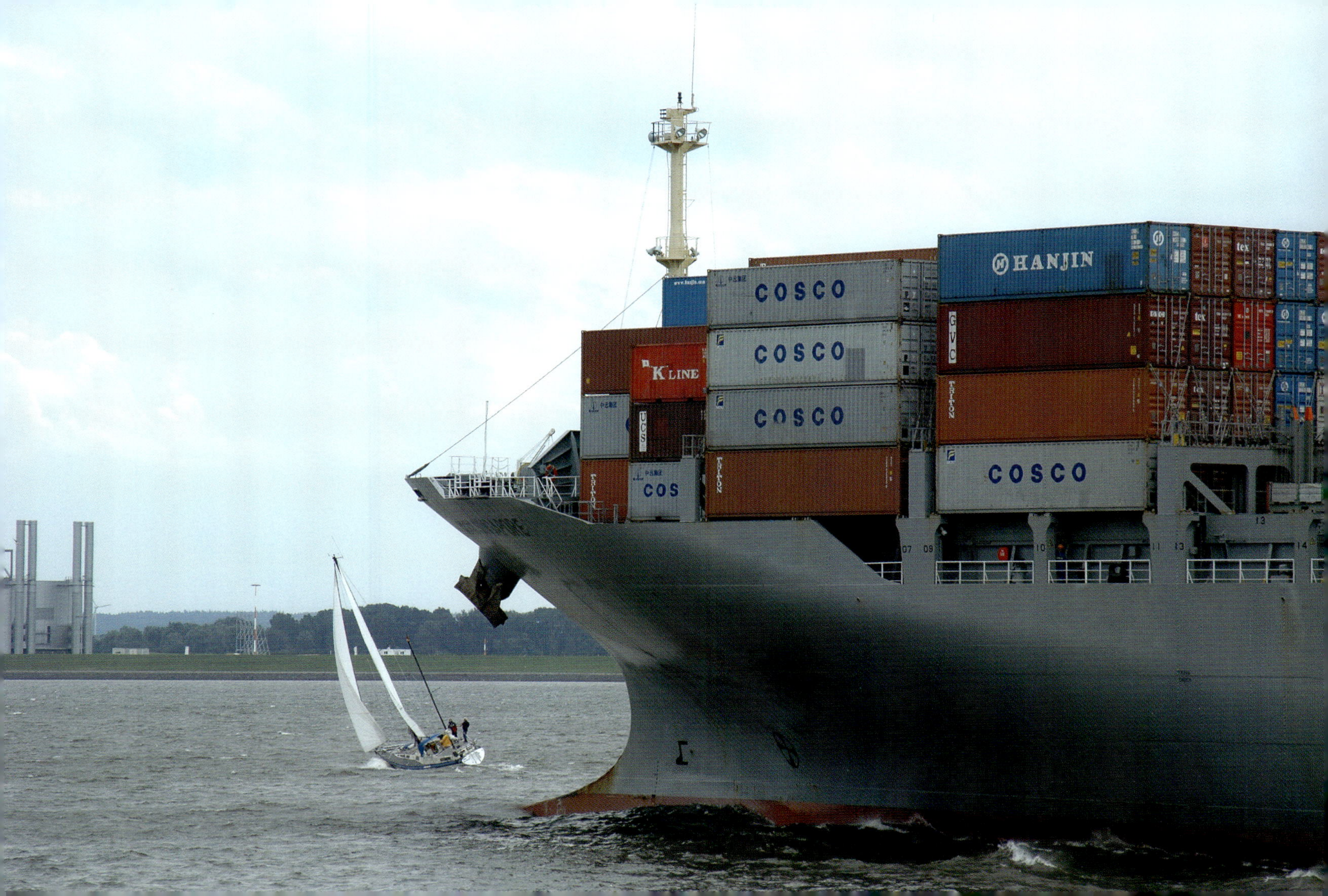

HANJIN
COSCO
COSCO
COSCO
K LINE
COSCO
COS
TRITON
TRITON
GVC
UCS

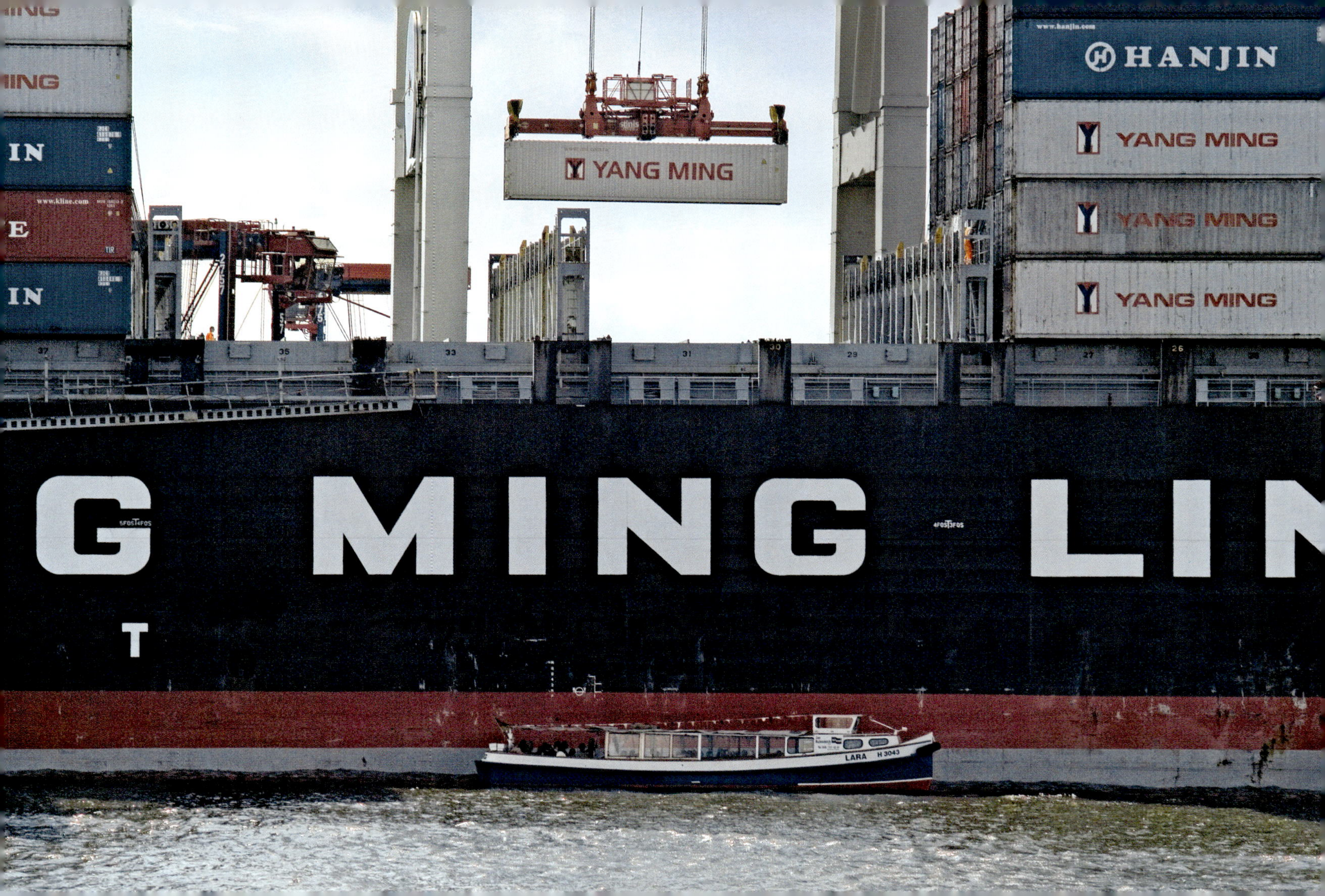
HANJIN
YANG MING
YANG MING
YANG MING
YANG MING
G MING LIN
LARA H 3043

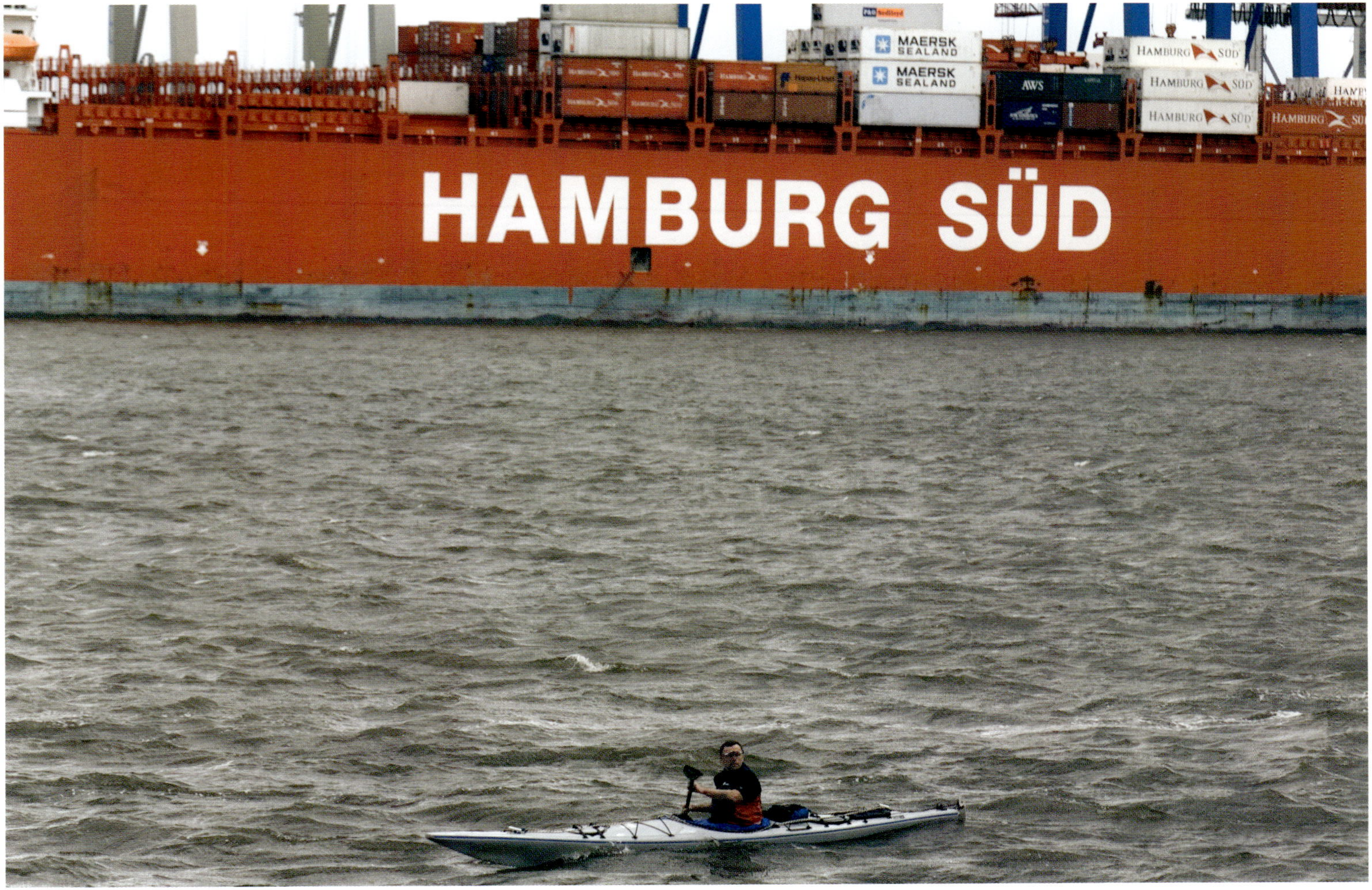
HAMBURG SÜD
MAERSK SEALAND
MAERSK SEALAND
HAMBURG SÜD
HAMBURG SÜD
HAMBURG SÜD
AWS

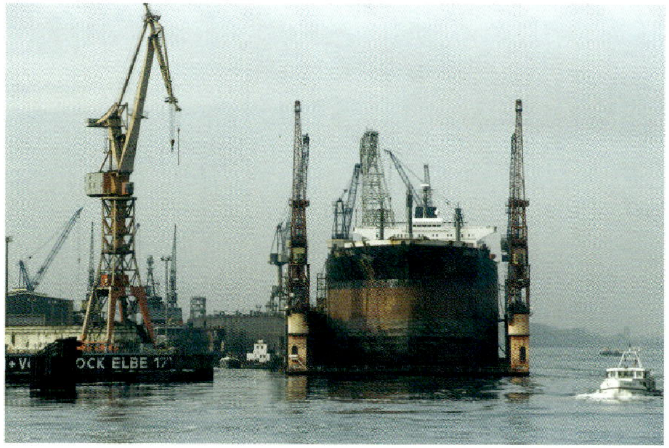
OCK ELBE 17

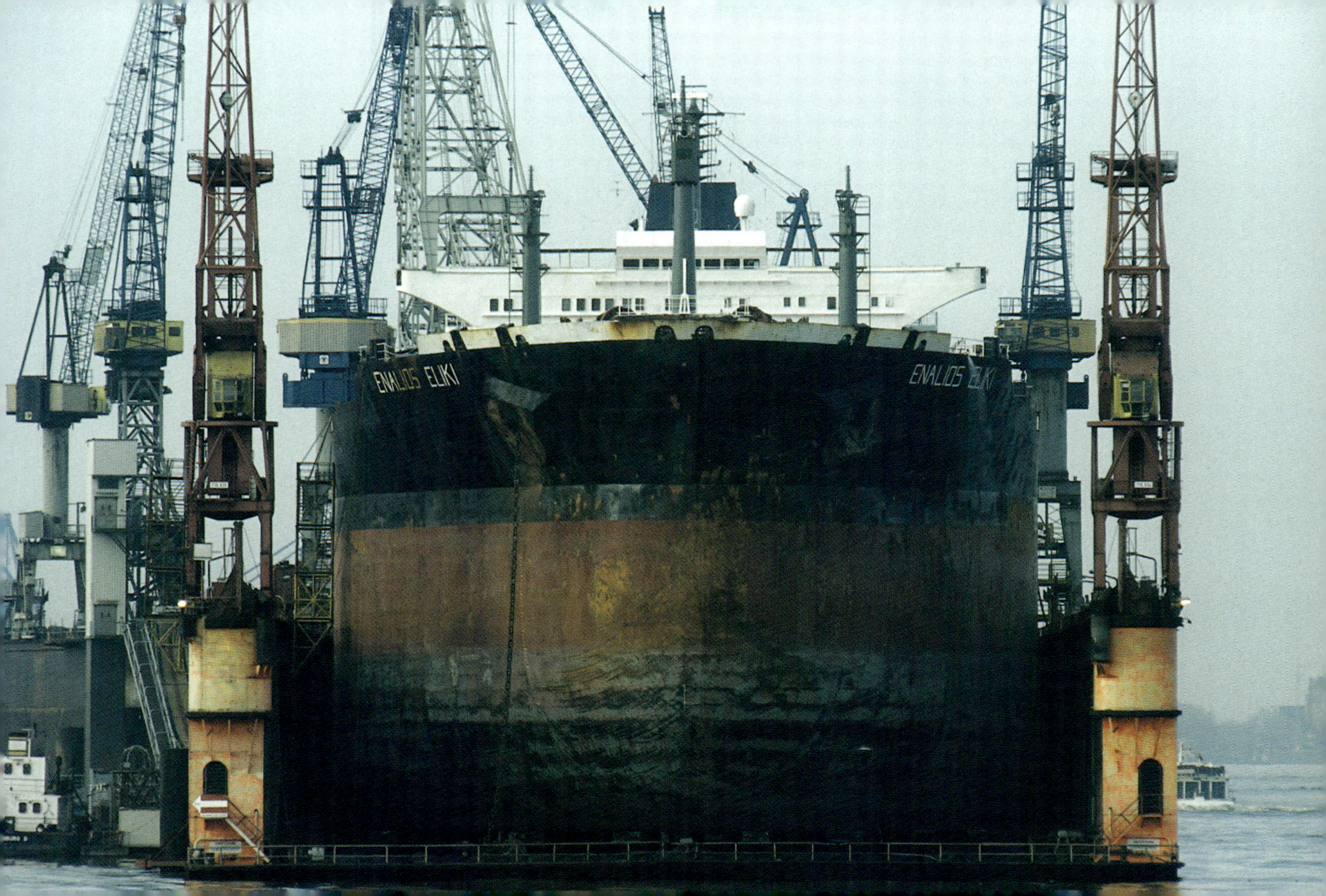
ENALIOS ELIKI
ENALIOS ELIKI

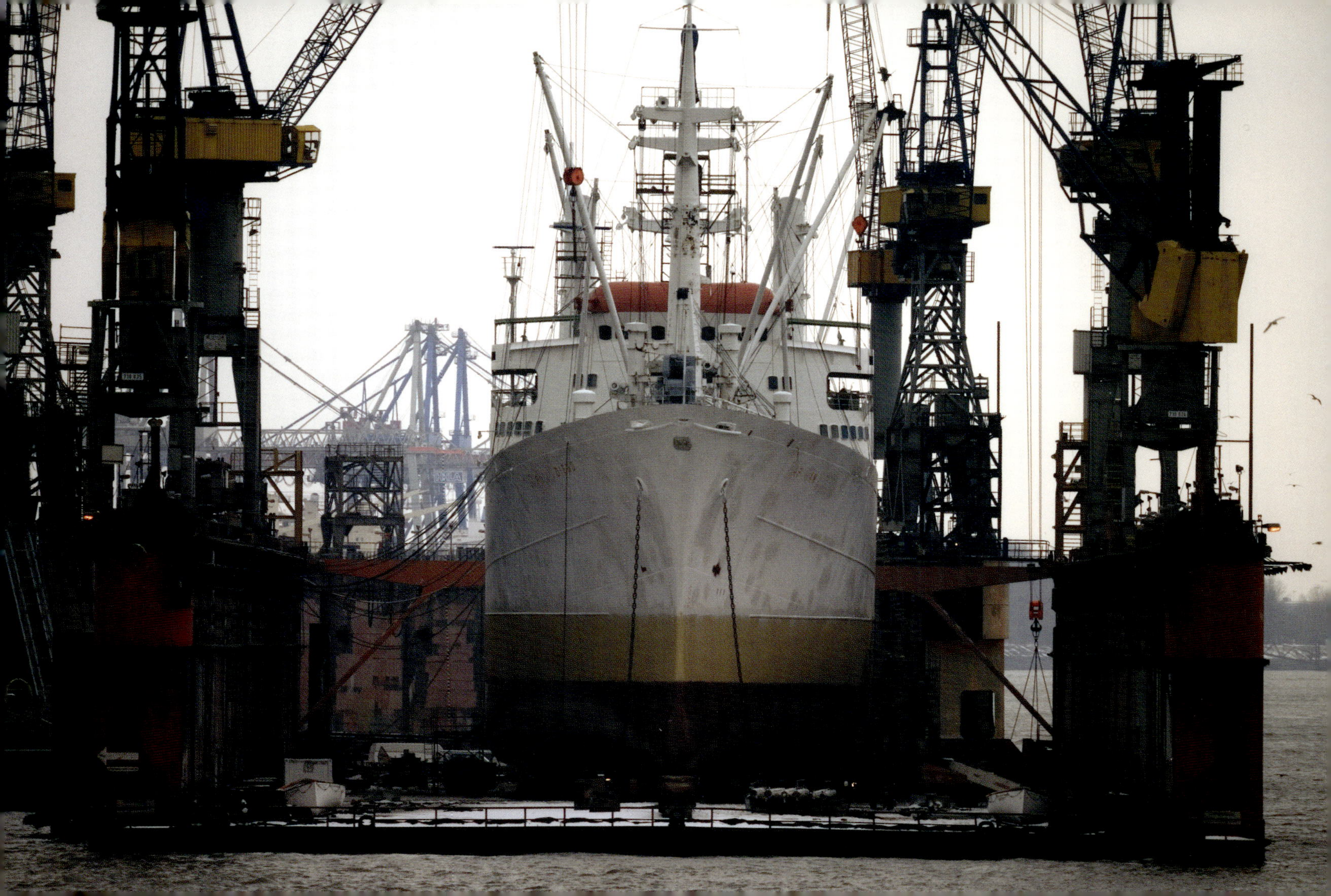

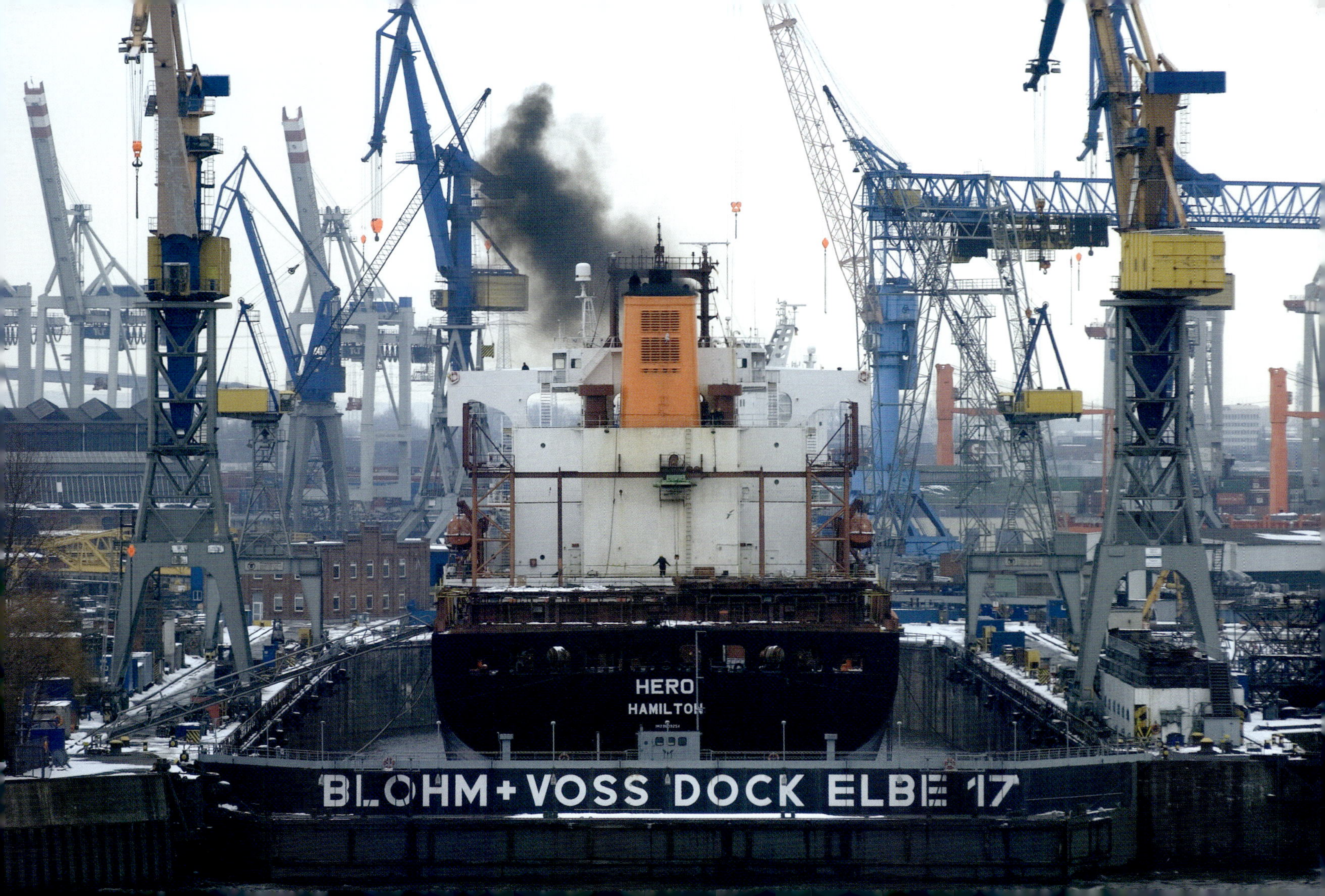
HERO
HAMILTON
BLOHM+VOSS DOCK ELBE 17

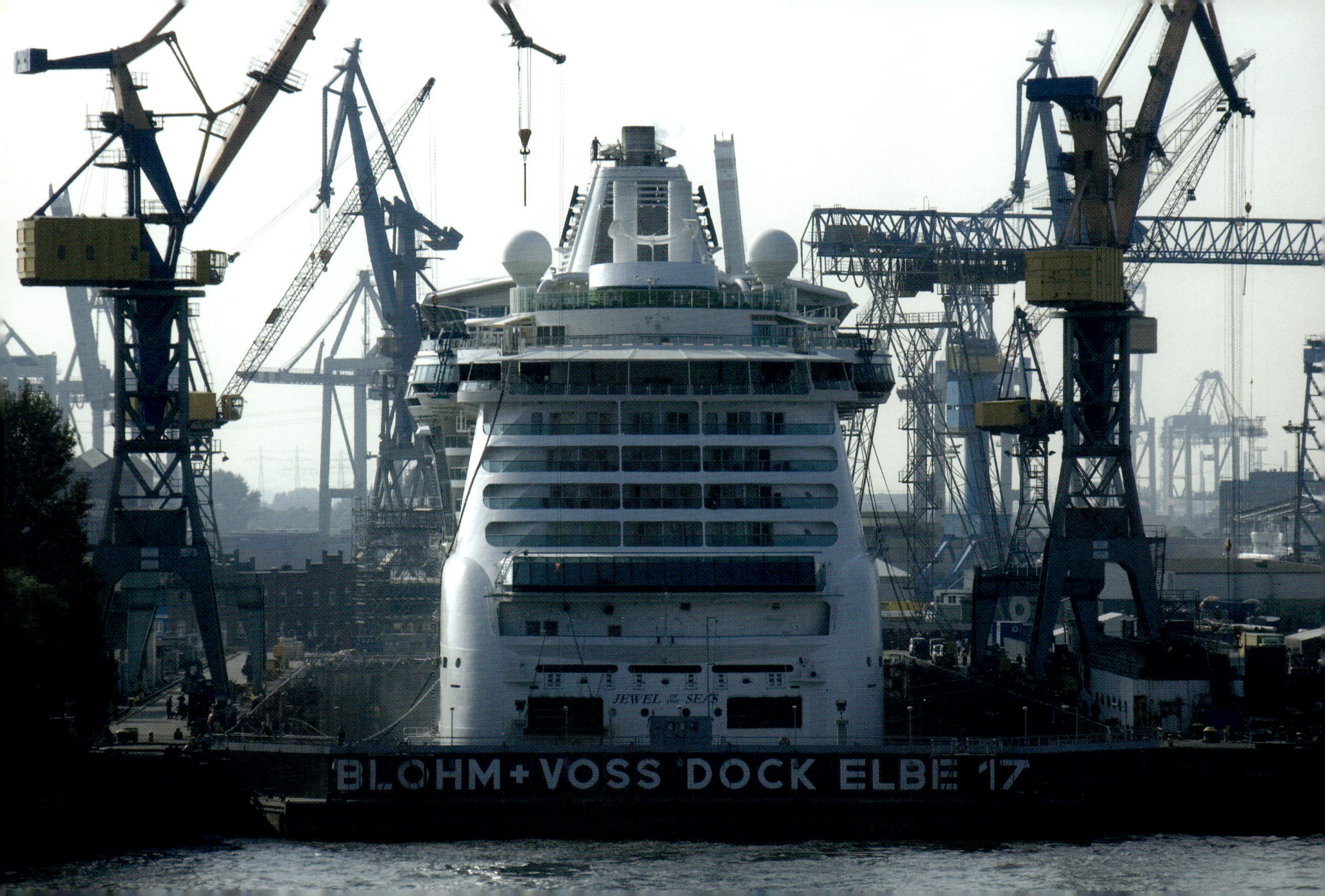
JEWEL OF THE SEAS
BLOHM+VOSS DOCK ELBE 17

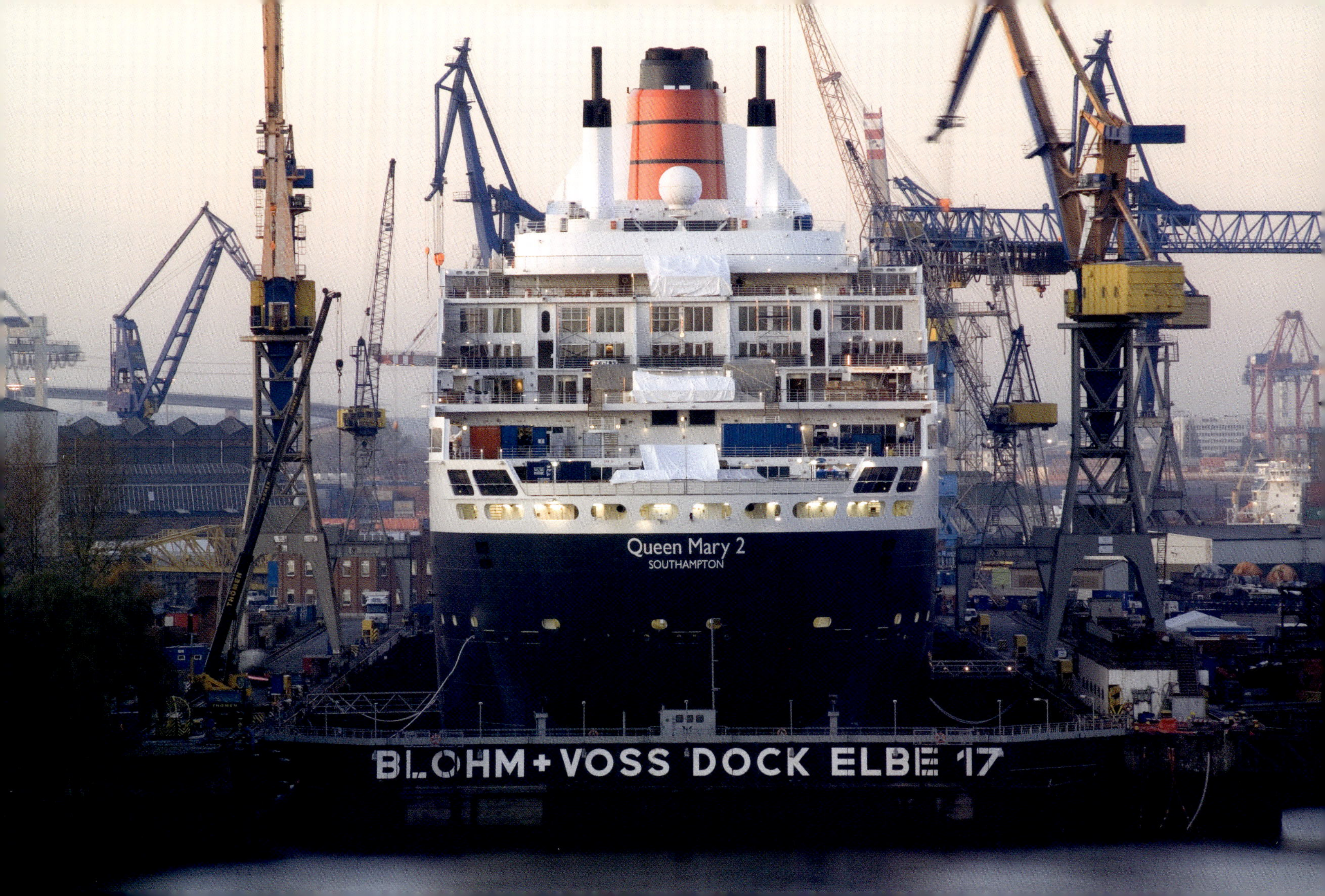
Queen Mary 2
SOUTHAMPTON
BLOHM + VOSS DOCK ELBE 17

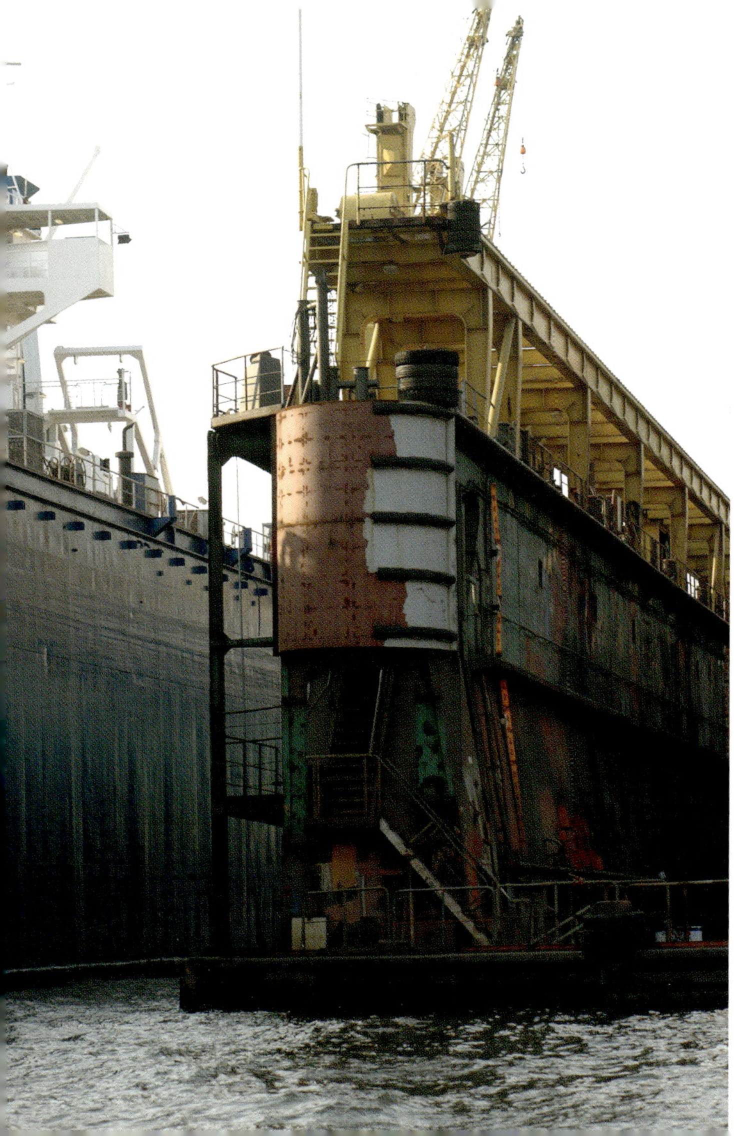

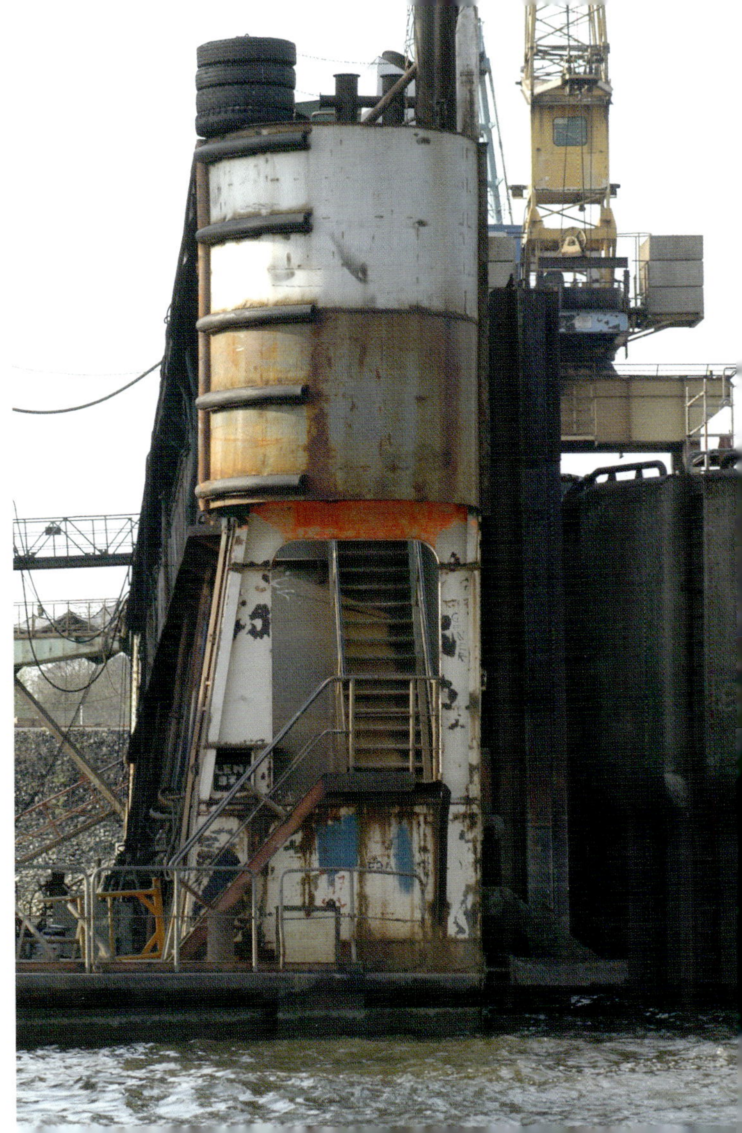

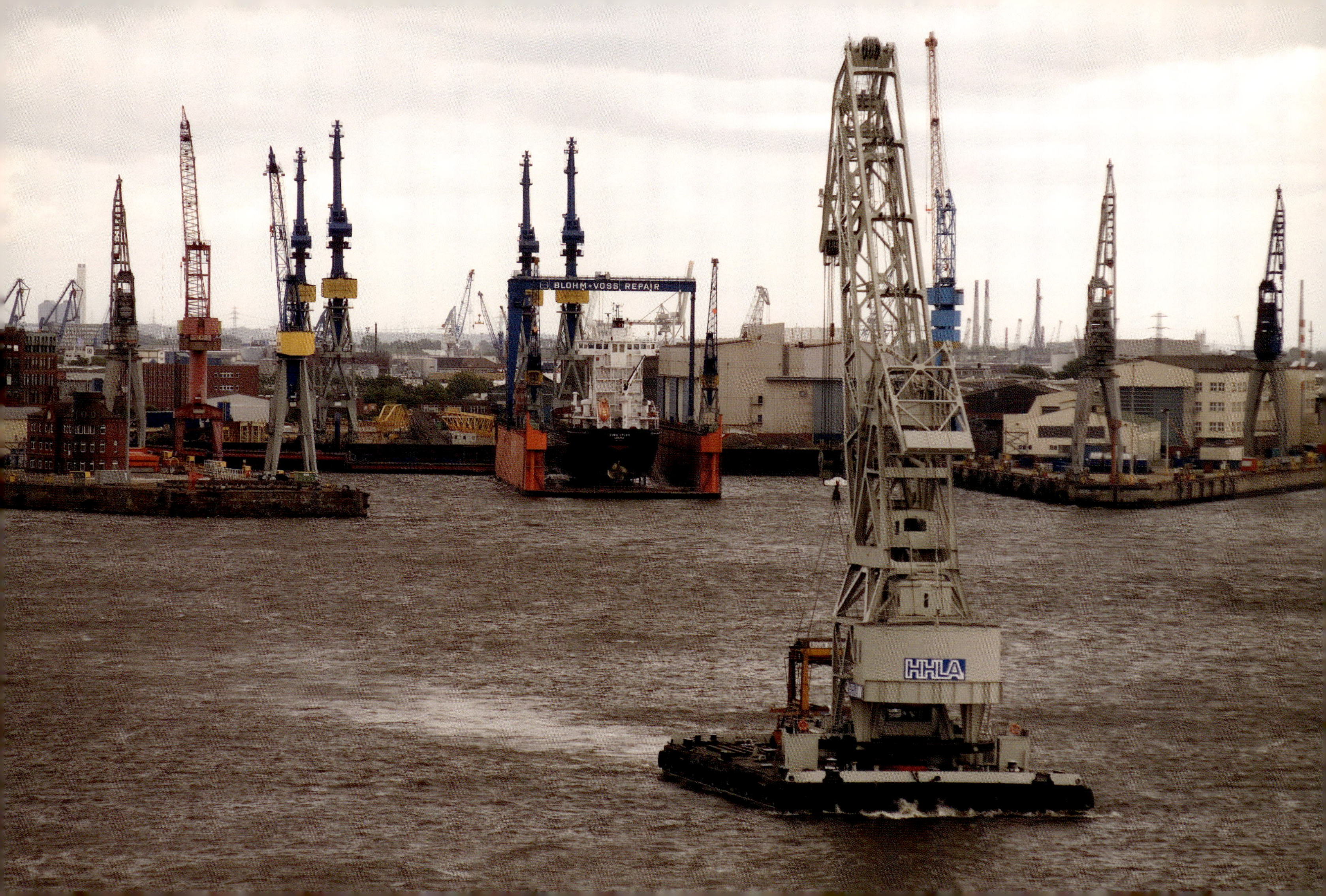
BLOHM+VOSS REPAIR
HHLA

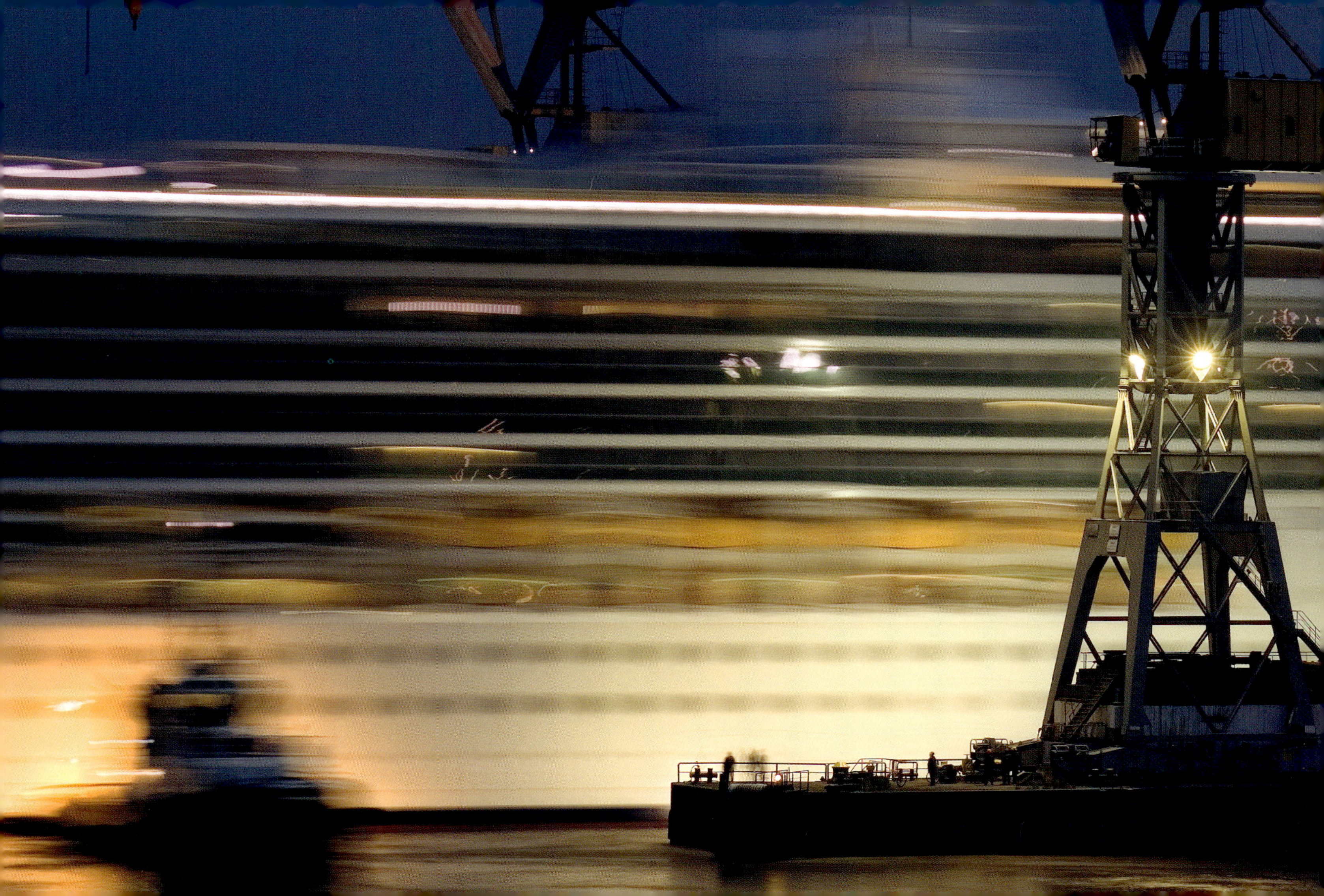

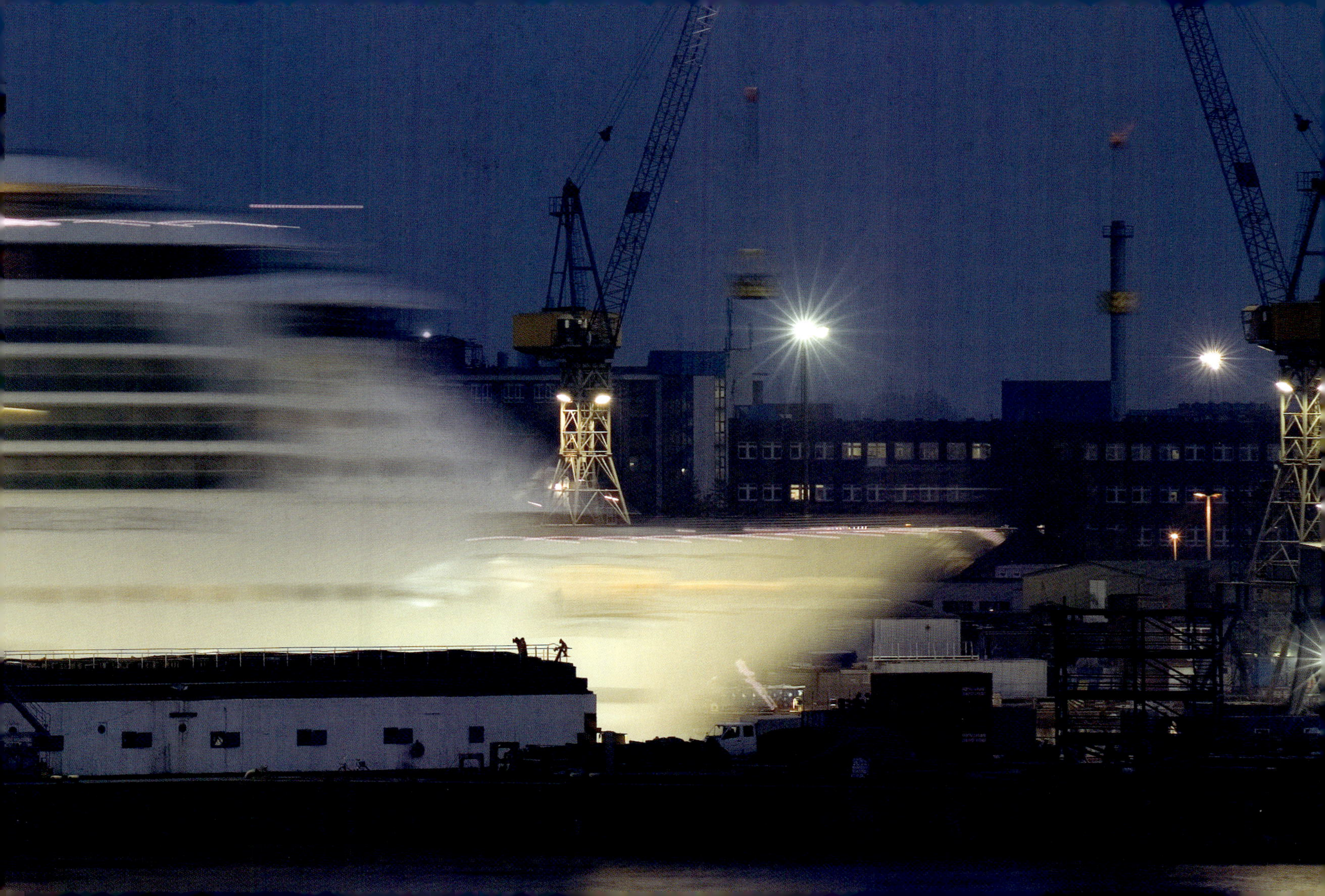

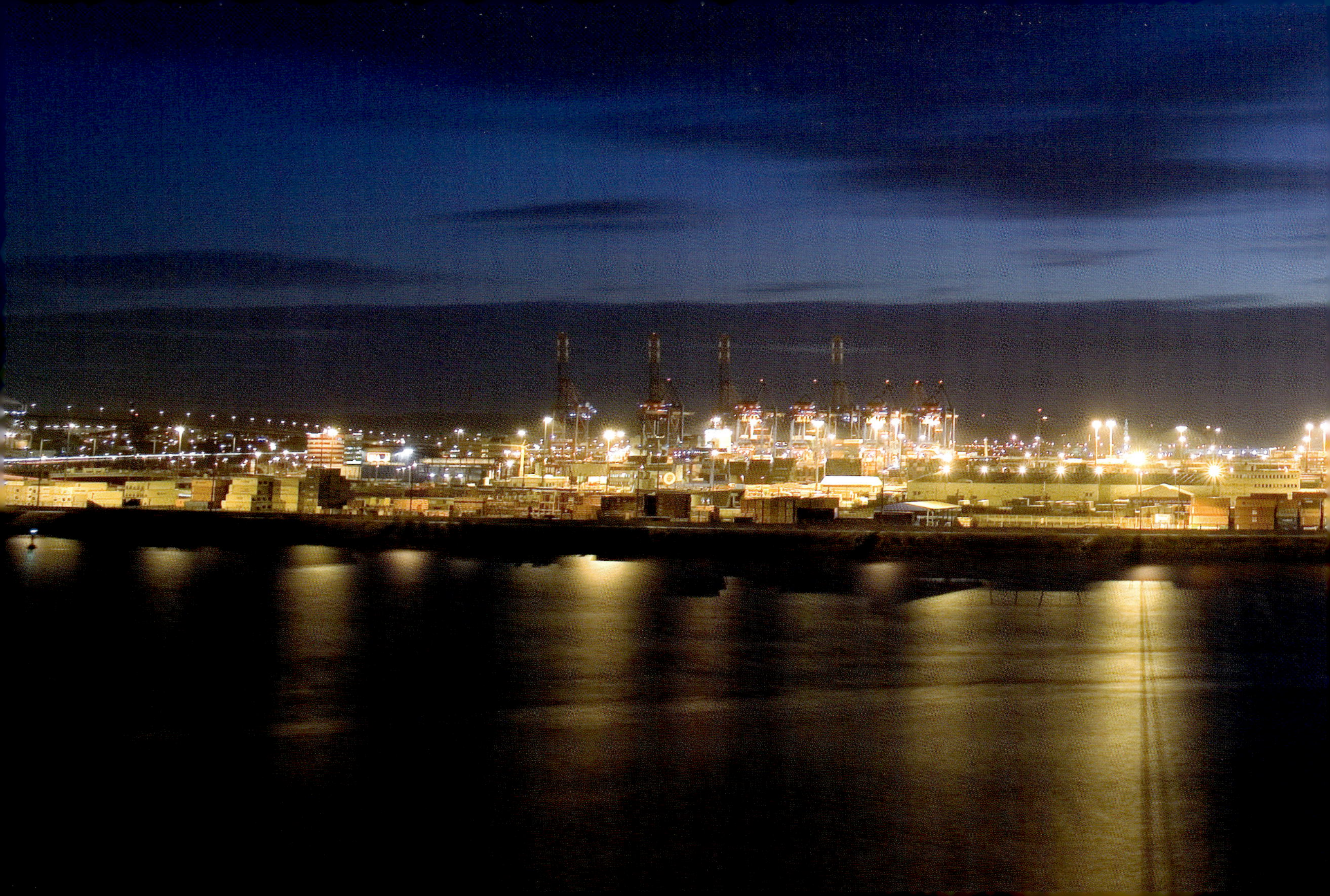

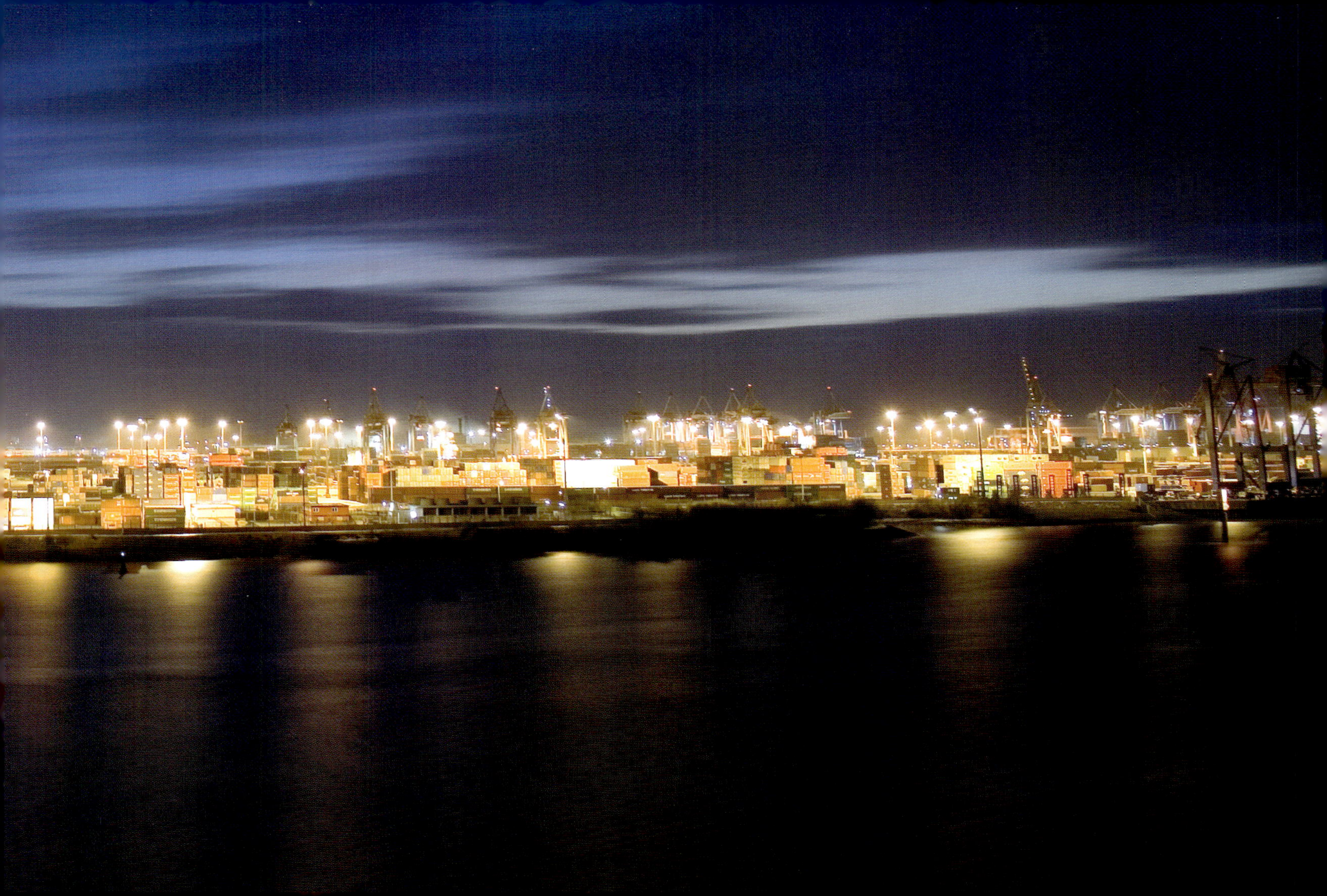

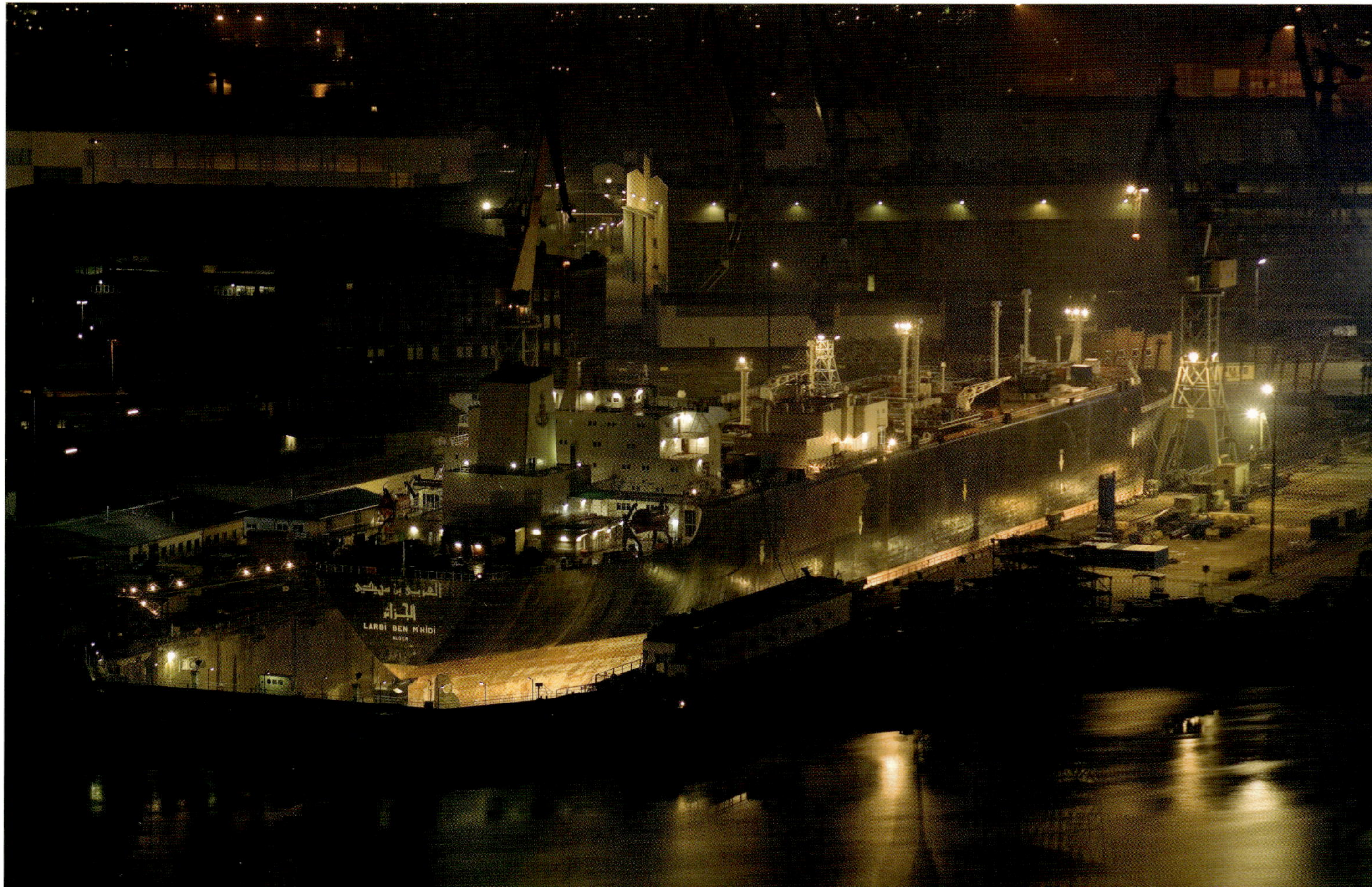
العربي بن مهيدي
الجزائر
LARBI BEN M'HIDI
ALGER

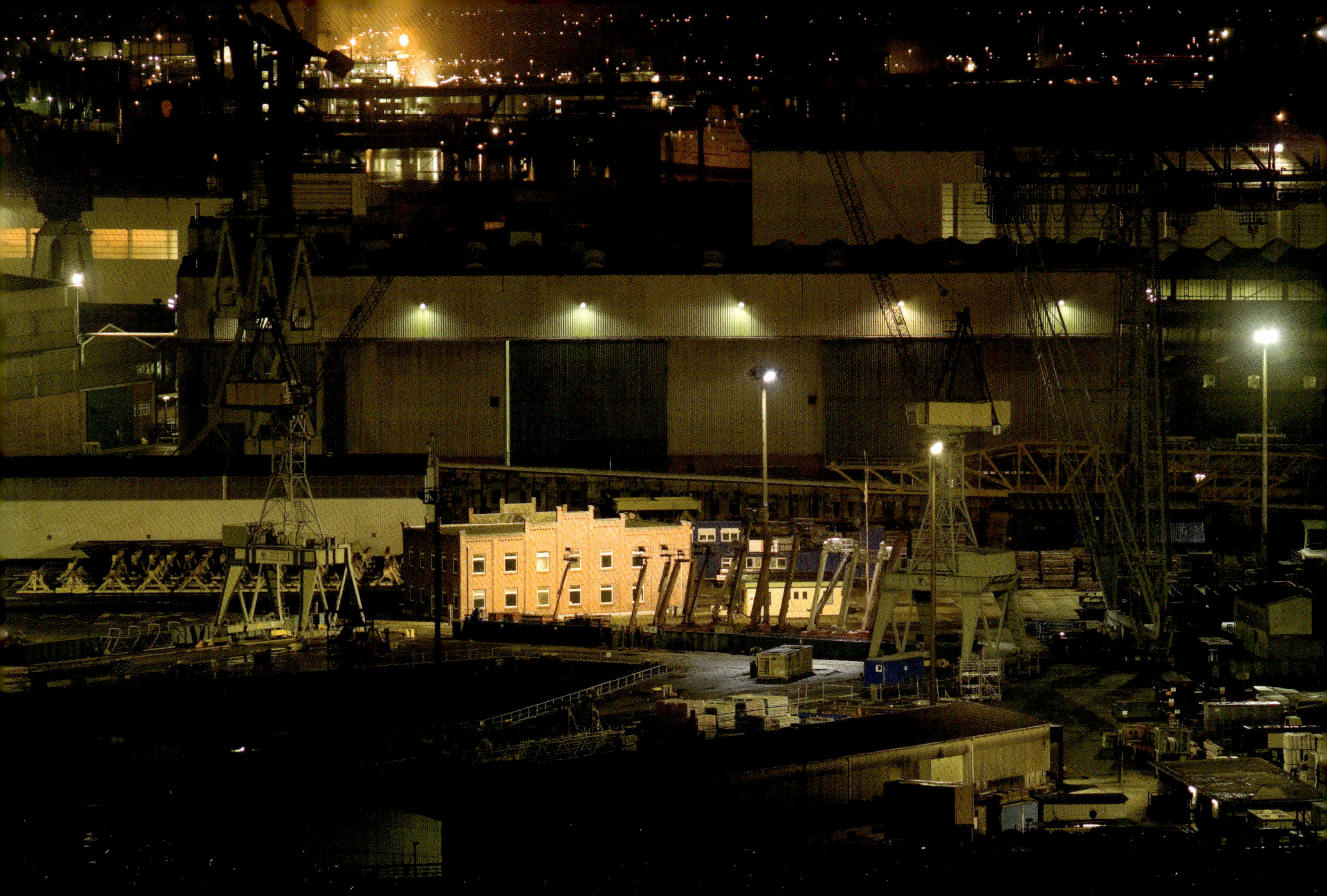

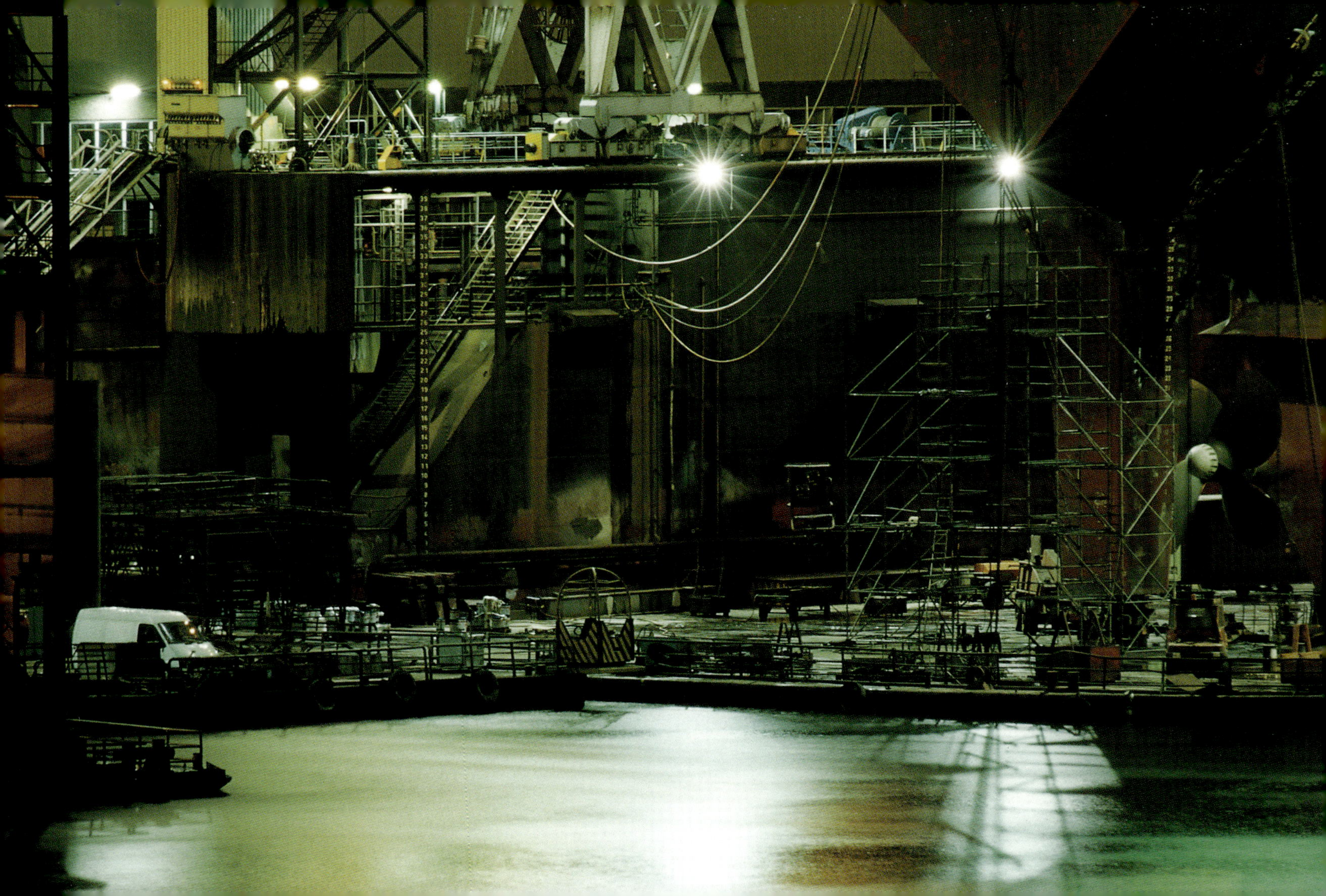

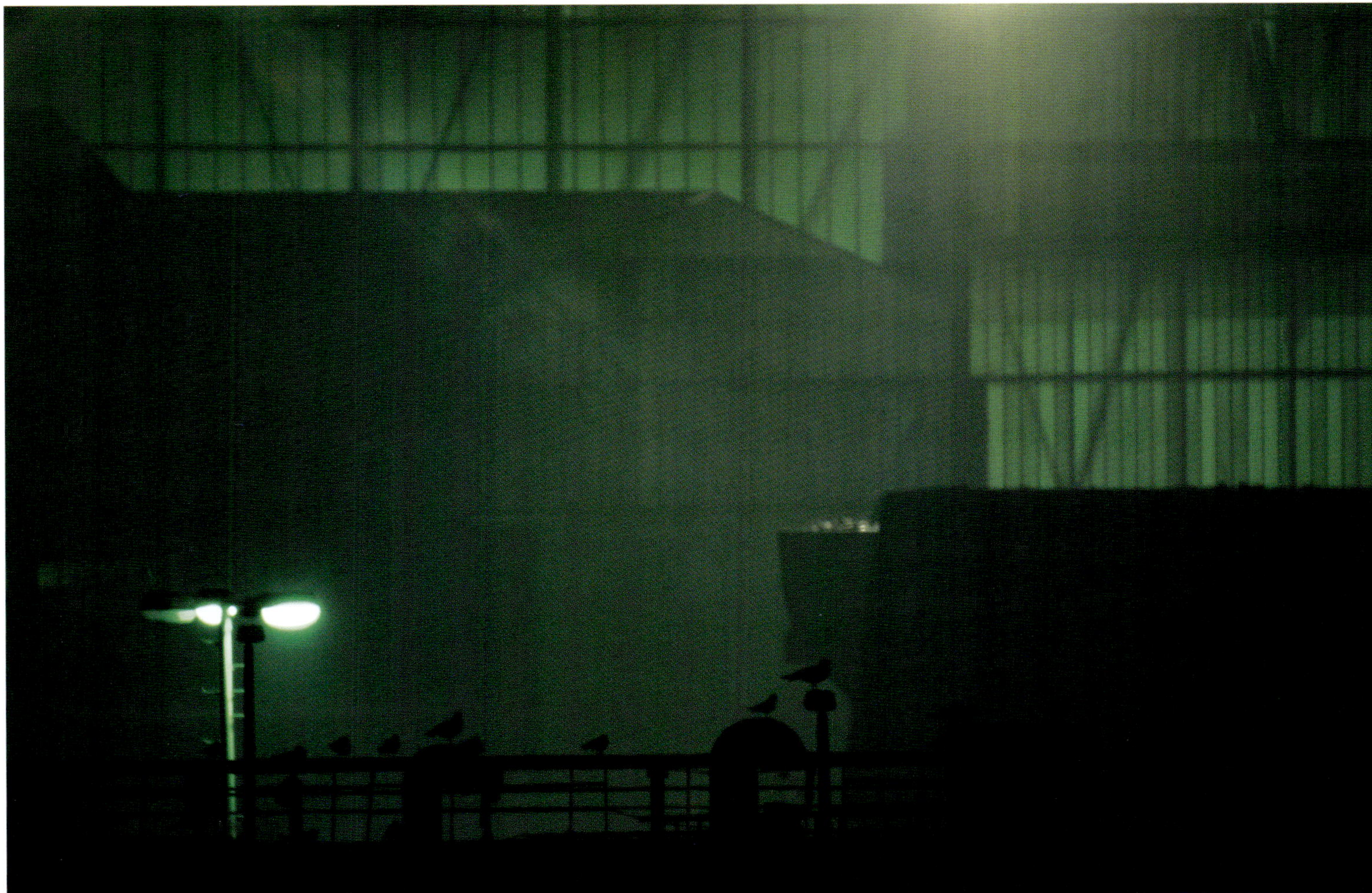

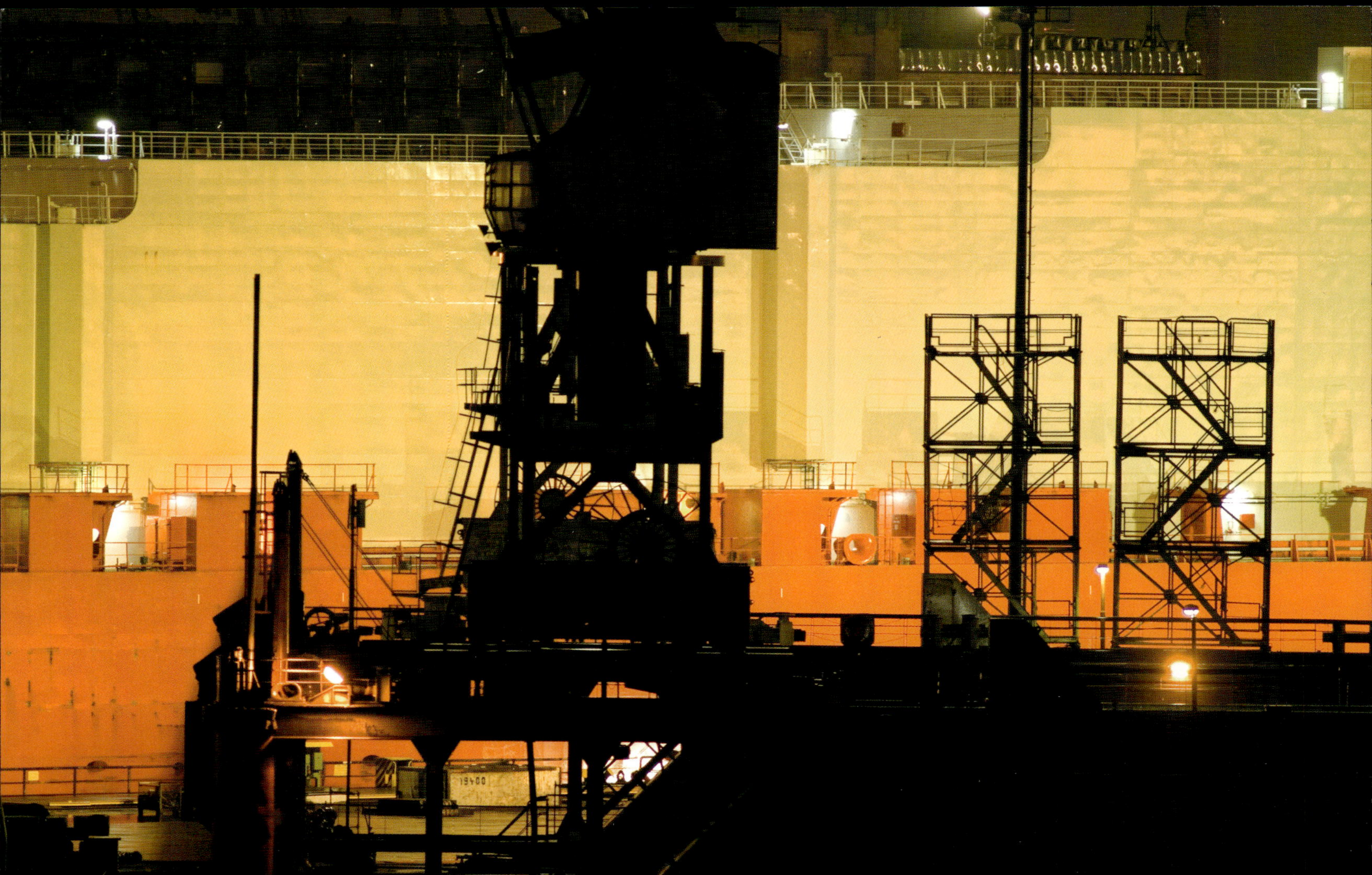
19400

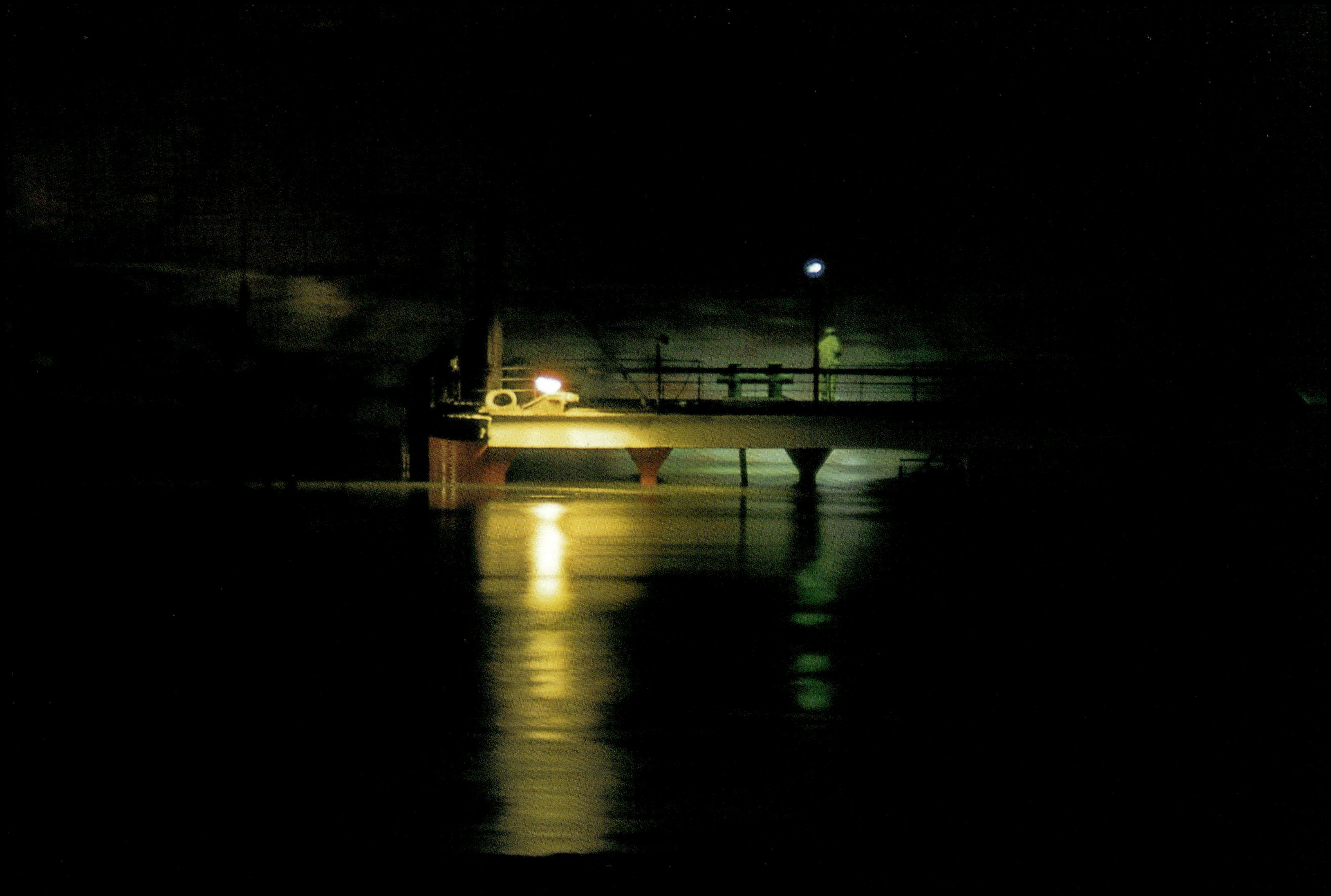

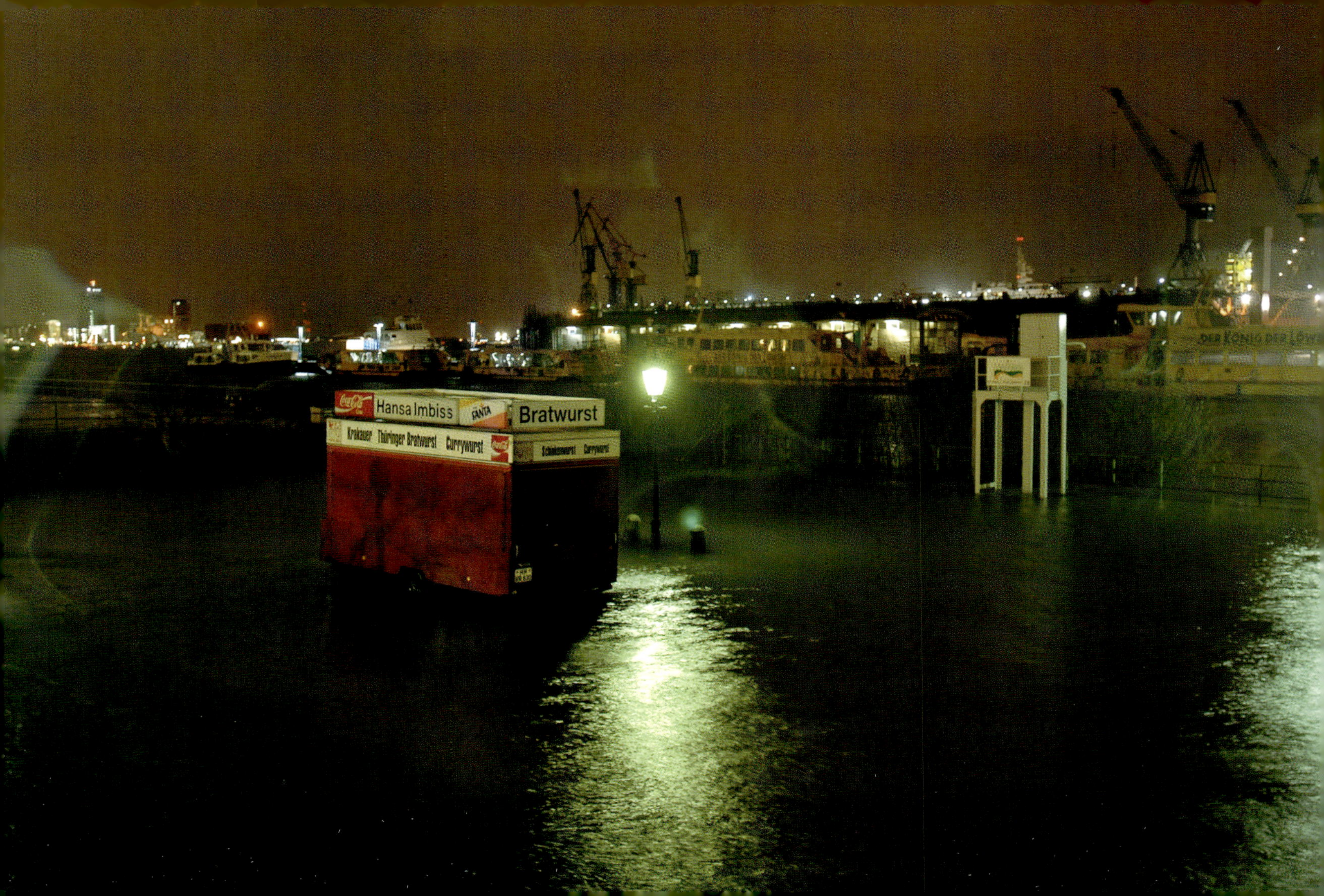
Hansa Imbiss
Bratwurst
Krakauer Thüringer Bratwurst Currywurst
Schinkenwurst Currywurst

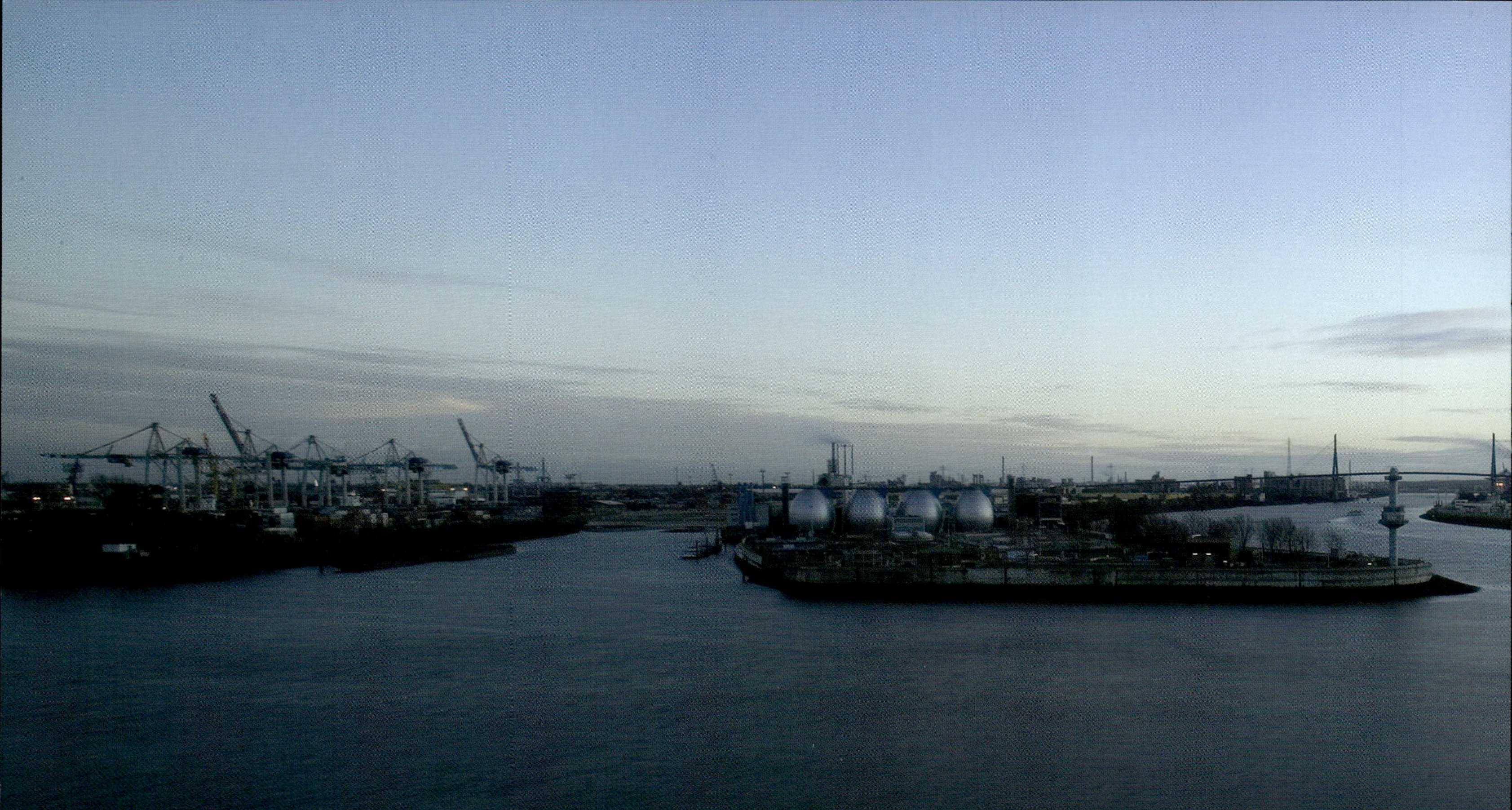

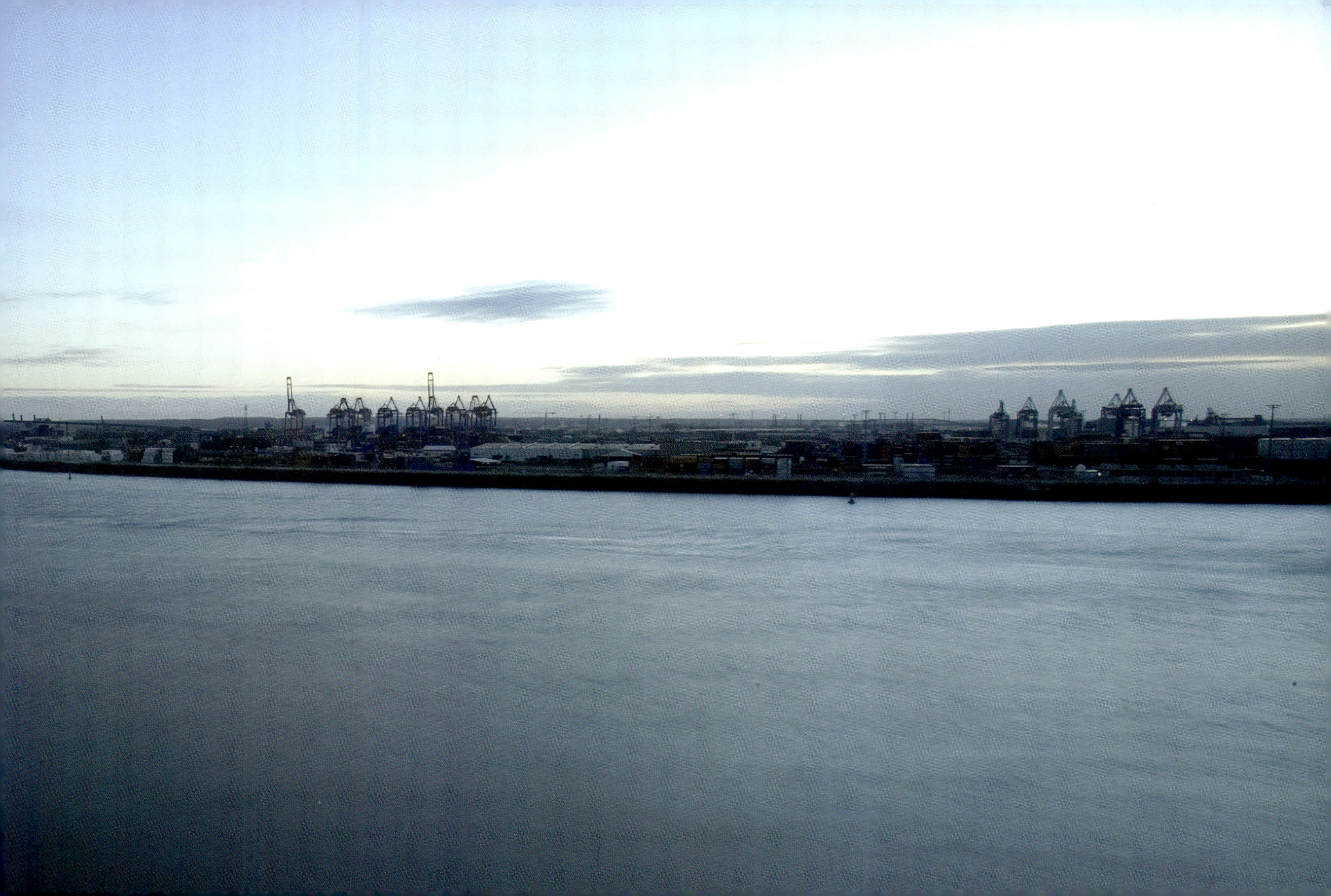

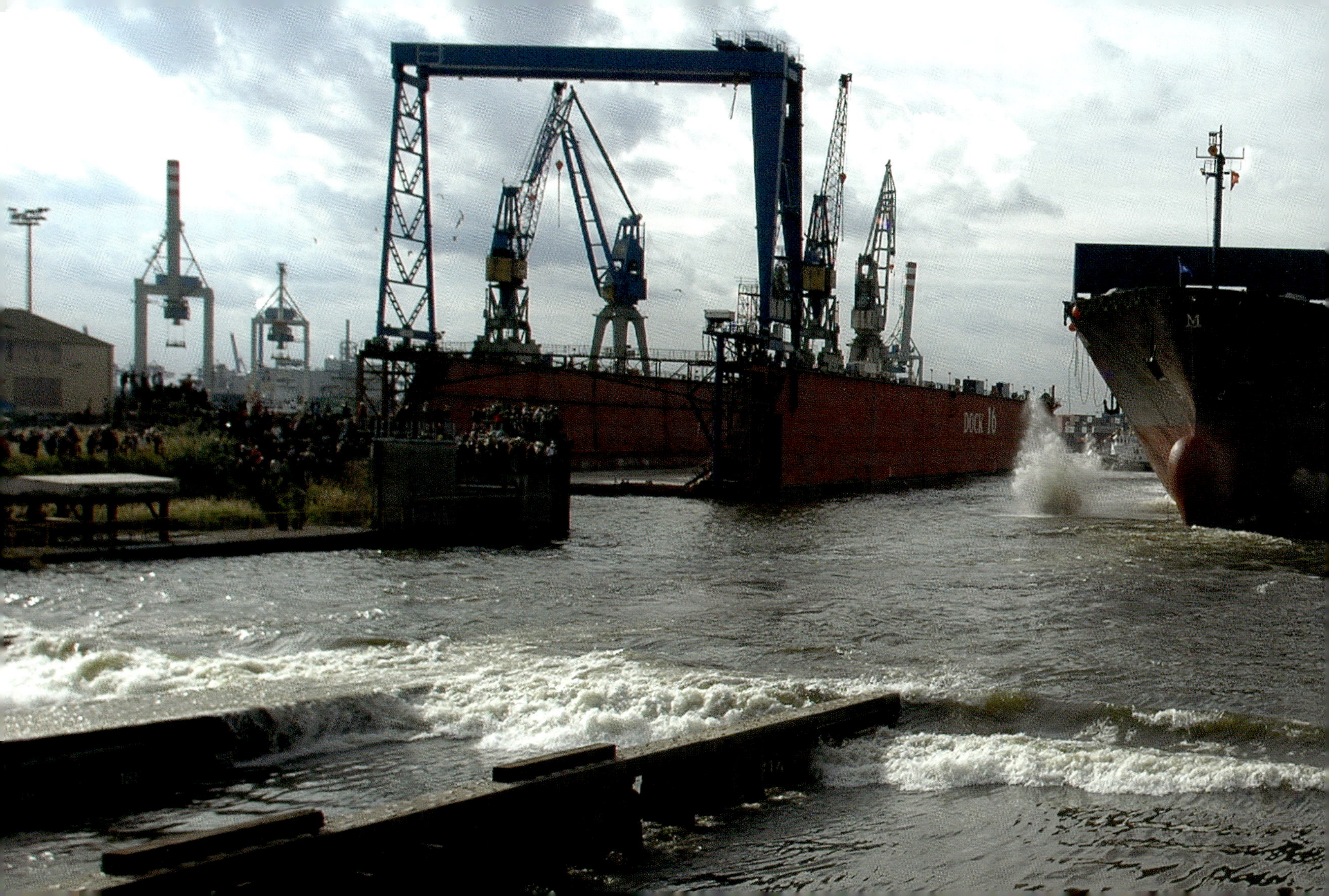
DOCK 16

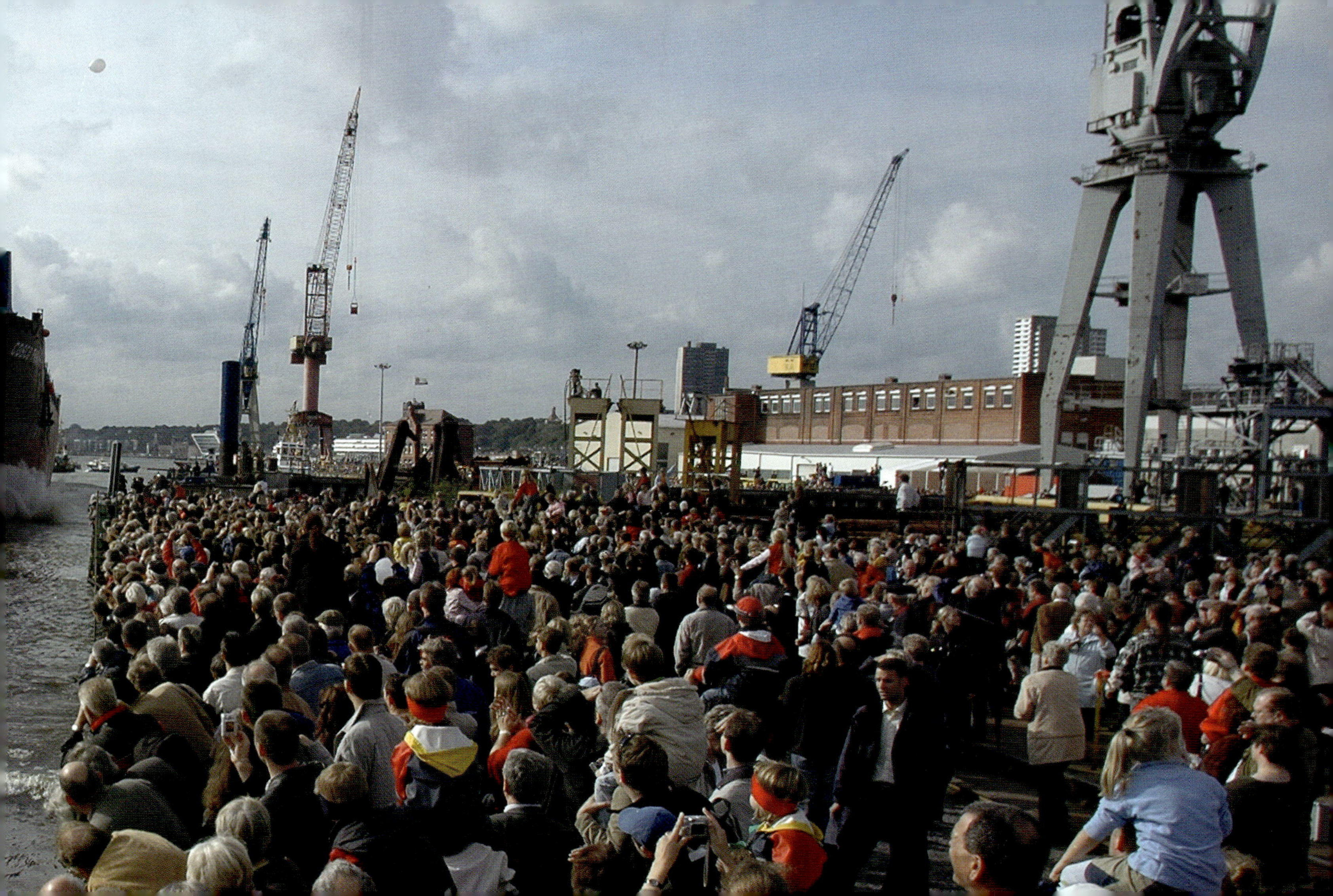

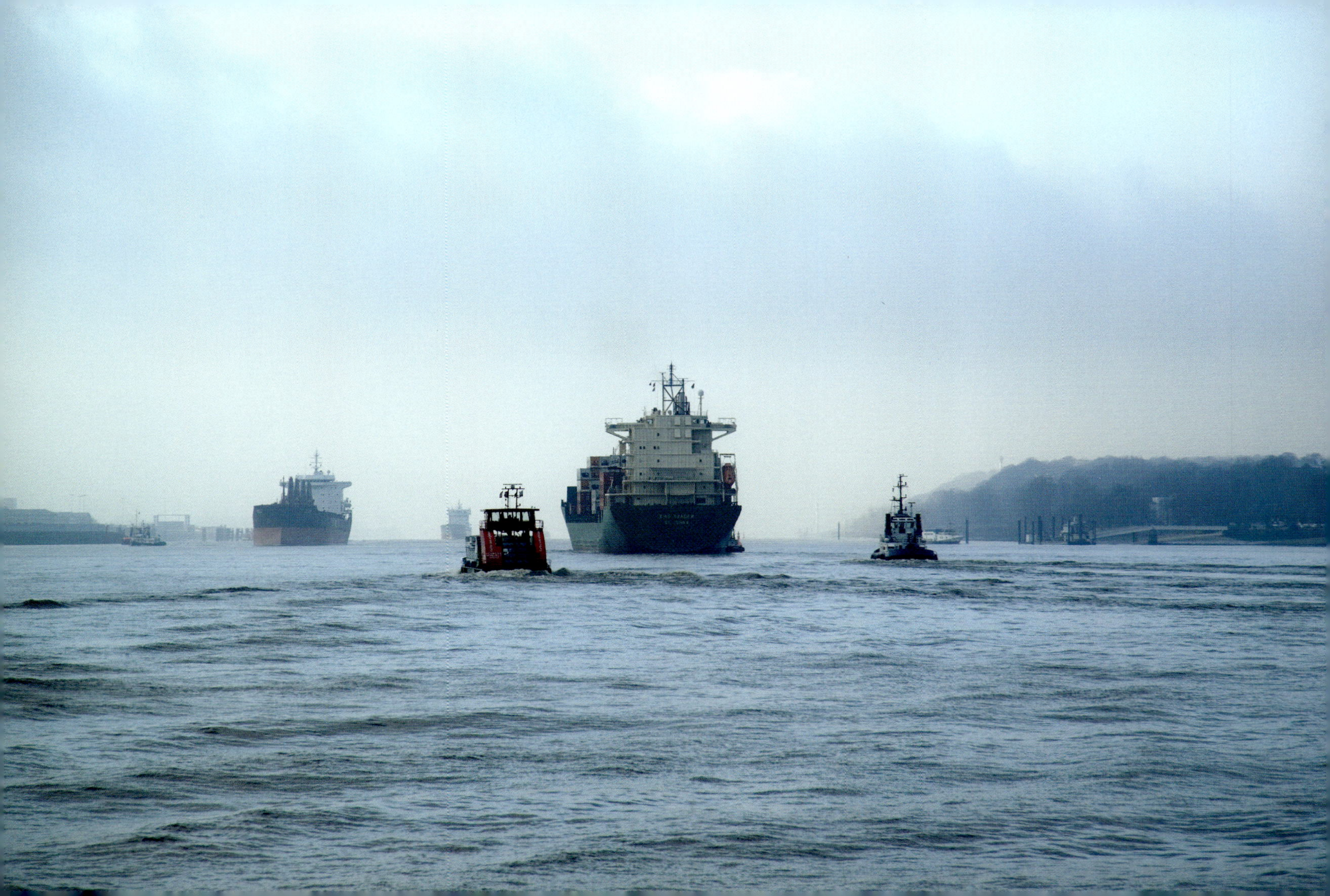

Register

Seite 038
29/08/1998
Schiffsbrücke

Seite 039
01/01/1998
Norderelbe an
Silvester

Seite 041
06/02/2005

Seite 042
22/03/1997
Peute

Seite 044
27/01/2007
Kaispeicher A

Seite 045
17/10/2006

Seite 046
11/02/2007
Fischmarkt

Seite 047
02/08/2006
Niedernfelder Brücke
zwischen Saale-
und Spreehafen

Seite 048
03/12/2006
Schuppen am
Versmannkai

Seite 050
28/04/1996
Kirchenpauerstraße

Seite 051
10/01/1998
Norderwerft

Seite 052
19/05/2007
Im Kaispeicher A

Seite 055
13/01/2008
Kaispeicher A

Seite 056
28/04/1996
am Versmannkai,
Baakenhafen

Seite 057
08/02/1998
Billbrook

Seite 059
02/08/2006
Wilhelmsburg

Seite 060
17/01/1998
Norderwerft

Seite 061
17/01/1998
Norderwerft

Seite 062
26/04/1997
Altes Kühlhaus
im Rosshafen

Seite 063
30/05/1997
Altes Kühlhaus
im Rosshafen

Seite 064
11/05/2002
Schwimmdock
am Mönckebergkai,
Ellerholzhafen

Seite 065
11/05/2002
Schwimmdock
am Mönckebergkai,
Ellerholzhafen

Seite 066
01/03/1997
Grevenhofkai,
Kuhwerder Hafen
(Lokomotiven
für Ägypten)

Seite 067
19/01/1999

Seite 068
21/04/1996
Elbdeich

Seite 069
26/04/1998
Rosshafen

Seite 071
10/04/2002
am Moorburger
Elbdeich

Seite 072
28/04/1996
Versmannkai,
Baakenhafen

Seite 073
16/04/2005
Amerikakai,
Segelschiffhafen

Seite 074
17/01/2007
Maakenwerder Höft,
Waltershof

Seite 076
16/08/2005
Sicherheitstraining
im Fischereihafen

Seite 079
28/04/1996
Petersenkai,
Baakenhafen

Seite 080
02/08/2006
Athabaskakai,
Waltershof

Seite 081
28/05/2006

Seite 082
25/06/2005
Norderelbe mit
Arningkai

Seite 083
17/09/2005
Containerterminal
Altenwerder

Seite 084
19/05/2007

Seite 085
06/08/2007

Seite 086
23/07/2006
Blohm & Voss, Dock 11

Seite 087
02/03/2007
Blohm & Voss, Dock 11

Seite 088
28/08/1998
»MAYVIEW MAERSK«
in Dock 11

Seite 090
11/10/1998
»KNUD MAERSK«
in Dock 11

Seite 091
13/08/2007
»EDEN MARU«
in Dock 11

Seite 092
10/01/1998
»CAP SAN DIEGO«
im Trockendock
der Norderwerft

Seite 093
10/01/1998
Ölfässer am
Reiherstieg

Seite 094
10/01/1998
»CAP SAN DIEGO«
im Trockendock
der Norderwerft

Seite 096
08/05/2007
am Hachmannkai,
Rosshafen

Seite 097
02/08/2006
im Moldauhafen

Seite 098
10/01/1998
Norderwerft

Seite 099
30/08/2006
Blohm & Voss, Dock

Seite 100
12/08/2007
»CAP ROCA«
Blohm & Voss,
Dock 10

Seite 101
08/07/1998
»REGINA MAERSK«

Seite 102
06/08/2007
»ATLANTIC BRIDGE«

Seite 103
06/08/2007
»ATLANTIC BRIDGE«

Seite 104
06/04/2007

Seite 107
12/05/2007
Hafengeburtstag

Seite 108
12/05/2007
Hafengeburtstag

Seite 111
12/05/2007
Hafengeburtstag

Seite 112
05/05/2005
Hafengeburtstag

Seite 113
06/06/2005

Seite 114
01/01/2007
Steinwerder Hafen

Seite 115
01/01/2007
Am Kaiserhöft

Seite 116
18/01/2007
Blohm & Voss,
während des
Sturmtiefs »Kyrill«

Seite 118
14/02/2006
»BIBBY ALTONA«

Seite 119
14/01/2005
Linie 62

Seite 120
14/01/1996
Vulkanhafen

Seite 121
14/01/1996
Vulkanhafen

Seite 122
14/01/1996
Vulkanhafen

Seite 123
13/07/1996

Seite 124
25/01/2006

Seite 125
25/01/2006
»RICKMER RICKMERS«

Seite 126
1998 – 2007
Poller 6, 7, 8, 9

Seite 128
07/07/2005
»GLORIA«,
kolumbianisches
Segelschulschiff

Seite 129
07/07/2005
»GLORIA«

Seite 130
16/07/2006
»QM2«

Seite 131
07/07/2005
»GLORIA«

Seite 132
16/07/2006
»QM2«

Seite 134
26/06/2005

Seite 135
23/03/2006

Seite 136
16/04/2005
Blohm & Voss,
Dock 11

Seite 137
18/10/2006

Seite 138
03/11/2004
Blohm & Voss,
Dock 10

Seite 139
31/07/2005
Elbe bei
Blankenese

Seite 140
02/08/2006
Containerterminal
Tollerort

Seite 141
28/05/2006
Elbe bei Neumühlen

Seite 142
05/02/1997
»ELANIOS ELIKI«
in Dock 10

Seite 144
16/03/2006
»CAP SAN DIEGO«
in Dock 10

Seite 145
16/03/2006
»HERO« in Dock 17

Seite 146
10/10/2007
»JEWEL OF THE SEAS«
in Dock 17

Seite 147
16/11/2006
»QM2« in Dock 17

Seite 148
16/04/2005
Schwimmdock auf
der Norderwerft

Seite 150
28/05/2006

Seite 152
27/10/2007
»JEWEL OF THE SEAS«
beim Ausdocken aus
Dock 17

Seite 154
27/01/2007
Maakenwerder Höft,
Waltershof

Seite 156
09/08/2006
»LARBI BEN M'HIDI«
in Dock 17

Seite 157
03/03/2007
Blohm & Voss

Seite 158
12/09/1996
Blohm & Voss,
Dock 10

Seite 159
13/02/1998

Seite 160
21/03/2007
Blohm & Voss,
Dock 10+17

Seite 161
21/03/2007
Blohm & Voss,
Dock 10

Seite 162
25/01/1997
»ELANIOS ELIKI«
beim Eindocken
in Dock 10

Seite 163
09/02/1998
Blohm & Voss,
Dock 11

Seite 164
12/02/2005
Fischmarkt

Seite 166
27/01/2007
Norderelbe und
Köhlbrand

Seite 168
30/09/2005
»COSCO PANAMA«,
letzter Stapel-
lauf bei Blohm & Voss

Seite 170
24/01/2007
Elbe bei Teufelsbrück

Herzlichen Dank an Nikolaus Bischoff!

Die Aufnahmen in diesem Buch
sind als Prints in limitierter Auflage
erhältlich. Nähere Informationen
unter www.moritz-vahlenkamp.de

Junius Verlag GmbH
Stresemannstraße 375
22761 Hamburg
www.junius-verlag.de

Gestaltung und Satz:
QART Büro für Gestaltung, Hamburg
www.qart.de

Druck und Bindung:
Druckhaus Dresden GmbH, Dresden
Printed in Germany
ISBN 978-3-88506-589-0
1. Auflage 2008

Bibliografische Information
Der Deutschen Nationalbibliothek:
Die Deutsche Nationalbibliothek
verzeichnet diese Publikation in der
Deutschen Nationalbibliografie;
Detaillierte bibliografische Daten
sind im Internet über
http://dnb.d-nb.de abrufbar